Die Wandlung Saturns

Ursula Strauß

Die Wandlung Saturns

Eine ganzheitliche Betrachtung
des Hüters der Schwelle

Urania Verlags AG

Hinweis:
Die auf S. 59 abgebildete Plastik «Satyr» stammt von der Malerin und Bildhauerin Heike Klinger. Mit freundlicher Abdruckgenehmigung der Künstlerin. Kontakt: Atelier Heike Klinger, Lauferbruchstrasse 7, D-45899 Gelsenkirchen, Tel/Fax 0049/209/583 884.

Die auf der Seite 229 abgebildete Karte entstammt dem Kartenset «Soulcards» von Deborah Koff-Chapin, mit freundlicher Genehmigung von AGM AG Müller, Neuhausen am Rheinfall, und der Künstlerin.

1. Auflage 1999

ISBN 3-908651-02-6

Umschlaggestaltung: Gerd Aumann Kreativ Design, D-65207 Wiesbaden, und einem Kartenmotiv der Soulcards von Deborah Koff-Chapin
Satz: GBS, CH-3250 Lyss
Druck: FGB, D-79108 Freiburg i.Br.
Printed in Germany

Inhaltsverzeichnis

Einführung 9

Teil I: Mythen 15

1. Bestandsaufnahme – ein Blick auf alte Geschichten 17
a. Kronos/Saturn 18
b. Die Schlange und der Teufel 29
c. Janus, Saturn und andere Ursprünge 39
d. Resümee 45

2. Saturn und Chiron 48
a. Das Leid als Kind der Gewalt 52
b. Die Existenz der Liebe 57
c. Wiedergutmachung durch den Sohn 63

3. Saturn und Lilith 66
a. Zweierlei Norm 69
b. Integrität und Opfer 72
c. Die Existenz des Todes 75

Teil II: Die Steinbock-Energie als Teil des Tierkreises 81

1. Die Sache mit der Polarität oder: Wem gehört mein Saturn? – Ein Drama in drei Akten – 85
a. Erster Akt: Die Trennung 86
b. Zweiter Akt: Gehversuche im Korsett 89
c. Dritter Akt: Zuhören, aufrichten, hart bleiben 92
d. Reprise oder: Warum ist das so schwer? 96

2. Die Achse Steinbock-Krebs 99
a. Zeit 101
b. Höhenunterschiede 103
c. Richten 106
d. Den Stein höhlen 109
e. Verantwortung 111

3. Das kardinale Kreuz: Steinbock als Teil des Lebensmotors 116
a. Konzentration und Verzicht 119
b. Das Öffentliche und das Private 123
c. Die Sache mit dem Maß 128
d. Pflicht und Ich 131
e. Im Rahmen sein. Sein Kreuz tragen? 136

4. Im Visier: Steinbock, Zwillinge und Löwe 142
a. Schicksal 144
b. Gewissen 149
c. Einsamkeit 154
d. Anspruch 158

5. Wege zum Wesentlichen: Steinbock, Fische und Skorpion 163
a. Ja und Nein 165
b. Sterben 170
c. Kosmos 174
d. Schuld und Schatten 179

6. Nadelöhr: Steinbock zwischen Schütze und Wassermann 184
a. Tunnel 186
b. Stillstand und Gipfel 190
c. Noch einmal: Janus 194
d. Licht 198

7. In seinem Element: Steinbock im Erddreieck 202
a. Die verbotene Frucht 204

b. Separatio 211
c. Umkehr und Aufstieg. 216
d. Mit dem Teufel tanzen 222

Teil III: Wegweiser zum Licht: Die Steinbock-Energie im individuellen Horoskop 229

1. Ganz oder gar nicht: Saturn in den Zeichen
Saturn in Widder bis Fische 233

2. Der Übergang von Steinbock zu Wassermann:
Die Sollbruchstelle im Horoskop
Übergang in Haus 1 bis 12 249

3. Erdkontakt: Saturn in den Häusern 268
Verdichtung: Übersicht der Häuserthemen Saturns . . 274
Ein Beispiel: Saturn in den Fischen im dritten Haus . . 275

4. Weggefährten: Planeten im Steinbock 277
Sonne, Mond, Merkur, Venus, Mars, Jupiter, Saturn,
Chiron, Lilith 281

Leben mit Saturn 290

Exkurs: Zum Sprachgebrauch 296

Anmerkungen 299

Bibliographie 308

Über die Autorin 310

Einführung

Während sich die Arbeit am Manuskript zu diesem Buch dem Ende zuneigte, fand ich in meinen Unterlagen eine vergessene Notiz, die zum Zeitpunkt der Veröffentlichung des Buches bereits sieben Jahre alt ist. Hastig hatte ich zwischen Traumaufzeichnungen und Lose-Gedanken-Sammlungen eingefügt: «Ich muß mich auf die Suche nach einem unverstandenen Gott machen. Es ist notwendig.» Damit hatte ich, ohne es zu wissen, ein Versprechen abgegeben. Im Rückblick betrachtet, hat jener Teil meiner Seele, dem ich dieses Versprechen gab, mich zu dessen Einlösung geführt, und das vorliegende Buch ist ein Ergebnis davon. Denn, ob es mir klar war oder nicht – ich hatte mein Versprechen wohl ernst gemeint. Und alles, was wir ernst meinen, hat Folgen.

Dieser unverstandene Gott, wie ich ihn nannte, war Saturn oder die Steinbock-Energie schlechthin – jene Qualität des Tierkreises, die nicht gerade den besten Ruf hat. Dennoch gilt es in der Astrologie als wichtig, Saturn «zu erlösen», denn das hat auf das eigene Leben eine befreiende Wirkung. Saturn zu erlösen bedeutet jedoch nicht, diese Qualität aus dem Tierkreis zu löschen, obwohl vielen vermutlich in so manchen mißlichen, von Saturn bestimmten Situationen der Sinn danach stehen mag. Zwischen der unerlösten und der erlösten Saturnkraft steht ein Prozeß der Wandlung dieser Energie, was jedoch letztendlich einer Wandlung unserer selbst gleichkommt. Saturn zu wandeln bedeutet, ihn zu integrieren und diese Kraft in der eigenen Seele und im eigenen Leben auf eine konstruktive und förderliche Weise zu spüren.

Wandlung ist jedoch ein Akt von Geist und Seele und ist nicht gleichbedeutend mit äußerlicher Veränderung – im Gegenteil. Etwas zu wandeln bedeutet, aus ihm durch einen inneren Vollzug ein Gleichnis zu machen und es somit in die symbolische Ebene zu transformieren. Ein beliebiger Gegenstand mag rein physisch derselbe bleiben – durch einen rituellen Akt erhält er jedoch eine symbolhafte Bedeutung und damit eine vollkommen veränderte Wirkung. Dies ist mit Wandlung gemeint, und was wir beispielsweise in religiösen Zeremonien gut beobachten können, das funktioniert auch mit der Energie Saturns, dem Herrn dieser Welt. Wenn Saturns Wirkungen in unserem Leben sich verändern sollen, ist ein veränderter Blick auf diese Kraft unbedingt notwendig, ein Blick, der aus ihr ein Gleichnis und somit zugleich eine Tür macht, durch die wir hindurchtreten können.

Die Wirkung gewandelter Gegenstände erklärt sich aus ihrer Einbindung in das Ganze. Eine brennende Kerze ist beispielsweise nichts weiter als Wachs, ein Docht und eine Flamme – wird sie jedoch in einen Zusammenhang gestellt und aus einer ganzheitlichen Perspektive betrachtet, wandelt sie sich zu einem Symbol für das Licht. Auf dieser symbolischen Ebene wird sie damit zugleich Empfängerin vieler anderer Zuschreibungen: Leben, Wärme, Liebe, Hoffnung, Kraft oder Zuversicht. Die Energie von Steinbock/Saturn zu wandeln erfordert einen ähnlichen Prozeß, mit dem wir jedoch zumeist Mühe haben, da diese Qualität die ganz konkrete, physische Facette unserer Existenz betrifft. Es macht uns Mühe, die Welt als ein Gleichnis zu sehen, auch wenn uns Saturn dadurch ein Stück vertrauter wird. Noch mehr Mühe macht es uns aber, uns selbst als ein Symbol zu betrachten, uns selbst auf eine Ebene zu transformieren, auf der wir das, was wir konkret erfahren, vollkommen anders erleben.

Die Energie von Steinbock/Saturn in ihren Zusammenhang zu stellen, war mir ein persönliches Anliegen, denn einen anderen Weg zum Begreifen gab es für mich nicht. Erst hierdurch fiel mir jedoch die Zerrissenheit und Wurzellosigkeit dieser astrologischen Qualität auf, und daß sie in diesem Zustand ist, ist zu einem großen Teil das Ergebnis unseres weltanschaulichen Erbes. Die ganzheitliche Perspektive eröffnet einen neuen Blick auf Saturn und somit auch auf jenen Teil unserer eigenen Seele, der verteufelt wurde und im Tartaros sitzt.

Saturn zu erlösen heißt auch, uns selbst aus der Dunkelkammer zu befreien, und dies befähigt uns wiederum zu einer erdverbundenen Spiritualität, der wir Heutigen auch im Hinblick auf unsere Zukunft wohl mehr denn je bedürfen.

Aus diesem Grund befaßt sich der mythologische Teil dieses Buches mit mehreren Gesichtspunkten saturnischer Energie. Allem voran steht die Betrachtung jener Bilder, deren Zuordnung zu Saturn bekannt ist: der griechische Mythos um Kronos und der Sündenfall der christlichen Theologie. Jedoch lassen sich zu Saturn gehörende Bilder bis in die Mythen der Mutterreligionen zurückverfolgen, und dieser Blickwinkel wandelt seine Energie bereits erheblich. Zugleich erschien es mir notwendig, Saturns Verbindung zu den zwei neueren astrologischen Faktoren Chiron und Lilith zu betrachten, denn Chiron ist in der griechischen Mythologie der Sohn des Kronos, während Lilith im jüdischen Mythos die Gefährtin Satans wurde. Wann immer wir es im Leben mit Saturn zu tun haben – Chiron und Lilith stehen stets dabei.

Im zweiten Teil wende ich mich hauptsächlich der Heimat Saturns zu und betrachte das Zeichen Steinbock unter dem Gesichtspunkt seiner Position im Tierkreis. In der Darstellung des archetypischen Tierkreises steht der Steinbock in der Regel am Dach des Kreises, wodurch die prägende Kraft dieser Energie für unsere irdische Existenz symbolisiert wird. Jedoch erklärt sich im Grunde keine Energie des Tierkreises aus sich selbst heraus – und schon gar nicht die Heimat Saturns. Gerade bei Saturn neigen wir jedoch häufig zu einer isolierten Betrachtung, und der zweite Teil geht auch der Frage nach, warum das so ist und woher diese Sichtweise kommt. Wie alles erhält auch die Qualität des Steinbocks erst ihren Sinn, wenn sie in ihren Zusammenhang gestellt wird. Und erst aus dieser ganzheitlichen Sicht werden Ziel und Eigenart des Steinbocks umfassend offenbar und Verzerrungen dieser Energie erkennbar und heilbar.

Die Integration des Steinbocks in das Ganze bringt vor allem seine zum Wassermann weiterführende Qualität hervor und legt den Blick auf einen seelischen Schutzmechanismus offen, der nur allzu leicht als Behinderung abgetan wird. Der Hüter der Schwelle in uns mag uns einiges abverlangen, bis er die Tür freigibt, doch schließlich sind wir auch alle Zauberlehrlinge, die lernen müssen, mit den Geistern, die sie rufen, fertig zu werden. Auf der Schwelle Saturns lernen wir vor allem den ersten Schritt hierzu, nämlich zu erkennen, daß wir die Geister selbst gerufen haben. Jedoch sind diese Erkenntnis und der erlösende Zauberspruch ein und dasselbe, und es ist Saturn, der darüber wacht, daß wir in einem Tempo zaubern lernen, das weder uns noch anderen schadet.

Auf welche Weise und wo wir was lernen, ist Gegenstand des dritten Teils. Hier geht es vor allem um die Färbung der persönlichen Saturnqualität und um seine Konstellationen im individuellen Horoskop. Neben der Betrachtung der Stellung Saturns in Zeichen und Häusern untersuche ich auch das Haus, in dem im persönlichen Horoskop der Übergang von Steinbock zu Wassermann fällt. Dieses Haus entpuppt sich nicht selten als «Zauberschule» und kommt im realen Leben oft einer Sollbruchstelle gleich. Hier finden wir den Staudamm und das Elektrizitätswerk am Ufer des Sees zugleich, hier verdichten sich unsere Bemühungen um Integrität und Individualität – und hier ist ein wesentliches Thema unseres Lebensauftrags zu finden. Nicht selten lassen sich die Schwierigkeiten mit Saturn aus seiner Isolation innerhalb des Ganzen ableiten, und die Betrachtung des Übergangs zum Wassermann kann für jeden und jede persönlich die saturnische Qualität wandeln.

Der astrologische Blick auf Saturn wandelt sich in unserer Zeit auch allgemein, und dies hängt sicherlich zugleich mit der zunehmenden Beachtung der weiblichen Dimension der Welt zusammen. Daß Saturn im wahrsten Sinne des Wortes so ein Teufelskerl werden konnte, ist auch ein Resultat des historischen Aufstiegs des Patriarchats, dem wir einen mehr als verzerrten Blick auf die irdische Realität verdanken. Wir müssen jedoch wieder lernen, mit der Erde zu gehen, und dies setzt einen Blick voraus, welcher in der saturnischen Qualität die Liebe zum Leben entdecken will. Die Annahme, daß es ursprünglich in unserer Seele nichts gibt, was gegen uns ist, ist gerade in bezug auf Saturn für manche nahezu revolutionär. Entsprechend befreiend wirkt sich jedoch auch die innere Bejahung seiner Energie aus. Es ist gut zu wissen, daß es Prometheus in uns ist, der will, daß wir die Energie Saturns in unsere eigene Seele integrieren.

Teil I: Mythen

Doppelgeschlechtlicher Dianuskopf römischer Provenienz.

Die astrologischen Begriffe Saturn und Steinbock bezeichnen eine Qualität des Lebens, unserer Seele und des Ganzen, zu welcher der Zugang für viele nicht so ohne weiteres zu finden ist. Es fällt uns in der Regel nicht leicht, der zehnten astrologischen Energie ohne Vorbehalte zu begegnen, zumal wir wissen, daß mit ihr Elemente der Prüfung, der Mühe, harter Arbeit und dergleichen mehr verbunden sind. Wenngleich viele unserer Vorbehalte gegenüber Saturn aus seiner traditionellen Überlieferung als Übeltäter, Bremsschuh und oberster Richter kommen, sind es jedoch zugleich die Mythen, die uns einen etwas klareren Blick auf das astrologische Prinzip «Steinbock» ermöglichen und uns etwas über seine wechselvolle Geschichte erzählen können.

Das Leben ist ein vernetztes und geheimnisvolles Ganzes, welches sich letztendlich jeglicher Zuordnung und Katalogisierung entzieht. Nichtsdestoweniger versuchen wir, unsere Erfahrungen zu ordnen, um sie zu verstehen. Und wenn es sich um Bereiche handelt, die jenseits des merkurialen Wissens liegen, benutzen wir Bilder und Geschichten, greifen zu den Mitteln der Kunst bzw. kommunizieren generell auf einer Ebene, auf der wir ganzheitlich wahrnehmen. Auf diese Weise erhalten sich Überlieferungen von etwas Archetypischem, etwas, das allem Leben und der menschlichen Seele schlechthin innewohnt.

Wollen wir uns also der Qualität Saturns in unserer eigenen Seele nähern, so wenden wir uns als erstes dem zu, was andere Menschen aus ihren Erfahrungen mit diesem Prinzip haben entstehen lassen, um ihr Wissen und ihre Einsichten an kommende Generationen weitergeben zu können. Daß wir Heutigen irgendwann auch einmal zu denen gehören werden, die ihre ganz eigenen Erfahrungen mit diesem Prinzip weitergeben, nimmt den Überlieferungen zum einen ihre Unantastbarkeit. Zum anderen kann uns das ermutigen, sie in uns selbst zu entdecken, durch uns selbst zu verändern und als einen lebendigen Prozeß fortzuschreiben. Dieser dynamische Umgang mit unserer eigenen saturnischen Kraft entspräche ihrer Einbindung in das Lebensganze – und somit auch ihrer Verwandlung.

1. Bestandsaufnahme – ein Blick auf alte Geschichten

Aufgrund der fruchtbaren Verbindung der Astrologie mit der Psychologie wissen wir mittlerweile, daß die Prinzipien der Astrologie als ein Prozeß zu verstehen sind, der sich sowohl in der menschlichen Seele als auch in der Gesellschaft abspielt. Im Gewand unterschiedlicher Mythen, die im Laufe der menschlichen Geschichte entstanden sind, können wir somit den Prozeß «Steinbock» auf eine recht umfassende Weise kennenlernen und Rückschlüsse auf die archetypische seelische Dynamik ziehen, die in jedem einzelnen von uns wirkt.

In unserem westlichen Kulturkreis sind die uns geläufigsten Bilder jene aus der griechischen Mythologie und aus der christlichen Lehre. Die hieraus entstammenden Saturn-Analogien sind recht bekannt, allerdings gibt es das Steinbock-Prinzip in unserer Seele, seit es Menschen gibt. Wir tragen auch ein seelisches Erbe in uns, das wesentliche Elemente aus der Zeit der großen Muttergöttinnen beinhaltet. Der weltanschauliche Wandel, der mit dem Untergang des Matriarchats einherging, ließ indes auch das Steinbock-Prinzip nicht unberührt und brachte verschiedene Facetten des Steinbocks zum Verschwinden, die uns heute zu seinem Verständnis fehlen. Daher behandelt der letzte Abschnitt dieses Kapitels Bilder aus vorpatriarchaler Zeit – denn auch hier finden wir Darstellungen des zehnten Prinzips, wenn auch in überraschend anderer Weise.

a. Kronos/Saturn

Wenden wir uns jedoch zunächst dem antiken Mythos um die Energie des Steinbocks zu. Die Assoziationen und astrologischen Analogien zu Saturn leiten sich zum größten Teil aus dem griechischen Mythos um Kronos ab. Kronos ist ein Titan, der im Auftrag seiner Mutter seinen Vater entmannte und anschließend aus Furcht vor dem gleichen Schicksal seine eigenen Kinder fraß. Er konnte seinem Schicksal jedoch nicht entgehen. Zeus/Jupiter, sein Sohn, konnte ihm durch weibliche List entkommen, stieß ihn schließlich von seinem Thron und verbannte ihn in den Tartaros. Seither herrscht Jupiter im griechischen Götterhimmel – und das tut er im menschlichen Bewußtsein zu einem guten Teil heute noch.

Saturn ist ein Synonym für Kastration geworden, seine mythologische Geschichte zeichnet das Bild einer Energie, welche die himmlische Urkraft (seinen Vater Uranus) beschneidet und gleichzeitig aus Angst vor Machtverlust den eigenen Schöpfungen das Lebensrecht verweigert. Der Mythos beschreibt jedoch auch, daß diese Prozesse jeweils von Frauen initiiert und ermöglicht wurden. Zum einen fordert seine Mutter Gaia, die Erde, ihren Sohn Kronos auf, den Vater zu entmannen, und gibt ihm auch die Mittel dazu. Zum anderen ist es wieder die Mutter die Sohnes, nämlich Rhea als Mutter des Zeus, die durch eine List Zeus vor dem Verschlingen rettet und das Ende des Vaters ermöglicht. Zudem gelingt es Zeus mit Hilfe der Okeanide Metis, seine verschlungenen Geschwister zu befreien und mit ihnen den Vater Kronos zu besiegen.[1]

Mythen berichten zwar vom prinzipiellen Wechselspiel der Kräfte, der griechische Mythos berichtet jedoch auch von einem sich wandelnden männlichen Gottesbild, denn die Geschichte spielt sich in der Götterfolge Uranos – Kronos – Zeus ab. Mit dem Wechsel der himmlischen Macht von Uranos über Kronos zu Zeus können wir in der Mythologie auch den Machtverlust weiblicher Göttinnen beobachten. War

Gaia, die Mutter des Kronos und des Uranos noch die mächtige weibliche Erde, die Göttin mit ihrem Sohngeliebten als zentraler Teil des Geschehens, wurde mit Hera und der Vielzahl der Göttinnen des Olymp das weibliche Prinzip nach und nach dezentralisiert und der Darstellung seiner gesammelten Potenz beraubt.

Der von den Mythen überlieferte Wechsel der himmlischen Macht symbolisiert vor allem einen Wandel im Denken und Glauben der Menschheit. Mythen erzählen auch von der Geschichte des menschlichen Bewußtseins, die sich immer in den jeweiligen Göttern und dem Glauben der Menschen spiegelt. Der uns geläufige griechische Götterhimmel mit Zeus/ Jupiter auf dem obersten Thron kennt zwar noch weibliche Gottheiten, hat aber zu einer matriarchalen Weltanschauung schon großen Abstand eingelegt.

Die Überlieferung spricht von einem Erstarken der männlichen gegenüber der weiblichen Kraft. Wenn wir davon ausgehen, daß die menschliche Urkultur matrizentrisch war[2], so berichtet die griechische Mythologie vom Wechsel des geistigen Schwerpunktes auf das männliche Prinzip. Im letzten Abschnitt dieses Kapitels werde ich auf die matriarchalen Wurzeln des Kronos/Saturn-Mythos eingehen und hierdurch ein ganz anderes Licht auf unseren eigenen Seelenanteil, genannt «Saturn», werfen. Doch nun zunächst zu den uns vertrautesten Bildern saturnischer Energie.

Welche Rolle spielt Kronos/Saturn in der griechischen Version des Steinbock-Prozesses? Als ein seiner Mutter gehorchender Sohn führt er ihren Aufruf zur Entmachtung des tyrannischen Vaters[3] aus, um dann selbst ein Tyrann zu werden. Es ist kennzeichnend für die Energie Saturns, daß sie der Mutter bzw. der Erde verpflichtet ist: Die astrologische Achse Krebs–Steinbock zeigt diese Verbindung zum Urgrund der Natur in einem anderen Bild. Wenn wir dem Mythos folgen, ist Gaia dadurch, daß Uranos ihr die Kinder immer wieder in den Leib zurückstößt, in hoher Not und krümmt sich vor Schmerzen, und es ist unsere eigene Saturn-Energie, die bei einer solchen Geschichte ein Urteil fällt und sagt: «Das tut man ja auch nicht – das muß ein Ende haben...!»

Auch wenn wir für Gaia kein direktes astrologisches Prinzip haben, können wir bereits hier Saturns Zuordnung zum Erdelement nachvollziehen. Er steht auf der Seite jener Kraft, die das irdische und konkrete Leben hervorbringt, und fällt in ihrem Dienst seine Urteile. Wenn wir diese Analogie ganz einfach auf unsere Gegenwart übertragen, dann können wir uns mitunter recht ratlos fragen, wo diese saturnische Seite heute ist. Wo ist der Anwalt der Erde, der ihrem (und damit auch unserem) Leid ein Ende setzt und Tyrannen entmachtet? Und – was ist das denn für ein Saturn, der uns tagtäglich Steine in den Weg zu werfen scheint? Im Verlauf dieses Buches können wir hoffentlich Saturn ein wenig der Masken entkleiden, die ihm aufgesetzt sind, und besser erkennen, welche Funktion diese Masken haben.

Mit der Differenzierung des menschlichen Bewußtseins tritt auch in der Mythologie eine weitere Kraft zu den Polen von Vater und Mutter hinzu: Saturn erscheint als eine männliche Energie, die sich für die Bedürfnisse der Mutter verantwortlich fühlt (auch durch die Sichel/Mond-Analogie repräsentiert, mit der er seinen Vater kastriert), in ihrem Auftrag handelt und seine Kraft gegen sein eigenes Geschlecht richtet. Die Figur des Uranos sowie der «Kampf zwischen Männern» lassen ein weit älteres mythologisches Motiv anklingen: Uranos ist zum einen der Gatte Gaias, zum anderen aber auch ihr Sohn.[4]

Die Entmachtung des Vaters (Uranos) durch den Sohn (Kronos) erinnert an das alte Bild des Opfers des Jahreskönigs, ein matriarchaler Ritus, bei dem durch die stete Verjüngung des männlichen Prinzips die Weitergabe des Lebens gewährleistet werden sollte. In diesem Kontext ist Kronos der junge König, der neue Sohngeliebte, der nun den Platz an der Seite der Mutter/Göttin einnehmen wird. Indem er diesen Ritus jedoch ausführt, wird er in seiner Zeit auch zu einem Repräsentanten des Alten, des Vergehenden. Wenn wir davon ausgehen, daß die griechische Mythologie hier auch den

Untergang des Matriarchats in Bilder faßt, gehört Kronos noch zu den Söhnen, die sich durch die weibliche Linie ihrer Herkunft definieren und den weiblichen Riten folgen – allerdings nur bis zu einem bestimmten Punkt.

An das Alte und an eine sterbende Weltsicht gebunden, steht er für das ein, was bisher gut und richtig, eben üblich war. Indem er jedoch einem fremden Urteil über seine eigene Art folgt (den Vater als Teil und Spiegel seiner selbst), verurteilt er sich unbewußt selbst und muß zwangsläufig zu dem Tyrannen werden, den er bekämpfte. In dem Moment, in dem der Ritus, den er vollzog, auf ihn selbst angewendet werden soll, sagt er nein. Diesen Teil der Abmachung fürchtet er und will an seiner Position festhalten.

Obwohl das Opfer des Jahreskönigs üblich war, erscheint in den Mythen mit Kronos ein Sohn, der zwar zum Teil dem Alten folgt, um selbst Macht zu erlangen, jedoch dem Neuen schon zu nahe ist, um den alten Ritus in letzter Konsequenz zu befolgen und sich selbst freiwillig zu opfern. Hier sieht er die Vorteile des Neuen und steht dazwischen, ohne sich entscheiden zu können. Somit wird Kronos zur Personifikation des Zweifels und zur Darstellung der Schwelle schlechthin. Seine Figur ist im Grunde tragisch, denn sie hat ihren Platz zwischen zwei Welten: einer bekannten, aber sterbenden, und einer erstarkenden, aber noch unbekannten.

Entsprechend steht auch der Planet Saturn zwischen zwei Welten und fungiert in der Astrologie als Hüter der Schwelle zwischen den persönlichen und relativ bekannten Energien bis Jupiter und den geistigen, stets neuen und unbekannten Energien ab Uranus/Prometheus. Wenden wir das auf unser individuelles Befinden an, stellt sich die Frage, wer von uns diesen Zweifel nicht kennt, der vor allem auftaucht, wenn es um ganz konkrete, irdische und folgenreiche Situationen geht, um Wendepunkte und Machtwechsel in unserem Leben?

In solchen Situationen regiert Kronos über unsere Seele. In bewegte Situationen will er Dauer bringen und kann uns somit dazu befähigen, Krisen zu überstehen. Das Festhalten am erlangten Status ist jedoch auch typisch für das Steinbock-Prinzip, und hieraus leitet sich seine Neigung zur Erstarrung ab. Die Erstarrung entsteht jedoch erst, wenn die ausübende Autorität ihre Verbindung zum lebendigen Ganzen verloren hat und die Wirksamkeit anderer archetypischer Energien unterdrückt.

Die Beziehung zwischen dem formgebenden, gebärenden weiblichen Prinzip und dem zeugenden, initiierenden männlichen Prinzip beschreibt der Mythos als konflikthaft. Der Streit zwischen den Polen ist im Grunde Vorbedingung dafür, daß Kronos überhaupt existieren und einschreiten kann. Weder im gesellschaftlichen Kontext noch in unserer eigenen Seele ist dieser Konflikt gelöst. Jedoch führt der Glaube an endgültige, dauerhafte Lösungen zu Tyrannei, Erstarrung und Gewalt.

Wenn wir davon ausgehen, daß die menschliche Geisteskultur als erstes die Mutterreligionen hervorbrachte und jeder Mensch sich als eins mit seiner Mutter und der Mutter Erde empfand, dann hatte ein männlich-geistiges Prinzip in dieser Weltsicht noch keinen Platz. Seine Position war – da von ihr hervorgebracht – der allumfassenden Muttergöttin stets unter- bzw. nebengeordnet. Durch eine an Müttern und Frauen orientierte Gesellschaftsordnung wurde das Männliche als eigenständiges Prinzip nicht ernst genommen, denn auch das Matriarchat war sexistisch. «Jenseits der Mütter» gab es nichts, d.h. auch kein Bewußtsein, das die irdische Gegebenheit und Herkunft überstieg oder gar die Idee der menschlichen Originalität und die Geburt von etwas tatsächlich Neuem zuließ.

Die Uneinigkeit zwischen Gaia und Uranos symbolisiert auch den Machtkampf zwischen weiblichem und männlichem Prinzip auf einer sehr tiefen Ebene unseres eigenen Bewußtseins. Hier ist es dann unser inneres Steinbock-Prinzip, das sich automatisch auf die Seite der Herkunft und des Bisherigen stellen will. Diese Energie in uns spürt den Konflikt und fällt ein moralisches Urteil, das jedoch auch zugleich gegen die eigene Art gefällt wird. Kronos urteilt nicht nur über seinen Vater, sondern auch über das Männliche, zu dem er selbst gehört. Die Fragwürdigkeit, Unsicherheit und Notwendigkeit moralischer Urteile finden im Mythos des Kronos ein komplexes und entsprechend widersprüchliches Bild, ohne daß eine fadenscheinige Lösung für dieses menschliche Urproblem geboten wird. Den Göttern ihre Potenz zu entreißen hat zwar einen Zuwachs an Macht und Bewußtsein zur Folge, stellt uns jedoch zugleich mehr und mehr selbst «vor Gericht».

Die Kraft, auf der Basis der bisherigen Erfahrung moralische Urteile zu fällen, wird immer wieder durch den Glauben, den Wunsch nach Ausdehnung und nach Eröffnung neuer geistiger Horizonte in Frage gestellt. Wenn wir an einmal gefällten Urteilen festhalten, entbrennt in uns selbst der Kampf der Götter und Titanen, den Zeus schließlich für sich entscheidet.[5] Mit Zeus/Jupiter stand in der griechischen Mythologie ein männlicher Gott am Himmel, der nicht durch seinen Sohn entmachtet wurde – zumindest nicht in diesem mythologischen Bezug. Dem schützehaften Glauben und seiner mitreißenden Überzeugung ist die Eindeutigkeit zu eigen. Der Dimension Saturns jedoch die Zweideutigkeit als Metapher für unsere irdische Existenz.

Kronos/Saturn wird durch seinen Mythos zu einem Symbol für Situationen des Übergangs und kennzeichnet die Fähigkeit unserer Seele, Übergänge zu bestehen, ohne in ihnen unterzugehen. Im Gegenteil: Mögen uns unsere eigenen Urteile auch in den Abgrund des Tartaros stürzen, so verbinden sie jedoch auch die Pole auf eine vertikale Weise und eröffnen unserer Erfahrung eine ganz andere Welt – nämlich die der Kehrseite. Im Mythos von Kronos finden wir die Höhe des Herrschertums und die Tiefe des Abgrunds verbunden. Durch die Konflikte der Pole zu tragischer Berühmtheit gelangt, sind sie in Kronos selbst und seinem Schicksal jedoch vereinigt.

Übergänge sind Situationen, in denen Trennung und Zusammenhang gleichzeitig anwesend sind. Das macht sie so schwierig, und das Bild Saturns ist *das* Symbol dafür. Das mag einigen LeserInnen zunächst etwas befremdlich erscheinen. Wenn wir jedoch weiter unten den Spuren seiner Herkunft bis in matriarchale Zeiten folgen, werden wir sehen, daß er ursprünglich nichts anderes war als genau das.

Kronos stellt sich im griechischen Mythos zwar gegen den Wandel der Zeiten, indem er dem Alten verpflichtet ist und für sich selbst Dauer beansprucht. Bei der Betrachtung der Beziehung von Saturn und Lilith wird jedoch später ersichtlich, daß diese Starre letztendlich den Umschlag und die Neuerung forciert. Da Saturn auch das Prinzip für materielle Manifestation an sich ist, können wir durch ein tieferes Verständnis seiner Qualität auch ein völlig verändertes Verständnis für die Erde und unser Erdendasein schlechthin bekommen. Indem wir in Raum und Zeit zu einer Form gerinnen, werden wir mit uns selbst konfrontiert und mit der Notwendigkeit, zu wachsen, zu lernen und uns zu verändern. Wir selbst sind Übergang und fortwährender Prozeß.

In seinem Mythos ist Kronos Richter und Vollstrecker zugleich. Er steckt Grenzen, greift ein, regelt und ordnet eine neue Situation, in der sich Männliches und Weibliches erstens polarisiert haben und zweitens nicht einigen können. Die Erkenntnis der Grenzen betrifft sowohl die Aufteilung des Urchaos in zwei einander verschiedene Teile als auch das Erkennen einer mehr geistigen oder moralischen Grenze, nämlich der, wann es genug ist, wann die Herrschaft über die Erde beginnt, ihr zu schaden.

Da sein Urteil zu Lasten des Vaters ausfällt, erkennen wir gleichzeitig Kronos Respekt vor Gaia und seine innere Zugehörigkeit zu ihr. Daß Kronos jedoch scheinbar gegen die Zeit – vor allem in ihrem qualitativen Aspekt – handelt, entspricht auch der Position seiner Heimat Steinbock im Tierkreis: zwischen dem weitsichtigen Schütze-Zeichen und dem erfinderischen und grenzsprengenden Wassermann-Zeichen. Wir werden später noch sehen, daß seine hiesige Position die einzig mögliche ist und im Kontext des Gesamten die

Entwicklungsdynamik des menschlichen Bewußtseins spiegelt.

In Zeiten, in denen sich alles ändert, glaubt Kronos zu wissen, wie es richtig ist. Er will die Vorteile des Vergehenden und des Kommenden, er läßt sich zwar noch durch die Mutter autorisieren, will sich selbst jedoch *nicht* mehr opfern. Er will eigene Regeln aufstellen, nach denen das Bewahren des Alten ihm zum Vorteil wird und das Neue in Schach gehalten werden muß, um ihn nicht zu gefährden. Und hier kann es wieder tragisch für uns werden: Jene Energie in uns, die Grenzen erkennt, erkennt ihre eigenen nicht, erkennt nicht, daß sie selbst Grenze ist für eine viel größere Kraft und daß ihre Fähigkeit, diese Kraft zu behindern, ebenfalls Grenzen hat.

Auf der Schwelle zwischen persönlicher Macht und Zeitgeschehen fixiert sich Kronos auf *quantitative* Zeit, will lange an seinem Thron festhalten, ohne erkennen zu können, welche Kräfte bei diesem Geschehen tatsächlich am Werk sind. Sein Sturz in den Tartaros ist daher nur folgerichtig, denn dort glauben wir, daß es nichts Höheres gibt als das Zusammenspiel der uns bekannten Elemente. In dieser Funktion wirkt die Steinbock-Energie wie eine Bremse in einem von letztendlich mächtigeren Seelenkräften getragenen Prozeß. Sie verhindert jedoch auch, daß wir uns von diesen Kräften einfach bewußtlos mitreißen lassen.

Wer immer Wandlungssituationen in seinem Leben ausgesetzt war, weiß, daß im nachhinein die Zweifel und angestrengten Bemühungen oft unnötig erscheinen. Und oft erkennen wir auch erst nachher, daß hier ganz andere Kräfte am Werk waren, als wir geglaubt haben. Für die Saturn-Energie in uns stellen sich dann verschiedene Möglichkeiten, mit den Erkenntnissen der Retrospektive umzugehen: Je bewußter wir sind, um so mehr erkennen wir tatsächlich eine höhere Ordnung, die durch uns wirkt und der wir uns vertrauend unterstellen können. Je mehr aber unser Stolz mitredet, um so mehr glauben wir, daß die Zeit des Zweifels und der Anstrengungen uns nicht erst zu neuen Ufern geführt hat, sondern unsinnig oder falsch war.

In Kronos' Urteil über den Vater erkennen wir eine weitere Saturn-Analogie: den Fehler. Kronos erkennt einen Fehler und bemüht sich, ihn zu beheben. Einen Fehler zu erkennen bedeutet, daß man an die Existenz von Fehlern glaubt – und somit wird Kronos' Geschichte wieder tragisch. Er, der an die Existenz von Fehlern glaubt und sie berichtigen will, setzt somit den Fehler und das Urteil in die Welt – was durch die nachfolgende Generation auf ihn zurückfällt und ihm selbst zum «Verhängnis» wird.

Kronos bemüht sich, durch das Verschlingen seiner Kinder seinem Schicksal zu entgehen – man könnte auch sagen: seinen eigenen Fehler zu korrigieren. Er erkennt sich selbst nicht als «Zwischenlösung», als Verkörperung einer Schwellensituation, die weder der einen Seite angehört noch der anderen – oder sowohl als auch. Durch sein Verhalten wird der typisch saturnische Glaube repräsentiert, «alles im Griff» haben zu können – ein Glaube, dem wir nur folgen können, wenn wir die Existenz größerer Kräfte ignorieren. So ist es nur folgerichtig, wenn ihm seine Eltern Uranos und Gaia als die ursprünglicheren Prinzipien weissagen, daß ihn eines Tages eines seiner Kinder stürzen wird. Kronos reagiert auf diese Weissagung damit, daß er die Herrschaft behalten will. In der Hierarchie oben zu sein, bedeutet für ihn Sicherheit – und somit wird Hierarchie als ein das Nachfolgende blockierendes Prinzip erst durch Kronos installiert.

In Kronos' Phase der Entwicklung beginnt die Hierarchie der männlichen Linie sich gerade erst zu differenzieren. Sie ist noch unklar und nahe am Reich der großen Mutter, denn sowohl Kronos selbst als auch sein Vater Uranos sind Kinder Gaias. Da wir hier auch den Beginn einer patriarchalen Weltsicht verfolgen können, ist die Hierarchie jedoch nicht mehr an der Natur orientiert und ergibt sich aus ihrer Folge, sondern wird durch Gewalt sowohl erschaffen als auch erhalten. Vielleicht ist Hierarchie deswegen ein so wichtiges Thema für die spätere Wirkweise Saturns, weil sie sich nicht an den Vorgaben der Natur orientieren kann.

Die Entwicklung des Patriarchats erfolgte in Abgrenzung von der matrizentrischen Weltsicht, welche die am eigenen Körper erlebte Natur zum Vorbild hatte. Patriarchale Hierarchie war jedoch von Anfang an ein geistiges Gebilde. Die Betrachtung der Existenz als eines sich einander fördernden und bedingenden Flusses mit dem Weiblichen als Quelle wurde umgewandelt in eine statische und unsichtbare Struktur von Wertigkeiten mit dem Männlichen an der Spitze, für das es in der Natur keinerlei Vorbild gab.

Eine künstliche Wertigkeit und Rangfolge aufrechtzuerhalten ist anstrengend und erfordert Gewalt. Es muß klar sein, wer welchen Rang hat, vielleicht kann man dann Fehler verhindern. Wenn Saturn in unserer Seele übergewichtig ist, müssen wir genau wissen, wo der andere in der Rangfolge steht, ob über oder unter, ob vor oder nach uns, denn dann kennen wir unsere Kompetenzen und Grenzen – und solange wir uns darin aufhalten, glauben wir uns sicher vor Fehlern und Urteilen. Wer innerlich tief in dem verstrickt ist, was Saturn heute repräsentiert, kommt gar nicht erst auf die Idee, daß der Glaube an Hierarchie als Realität selbst der Fehler sein könnte.

Man kann sich natürlich fragen, wie Kronos gehandelt hätte, hätte es die Weissagung seiner Eltern nicht gegeben – doch Mythen sind keine Geschichten, die anders hätten verlaufen können. Auch hier sollten wir mit unserem inneren Saturn nicht in die Falle tappen, nach Fehlern zu suchen. Mythen berichten vom Fluß der Dinge, und in Kronos' Fall berichten sie, daß das, was wir unbewußt zu verhindern suchen, genau deshalb geschieht.

Im Grunde ist dies eine Beschreibung des Prinzips der Manifestation, und so nähern sich heute auch immer mehr Menschen der Erkenntnis, daß das, was ihr Bewußtsein beherrscht, auch manifest wird. Kronos demonstriert dieses Prinzip. Das, was er als geistiges Konzept in die Welt gesetzt hat, nämlich die Erkenntnis der Unterschiede und das daraus folgende moralische Urteil, wird von nun an folgerichtigerweise auch auf ihn angewendet. Kronos setzt das Urteil in die Welt, und entsprechend richten ab nun auch andere *über ihn*. Dies mag mit der Weissagung seiner Eltern gemeint sein: Was du geschaffen hast, dem kannst du nicht entgehen und das wird auch dich betreffen. Du erlebst dich selbst.

Der Glaube an Fehler impliziert das Wissen oder die Ahnung um das Richtige. Erkennt man einen Fehler, zeigt man damit gleichzeitig, daß man eine Vorstellung davon hat, wie es sein *sollte* – und daß diese bestimmte Situation davon abweicht. Um den Fehler beheben zu können, muß seine Ursache gesucht werden, dem Glauben an Fehler folgt also der Glaube an Schuld, welche schließlich einer Person, einer Sache oder einem Umstand zugewiesen wird.

Somit ist das Urteil gesprochen, und das Bemühen um die (Wieder-) Herstellung des «richtigen» Zustandes beginnt genau dort, bei dem Verurteilten. Wir alle agieren auf diese Weise, wenn wir etwas verbessern wollen. Wir erkennen etwas Falsches, suchen nach seiner Ursache, stellen sie ab und fühlen uns dann besser. Was jedoch nie verschwindet, ist der ewige Zweifel in uns: Was ist richtig, was ist falsch?

Die Macht Saturns in uns, die Macht, Urteile zu fällen und fehlerhafte Umstände zu beheben, ist nicht zu haben, ohne daß unsere Urteile auf uns zurückfallen. In jeder Situation, in der wir richten, fürchten wir uns unbewußt vor Zeus/Jupiter, der unser Urteil früher oder später vom Thron stoßen wird. Und es hat wenig Sinn, wenn wir uns aus dieser Angst heraus in unserem Empfinden von gut und böse zurückhalten. Der Stein, den wir bei Urteilen oft im Magen verspüren, kann daher kommen, daß wir uns zunächst davor fürchten, von veränderten Zeiten oder neuen Einsichten immer wieder in Frage gestellt zu werden.

In der Astrologie ist das Zeichen Steinbock das erste Zeichen des vierten Quadranten, welchem bewußtes Sein zugeordnet wird. Den Akt der Gewalt, den Kronos sowohl bei der Erlangung der Macht als auch bei dem Versuch zu deren Bewahrung vollzieht, ergibt sich in einer Betrachtungsweise aus mangelnder Bewußtheit seines eigenen Seins. Als Folge dieses Gewaltaktes sehen wir die Prinzipien Schütze, Steinbock und Wassermann als einander unvereinbar, als sich bekämpfend und gegenseitig vernichtend an. Diese Haltung ist leider noch sehr oft eine gängige astrologische Lehre. Begriffen wir uns selbst als eine Verkörperung von Schwelle und Übergang, könnten wir der Gewalt, die wir uns selbst antun, ein Ende machen und unsere Fähigkeit, zu urteilen, als einen Schritt zu Freiheit und Selbstbestimmung erkennen.

Wenn wir jedoch den schwierigeren Standpunkt einnehmen, *nicht* an die Fehlerhaftigkeit der irdischen Existenz zu glauben, erscheint der Akt des Kronos als eine vollbewußte Tat, die notwendig ist, um unter den gegebenen Umständen den Fluß der Energien und die Weiterentwicklung zu gewährleisten. Von diesem Standpunkt aus übernimmt das Steinbock-Prinzip durch sein Tun die Verantwortung, indem es sich der größeren Ordnung unterordnet. Und es nimmt somit auch gleichzeitig die Schuld und die Rolle des Sündenbocks auf sich – weil niemand sonst es täte.

b. Die Schlange und der Teufel

Wie wir sehen konnten, schildert die Geschichte von Kronos unter anderem das Erscheinen von Phänomenen wie Trennung, Grenzen, Schuld, Verantwortung, Zweifel, Hierarchie, Fehler, Urteil und einigen anderen inneren Haltungen, die wir in der Astrologie dem Steinbock zuordnen. Der antike Mythos zeigt uns letztendlich die mit der menschlichen Moral einhergehende Zerrissenheit und Ambivalenz der Gefühle und die mit dem Kampf um das richtige Urteil einhergehende Problematik.

Bei der Betrachtung der Mythologie geht es auch um das Nachvollziehen von Entwicklungsschritten der menschlichen

Seele bzw. des kollektiven Bewußtseins. Die urteils- und schuldlose Zeit vor Kronos mag vergleichbar sein mit der Phase in unserer Kindheit, in der unsere Psyche noch nicht unterscheidet – also im Mutterleib und in der frühen Kindheit. Und sie ist vergleichbar mit der Idee des Paradieses, mit dem biblischen Garten Eden, dessen Zutritt den Menschen durch die saturnische Kraft des Urteils verwehrt wurde.

Historisch gesehen, folgte im abendländischen Denken der antiken die christliche Weltanschauung. Sie fand für das Problem von Gut und Böse oder der Moral an sich eine Lösung, der die Verurteilung Saturns bzw. der Rückfall Saturns auf sich selbst bereits deutlich anzumerken ist. Die biblische Schöpfungsgeschichte stellt die Themen Gehorsam, Schuld und Strafe sogleich in ihren Mittelpunkt. Das Paradies fußte auf dem Gehorsam der ersten Menschen Gott gegenüber, der ihnen verbot, vom Baum der Erkenntnis von gut und böse zu essen. Sie taten es aber doch, wie wir wissen, und damit war ihr Aufenthalt im Paradies zu Ende. Zuvor bestand jedoch auch hier das Problem der Schuld, die letztendlich bei der Schlange landete, die sie als einzige auf sich nahm und nicht an einen anderen weitergab – denn Adam verwies auf Eva und Eva auf die Schlange. In der biblischen Geschichte war Gott der Meinung, daß es nicht gut sei, daß die Menschen gut und böse erkennen – sich also selbst ein Urteil bilden. Es war die Schlange, die an der Gültigkeit des göttlichen Verbotes zweifelte und mit dieser Meinung die Menschen verführte.

Hier ist die Schlange das Symbol für das Böse schlechthin, weil sie nicht nur Gottes Wort anzweifelt, sondern ihm sogar widerspricht. Ebenso wie Kronos greift sie mit ihrem Zweifel in die bestehende Welt(-anschauung) ein und provoziert hierdurch die Trennung: die von Mann und Frau, welche sich plötzlich als unterschiedlich erkennen, und die von Mensch und Gott. Die Schlange ist nicht nur deshalb ein Steinbock-typisches Symbol, weil sie beschuldigt *wird*, sondern weil sie die Schuld *behält*. Wir können das Bild der Schlange jedoch auch als ein Bild für die Unendlichkeit nehmen, für das Urchaos vielleicht, das Ganze und Runde, das sich selbst von hinten sehen kann und über die Fähigkeit zur ständigen Wandlung verfügt.

Die Schlange war ein heiliges Tier der Großen Göttin, und Wellen- und Spiralmuster gehörten als Darstellung des ewigen Zyklus' von Leben und Tod zu den religiösen Symbolen matriarchaler Kulte.[6] In dem von einem männlichen Gott geschaffenen Paradies *muß* sie als böse angesehen werden, denn sie stellt als das Vergangene und Gewesene den neuen, unsichtbaren Gott des Wortes und seine Gebote in Frage. Dem entstehenden Glauben an die Schöpfung durch den männlichen Geist stand die alte Auffassung des ewigen Flusses von Werden und Vergehen unterminierend gegenüber. Wenn unter der Herrschaft des neuen Gottes etwas schlecht war, mußte es also seinen Ursprung im alten Gott (in diesem Fall in der alten Erdgöttin) haben.

Der Gott des Alten Testaments gleicht in vielem den Tyrannen des griechischen Götterhimmels. Er ist fordernd und strafend, sein Zorn ist unberechenbar, er verlangt absoluten Gehorsam, er verfaßt Gesetze – und er trennt: Bei der Vertreibung der Menschen aus dem Paradies lautet sein Urteil über seine ungehorsamen Schöpfungen: Frau gegen Schlange, Mutter gegen Kinder, Mann gegen Frau, der Boden gegen den Mann, die Natur gegen menschliche Mühe. Wie im griechischen Mythos bringt das Urteil den Menschen scheinbar nichts Gutes – und dennoch ist es ein notwendiger Entwicklungsschritt zu einem eigenständigen und selbstbestimmten Leben.

Im Schöpfungsmythos der Bibel ist der Wandel der Weltsicht bereits vollzogen, aus der Polarität ist Dualismus geworden und verbindende Elemente finden sich kaum. Alles, was in matrizentrischen Kulturen heilig war, gilt nun als böse, als den Menschen bedrohend: die Schlange, Kinder zu gebären, Sexualität (als weibliche Verführung), die Erde und die Natur. Alles, was männlich ist, wird als ewig dargestellt, wovon die langen Auflistungen der Nachkommenschaft und das wahrhaft biblische Alter der Väter zeugen.

Im Sündenfall sehen wir saturnische Energie bereits aufgespalten: Zum einen in den Gebote aussprechenden und strafenden Gott, zum anderen in die die Verantwortung und Konsequenzen tragende Schlange. Hier ist also bereits Saturns Unterscheidung und seine Fähigkeit zum Urteil auf ihn selbst zurückgefallen – es gibt einen guten und einen bösen Gott oder anders: Es gibt Gott und seinen zweifelnden Widerpart. Der höchste Herrscher zweifelt nicht mehr, sondern ist das absolut Gute, während das Zweifeln selbst das absolut Böse geworden und vom Guten getrennt ist. Die Idee des Ur-Einen ist zwar verblaßt, jedoch als kollektive Erinnerung noch vorhanden.

Der biblische Gott ist nicht «der Erste», zuvor herrschte für lange Zeit im menschlichen Bewußtsein die absolute Gültigkeit des weiblichen Prinzips mit der ihm innewohnenden Anziehungskraft. Diese wird nun als böswillige Verführung direkt verurteilt, um der Dynamik des neuen Glaubens Raum zu geben. Die reale und ganz irdische Erfahrung der Einheit mit der Mutter und der Herkunft von ihr wird durch den christlichen Glauben nicht mehr gespiegelt. Die Achse Krebs-Steinbock ist in diesem Sinne kein Symbol mehr für ein sich gegenseitig beeinflussendes fließendes Verhältnis, sondern für eine lineare und erstarrte Polarisierung.

Der Gott des alten Testaments und die Schlange sind im Grunde Weiterführungen oder Abwandlungen Saturns. Im griechischen Mythos war er noch «ganz», *eine* Kraft, die in sich selbst entzweit ist – mit einer dem Alten treuen Seite und einer Seite, die das Neue regeln will. In der Bibel haben sich diese beiden Seiten voneinander getrennt und sind einander verfeindet. Es gibt keinen Zweifel mehr, was gut und was böse ist, das Wort des guten männlichen Gottes hat den Himmel und den Glauben der Menschen erobert.

Das Novum des neuen Glaubens, der alles erschaffende männliche Gott, ist eine direkte Weiterführung von Zeus/Jupiters Himmelsherrschaft. Herrschte früher einmal die große Mutter über die Geschicke der Welt, die sie selbst geboren hat, herrscht nun Gottvater über die Welt, die er durch sein

Wort und seinen Geist erschaffen hat. Das göttliche weibliche Prinzip spielt nur noch eine ätherische oder verteufelte Nebenrolle. Suchen wir in der Schöpfungsgeschichte des Alten Testaments nach Saturn, finden wir ihn in der Paarung Gott-Schlange, Gott-Frau oder Gott-Erde wieder. Der Zweifel wurde mit der Trennung und Projektion des Bösen besiegt – ein klassischer Vorgang innerhalb des Steinbock-Prozesses.

Dadurch ist nichts und niemand mehr gut: Der Mensch ist gefallen und ohnehin sündig, der Teufel das Böse schlechthin und das Gottesbild ist auch nicht besonders sympathisch. Die Aufspaltung Saturns von einer polaren in eine duale Energie führt zu geistiger Erstarrung und einem Klima, in dem Ordnung und Moral nur durch Angst aufrechterhalten werden können.

So wie Zeus/Jupiter seinen Vater Kronos in den Tartaros stieß und dieser zum Sinnbild für alles Böse wurde, so muß durch den Wechsel der Weltanschauung auch mit Zeus/Jupiter etwas Ähnliches geschehen sein.[7] Da wir in diesen Betrachtungen hier die Entwicklung einer patriarchalen Religion verfolgen, muß deren Weg von toten Göttern – oder von Teufeln – gesäumt sein. Also muß Zeus/Jupiter in der christlichen Hölle gelandet sein, denn die Weltsicht der Antike ist durch das Aufkommen des Christentums ebenfalls verbannt worden.[8] Wir finden das Alte stets in der Unterwelt des Neuen, oder anders ausgedrückt: Der Gott von heute ist stets der Teufel von morgen.

So wundert es nicht, wenn wir im christlichen Bild des Teufels auch eine gehörige Portion Jupiter-Energie finden. Die wilde Zeugungslust und Triebhaftigkeit, die für Zeus so charakteristisch ist, wurde im Christentum ebenso verteufelt wie die homosexuelle Liebe. Was von Zeus/Jupiter übriggeblieben ist, ist der herrschende männliche Gott, was ihm genommen wurde, ist seine sinnliche Beziehung zur Erde. Der Teufel ist demnach ein erdverhafteter Verführer, und sein Bild erinnert an den Steinbock sowie auch an Pan, den liebestollen Gott der Fruchtbarkeit, der – hier sind sich die Mythen uneinig – ein Sohn von Kronos, Zeus, Apollon oder Hermes gewesen sein soll.

All diesen Bildern gemein ist die Erdverbundenheit, die Lust am Leben in einem irdischen Körper, die Freude an sinnlichen Genüssen, schlicht die auf unterschiedliche Weise bestehende Verbindung zu und Anhänglichkeit an Mutter Erde. Der Teufel tritt im Alten Testament als steter Zweifler an Gott auf, als Stachel im Fleisch, als eine Energie, die darauf pocht, daß Unsichtbares, Unirdisches keine Macht haben kann. Abgesehen davon, daß er in der Bibel auch Inhalte einer vergangenen Kultur repräsentiert, ist er abstrakt gesehen jener Teil, der nicht an diesen Gott glaubt, der Gottes Macht ebenso in Frage stellt, wie Kronos Uranos' Wirken in Frage gestellt hat. Dieser Zweifel an dem nur Geglaubten ist typisch für die Energie des Steinbocks. Sie pocht auf reale und sinnliche Wahrnehmung, alles andere ist für diese Facette unserer Seele bis zu seinem sichtbaren Beweis nicht existent.

Der biblische Gott ist ein unfaßbarer Gott im Geiste, und seine Existenz sollte auch nicht zum Beweis herausgefordert werden. Da die christliche Religion insgesamt abstrakter war als die antike, fußte sie mehr auf dem reinen Glauben. Somit war das menschliche Bedürfnis nach einem sichtbaren Beweis in einem viel extremeren Gegensatz zu dem neuen Gott als zuvor. Dieser ist wie Uranos ein Gott des Himmels, der zur Erde in konflikthafter Beziehung steht, nur daß der Part der Erde (Gaia) nicht mehr durch eine Göttin repräsentiert wird, sondern durch erdhafte Menschen, Frauen und eben den Teufel. Letztendlich forderte das Christentum uns auf, den männlichen Gott, den zeugenden Geist, den unseren fünf Sinnen unzugänglichen («un-sinnlichen») Teil unseres Seins in uns selbst zu finden. Dies versuchte es zu erlangen, indem die Menschen sich von der sogenannten Verhaftung an die Erde und an ihre Körperlichkeit lösen sollten.

Im Grunde stehen wir heute genau hier, denn wir haben uns derart von der Erde gelöst, daß wir weder die Stimme unseres Körpers verstehen können, noch der von uns selbst verursachten Bedrohung unserer Lebensgrundlagen etwas Angemessenes entgegensetzen können. Anders als Kronos nimmt die Mehrheit der sogenannten zivilisierten Menschen die Erde und ihren eigenen Körper als eine intelligente geistige Kraft nicht mehr ernst, um den geistigen Eskapaden an notwendiger Stelle auch einmal ein entschiedenes «Nein» entgegensetzen zu können. Mittlerweile sind wir virtuelle Kopfmenschen geworden und in unserem Empfinden der irdischen Realität fremder als je zuvor.

Doch wir nähern uns auch allmählich der Erkenntnis, daß wir Geistwesen sind, die ein materielles Kleid tragen. Dieses materielle Kleid wird jedoch häufig als ein Irrtum angesehen, als etwas, das es zu überwinden gilt, eben immer noch als der «Sündenfall» des Menschen, der ihn von Gott getrennt hat. Hinter einer solchen Haltung steckt immer noch das antike «Gegeneinander» der Urprinzipien, der Glaube, daß eines besser sei als das andere, der Glaube, daß die Erde den Geist behindert und daß der Geist die Erde flieht und überwinden muß. Oder der Glaube, daß Gott und der Teufel tatsächlich in dieser getrennten Form existieren. Ein einfaches «Ja» zum Erdendasein hat demnach auf unser inneres Steinbock-Prinzip und unseren Umgang mit der Erde eine enorm heilende Wirkung.

Im Neuen Testament findet der Teufel als Herrscher dieser Welt seinen Auftritt. Auch hier tritt er als Versucher und Verführer an Jesus heran, auch hier will er sichtbare Beweise für einen unsichtbaren Gott. Im Gegensatz zum Alten Testament spricht Jesus von einem Gott der Liebe, und sein neues Gebot lautet: «Liebet einander!» Wir befinden uns immer noch in der Entwicklung des männlichen Prinzips, in einer Weltanschauung, die einen göttlichen Vater im Himmel hat. Doch dieser Vater liebt seine Söhne, und möglicherweise ist das die adäquate Entwicklung zur matriarchalen Liebe der Mütter zu ihren Töchtern. Es macht durchaus Sinn, wenn wir die Erhöhung des Menschen*sohnes*, die wir durch die Geschichte

Jesu symbolisiert sehen, als eine kompensatorische Entwicklung aus einer ursprünglichen gesellschaftlichen Minderwertigkeit von Söhnen betrachten.

Die Einführung der Liebe in den Glauben will der alttestamentarischen Aufspaltung des Steinbock-Prinzips entgegenwirken. Teuflisch ist nun das, was dem «Altherrenglauben» mit seinem hierarchischen Regelwerk dient. Doch trotz allem hat der Teufel seinen Erdbezug nicht verloren, denn er verspricht Jesus weltlichen Reichtum für die Aufgabe seines Gottes. Der beanspruchten Dominanz des Himmels und des Geistes ist die Realität der Erde immer bedrohlich.

Letztendlich entsteht jedoch jede Bedrohung erst durch den Anspruch auf Dominanz, und es ist abzusehen, daß wir mit der Entwicklung zu absoluter Geistigkeit und deren absoluter Güte an einem Umschlagpunkt angekommen sind. Die unser Erdendasein prägende zehnte Energie wirkt – ob verteufelt oder nicht. Es ist daher sinnvoll, sich daran zu erinnern, wovon der griechische Mythos – wenn auch bereits unter patriarchalen Vorzeichen – noch spricht: an die Energie des Steinbocks als Schwelle, als die Verkörperung zweier Seiten. Wenn wir unser Erdendasein und unser menschliches Schicksal begreifen wollen, kommen wir um diese Dimension nicht herum.

Es mag respektlos klingen, doch man kann den Tod Jesu – der das Gebot der Liebe und somit der Überwindung von Trennung und Projektionen aufstellte – auch als eine Hommage an den Teufel, an die Erde und an das Bedürfnis nach materieller Faßlichkeit und Sichtbarkeit bezeichnen. Sein Tod ist Beweis für die Stärke der Liebe, von der er spricht. Und durch seinen Tod wird gemäß der Bibel die Macht des Widersachers Gottes vernichtet.[9] Indem Jesus am Kreuz starb, respektierte er die Gesetze der Erde und die Macht des sichtbaren Beweises. Er verlangte kein gehorsames Befolgen von Geboten bei Androhung von Strafe. Er ging voran, lebte ein nachvollziehbares Leben und setzte seinen Glauben in irdische Handlungen um. Das unsichtbare männliche Gottesprinzip hatte einen

Stellvertreter, einen Ausführenden gefunden, einen Mann, der Liebe und den Glauben ein einen guten göttlichen Vater lebte. Wenn man das Prinzip selbst – verglichen mit der am weiblichen Körper orientierten Mutterreligion – schon nicht physisch wahrnehmen konnte, so konnte man es im Verhalten Jesu *wirken* sehen.

Entsprechend seiner Zeit hatte der Teufel, der alte Gott, der Saturn des Neuen Testaments, das zum Inhalt, was überwunden werden sollte. Sprach Jesus von Liebe und Vertrauen, sprach der Herrscher dieser Welt von Trennung und Mißtrauen, forderte zum Überprüfen auf und verlangte Beweise, Regeln und Faßlichkeit. Indem Jesus durch sein Leben und vor allem durch seinen Märtyrertod den Beweis seiner Lehre der Liebe erbrachte, stellte er im Grunde den Herrn dieser Welt zufrieden – er brach seine Macht, indem er sie respektierte. Durch sein konsequentes Verhalten tat er nichts anderes, als den Himmel wieder auf die Erde zu bringen – oder zu vereinen, was in unserem Bewußtsein (und nur hier!) nicht nur einfach unterschieden, sondern getrennt ist. Das Wirken Jesu setzte neue Maßstäbe, und es war ein erster Schritt hinaus aus dem «Rückfall Saturns auf sich selbst»[10].

Wenn wir so wollen, ist die Position des biblischen Teufels in seiner Funktion als Vertreter der Erde heute wieder besser besetzt – und die, die zu den heiligen Kräften der Erde stehen, lassen sich immer weniger verteufeln. Ein Liebesbeweis der Erde gegenüber könnte – wie im Mythos – den Kampf der Pole zu einem inneren und äußeren Dialog verwandeln. Man kann spekulieren: Hatte zu Zeiten des Matriarchats die Vorherrschaft des Weiblichen im menschlichen Bewußtsein das Männliche und die geistige Entwicklung zu ersticken gedroht, so ist es nun, am Ende des Patriarchats, die Vorherrschaft des Männlichen im menschlichen Bewußtsein, die das Weibliche in uns allen und damit leider auch unsere physische Existenz zu ersticken droht.

Am Beginn einer Zeit, die eine neue Sicht der Welt herausbildet, haben wir die Chance, alte Meinungen loszulassen, denn wir haben in unserer menschlichen Entwicklung sehen können, wohin extreme Polarisierungen führen können. Und wir werden nur durch die saturnische Einrichtung des Notfalls wirklich klug, der sich immer durch ganz irdische und manifeste Ereignisse zeigt. Auch hier finden wir – nun kollektiv – die Energie Saturns, die uns heute existentielle Grenzen aufzeigt. An jeder Schwelle steht Saturn mit seiner Fähigkeit, im Dienst der Erde zu unterscheiden und zu urteilen – auch an der Schwelle zu einem neuen Jahrtausend.[11] Was er heute von uns verlangt, entspricht jedoch weniger der Einrichtung eines neuen Gottes, sondern mehr seinem Einzug in unsere individuelle Seele.

Vielleicht gilt es, beide Pole des Lebens neu zu entdecken und ihr gleichberechtigtes und liebevolles Miteinander in unserer Beziehung zu anderen als auch zu uns selbst zu verwirklichen. Wir können unser Unvermögen, mit der Polarität schöpferisch umzugehen, nicht dadurch aufheben, indem wir die Polarität auslöschen, so als sei sie das Falsche und die Einheit das Richtige, wie es in vielen esoterischen Kreisen propagiert wird. Solange wir das glauben, haben wir vom Erdendasein nicht viel begriffen und finden auch keinen Zugang zu unserer authentischen saturnischen Seelenenergie. Die Einheit als Dogma ist matriarchalen Ursprungs und wie jedes Dogma wenig geeignet, Probleme wirklich zu lösen und die menschliche Entwicklung zu fördern.

Erst wenn Sexismus zu echter Sexualität wird, fühlen wir uns durch den anderen Pol beschenkt – auf welchem Pol wir auch selbst gerade stehen mögen. Unsere gesamte elektronische Technik, die Digitalrevolution, wäre nicht möglich, wenn wir nicht zwischen plus und minus, zwischen schwarz und weiß oder zwischen 1 und 0 unterscheiden könnten. In dieser Entwicklung können auch der alte Gott des Urteils und andere Verteufelungen eine revidierte Betrachtung erfahren, denn an «Ja» und «Nein» ist nichts Schlechtes, wenn sie – anstatt gegeneinander zu kämpfen – miteinander tanzen können. Vielleicht ist das unser nächster Schritt, für den wir jedoch – wie eh und je – die zwei Seiten erkennen und leben lassen müssen.

c. Janus, Saturn und andere Ursprünge

Zum Ende dieses Kapitels gehen wir in der Mythologie noch einmal weit zurück, vor die Zeit, in der Kronos am griechischen Götterhimmel herrschte. Wie wir persönlich die Steinbock-Energie erfahren, hängt wesentlich davon ab, welche Einstellung wir zu ihr haben. All die Assoziationen und Geschichten sind schließlich lediglich Bilder zu einer inneren Realität, die sich in unserem Leben ausdrücken will. Auch die Einordnungen «Steinbock» oder «Saturn» haben entwicklungsgeschichtliche Ursprünge und meinen nichts anderes als eine ganz bestimmte menschliche Eigenschaft, die offensichtlich sehr bestimmend für uns ist. So stellen wir in diesem Abschnitt die Frage, aus welchen noch älteren Bildern das Bild des Kronos denn gespeist wurde – in der Hoffnung, hier andere Bewertungen und mehr Ursprünglichkeit und Authentizität zu finden.

Die Jahreszeit des Steinbocks, der Januar, verweist durch ihren Namen auf eine andere mythische Gottheit, die wir mit Saturn in Verbindung bringen können: Janus, der römische Gott der Türen und des Anfangs. Irmtraud Dümotz beschreibt ihn im Lexikon der Symbole als «eine der rätselhaftesten Göttergestalten des alten Roms. Er wird Schöpfer, Gott der Götter und Ursprung der Götter genannt. Das erinnert an den indischen Gott Vayu, der auch in den Aufzählungen als erster erwähnt wird, und den iranischen Vayu, der als Doppelgestalt, als gut und böse dargestellt wird.»[12]

Hier finden wir wieder die Doppelseitigkeit, die anfangs bei der Interpretation des Kronos-Mythos angeführt wurde: zwischen Vater und Mutter, zwischen alt und neu, ebenso wie der Planet Saturn zwischen den persönlichen und den geistigen Energien steht. So können wir den Steinbock als ein Prinzip sehen, daß am *Schnittpunkt* des Wandels steht. Das ganze Leben bedeutet letztendlich nichts anderes, als sich stets zu wandeln. Saturn mag in diesem Prozeß genau jene Position des Umschlags besetzen, jenen Punkt, an dem Veränderungen sichtbar, d.h. manifest werden.

Sind wir es in der Regel gewohnt, Saturn als das Prinzip des Endes zu betrachten, so zeigt uns der Gott Janus auch die andere Seite. Er wurde stets als ein Gott des Anfangs verehrt, alle Türen und Tore waren ihm geweiht, ebenso wie jeder Beginn. Als Naturgott wurden ihm zahlreiche Vegetationskulte gewidmet, welche wiederum Ähnlichkeit zum Ritual des Opfers des Jahreskönigs aufweisen. Ob wir in einer gegebenen Situation ein Ende oder einen Anfang sehen, hängt jedoch wesentlich vom betrachtenden Bewußtsein ab (ist das Glas halb voll oder halb leer?).

Die alte Betrachtungsweise, die sich auf den Anfang konzentriert, spricht von einer weit größeren Zuversicht in die Abläufe des Lebens als wir Heutigen sie, kollektiv gesehen, besitzen. Wir sind gewohnt, unter den Einflüssen Saturns nur das Ende zu sehen – und meist zu beklagen –, und auch in astrologischer Deutung sind saturnische Themen doch häufig sehr von einer Endzeitstimmung geprägt. Im statisch-linearen Weltbild des Patriarchats fand die verbindende weibliche Spiritualität der steten Vergänglichkeit keinen Platz – mit der Konsequenz, daß Anfang und Ende auseinandergerissen wurden und das Ende aufgrund der linearen Sichtweise zwangsläufig als bedrohlich empfunden wurde.

Überhaupt weist die römische Überlieferung weniger düstere Aspekte des Steinbock-Prinzips und noch mehr Anklänge an alte matrizentrische Kulte auf. Der römische Gott Saturn galt als ein Agrargott, den man als «einen frühen König von Latium sah, dessen Herrschaft ein goldenes Zeitalter in Glück und Zufriedenheit war. Von ihm lernten die Menschen, den Boden zu bestellen und sich der Segnungen der Zivilisation zu erfreuen. Nach römischem Glauben war er nicht in Italien geboren, sondern hatte als Fremdling auf der Flucht vor Jupiter (Zeus) Zuflucht in Latium gesucht. Sein Fest, die Saturnalia, vom 17. Dezember an durch mehrere Tage, war das ausgelassenste des ganzen Jahres.»[13] Durch die Verknüpfung des Kronos-

Mythos mit dem römischen Saturn wird auch sein Ende anders dargestellt: «Nach einem abweichenden Bericht war Kronos kein grimmiger Tyrann, sondern ein gütiger Herrscher, der in einem gesegneten goldenen Zeitalter regierte; nach seiner Absetzung wurde er Herrscher über die Insel der Seligen im westlichen Ozean.»[14]

Janus wird auch als früher König Latiums beschrieben, der Saturn bei sich aufnahm, nachdem Zeus ihn aus Kreta vertrieben hatte. Er war auch unter dem Namen Dianus bekannt und wurde im Eichenhain (einer Kultstätte der Großen Göttin) verehrt. Einer alten italischen Mythologie zufolge, soll eine heilige Vermählung zwischen Dianus und Diana, der Göttin des Waldes und der Fruchtbarkeit, stattgefunden haben. Diese Mythen bringen das 10. Prinzip immer näher an alte matriarchale Kulte und an eine Weltanschauung, in der Erde und Spiritualität nicht voneinander getrennt waren, sondern einander durchdrangen.

Carola Meier-Seethaler sieht in der Doppelköpfigkeit des Janus bereits die Abwandlung eines ursprünglich weiblichen Leben-Tod-Symbols und verweist «auf die Verwandtschaft des lateinischen Wortes ianua Tür, Eingang, mit dem altindischen yoni [...]. Demnach waren Aus- und Eingangspforte ursprünglich die Lebens- und Todespforte des weiblichen Schoßes, und lange vor Janus war die altrömische Göttin Juno (etruskisch Uno) die Göttin der Pforte, die an ihrem Fest zu Jahresbeginn als Antevorta und Postvorta, als die Zurückblickende und Vorausschauende, angerufen wurde. Schon sie soll mit zwei Gesichtern dargestellt worden sein. Janus ist also nur eine Vermännlichung dieser Gottheit, ...».[15] Carola Meier-Seethaler sieht in einer Abbildung des doppelköpfigen Januskopfes auf einer römischen Bronzemünze auch eine deutliche Erinnerung an die beiden Seiten des zunehmenden und abnehmenden Mondes.

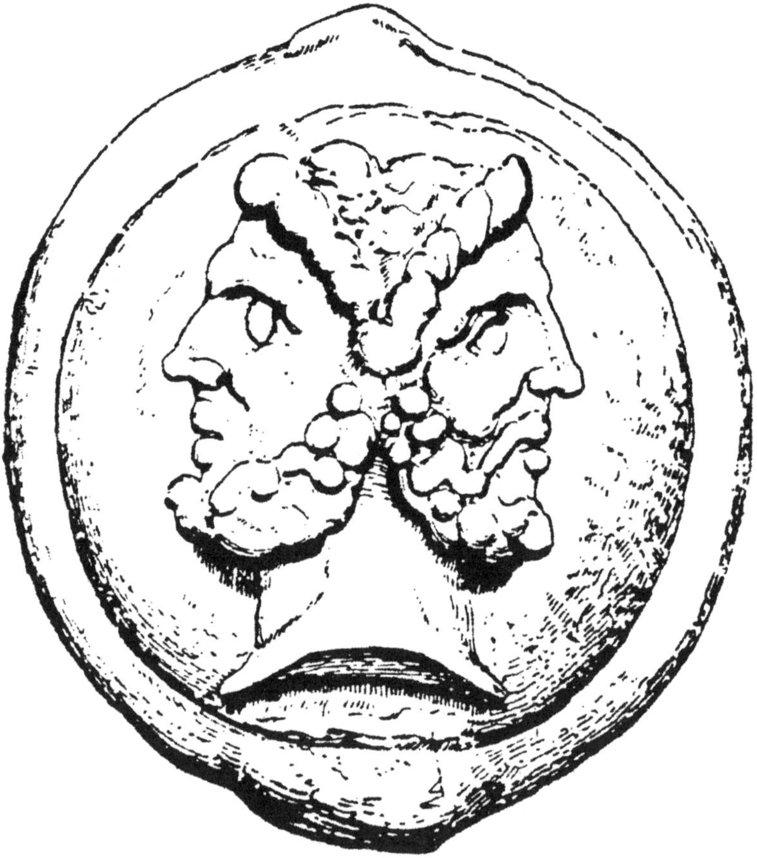

Der lateinische Gott Janus mit dem Doppelgesicht, altrömische Münze.

Je weiter wir in der Steinbock-relevanten Mythologie zeitlich zurückgehen, um so mehr verwischen sich die Unterschiede zwischen dem 10. Prinzip und seinem Gegenzeichen Krebs. Es ist bezeichnend, daß je näher wir bei unserer Erforschung des 10. Prinzips den Mutterreligionen kommen, die Polaritäten und Trennungen aufgehoben werden und die astrologische Achse Krebs-Steinbock als ein Ganzes erscheint. In matriarchalen Zeiten war es die Göttin mit zwei oder mehr Gesichtern oder ihr zugeordnete mehrköpfige Tiere, die das

Prinzip des Wandels der Zeiten, des Flusses von Leben und Tod verkörperten.

«Eine schier unbegrenzte Deutung ergibt sich sicher aus seiner künstlerischen Darstellung als Doppelkopf. Damit wird er zum Symbol aller Gegensatzpaare: außen und innen, Seele und Körper, Mythos und Vernunft, rechts und links, konservativ und progressiv, Materie und Antimaterie, ja für die Dialektik schlechthin, die in der Gesamtfigur ihre plastische Synthese findet. Doch erst in der Doppelgeschlechtlichkeit wird dem Kunstwerk sein höchster Ausdruck gegeben», schreibt I. Dümotz über die künstlerische Darstellung des Januskopfes (vgl. Abb. auf S. 15) und fügt an: «Es ist verständlich, daß das patriarchalische Rom ihn fast ausschließlich in seiner männlichen Physiognomie darstellt, schließlich hatte der Pater familias auch das absolute Hausrecht. Die italischen Völker, die die heilige Vermählung von Dianus und Diana verehrten, werden ihn dagegen als männlich und weiblich gesehen haben.» Dies erinnert wieder an den Ritus der heiligen Hochzeit, an den Vollzug der Vereinigung männlicher und weiblicher Kräfte, um die Weitergabe des Lebens zu feiern.

Am Symbol des Januskopfes kann man die Veränderung des religiösen Bewußtseins gut nachvollziehen. Als Weiterentwicklung der Darstellung der Mondphasen ist die Mehrköpfigkeit vermutlich eine Darstellung der Göttin gewesen und stellte keine Antithesen dar, sondern Phasen der Wandlung. Als männliche Darstellung wird er schließlich zum Inbegriff eines patriarchalen Gottes, und sein Tempel steht nur in Kriegszeiten offen und ist im Frieden geschlossen. In den Naturreligionen erhielt sich durch die doppelgeschlechtliche Darstellung der Charakter der Verbundenheit der Gegensätze. Und so sieht Dümotz in dieser Darstellung «einen sozialen und psychischen Zustand, der jenseits von matriarchalischen und patriarchalischen Bewußtseins- und Gesellschaftsformen steht. Doch das jeweils spezifische Charakteristikum von Mann und Frau wird nicht aufgehoben. Die Plastik erscheint vielmehr als ein Vibrationsfeld, wo sich Trennung zur Einheit zusammenschließt, um sich dann wieder zu dissoziieren. Diese Doppelgeschlechtlichkeit erinnert an die Gottheit des neuen Aeons, wie sie Crowley im ‹Book of Thoth› charakterisiert und mit der Tarotkarte des Narren gleichsetzt.»

Dies ist eine sehr schöne Formulierung des Hüters der Schwelle, denn sie zeigt gleichzeitig die Dynamik des vierten Quadranten des Tierkreises, an dessen Anfang das Steinbock-Prinzip steht. Die bewußte Manifestation beider Pole, die Form (Steinbock) erzeugt ein Vibrationsfeld (Wassermann), das zur Einheit (Fische) führt. Der Narr des Tarots ist hier dann eine Entsprechung desjenigen, der offen und voller Vertrauen bereit ist für das Wagnis des Lebens. Und wenn wir uns die Karte des Narren aus dem Crowley-Tarot ansehen, bemerken wir, daß er Hörner trägt.

Crowley-Tarotkarte 0, Der Narr

Kunst ist immer die Ahnung des Möglichen, und wenn künstlerische Schöpfungen überdauern, können wir davon ausgehen, daß sie von einer innerseelischen Wahrheit sprechen. So kann die Energie Saturns für uns Heutige eine Kraft in unserer Seele sein, die es uns ermöglicht, uns von den verschiedenen Dogmen der Vergangenheit zu distanzieren. Indem wir selbst kraft unserer saturnischen Energie hier ein Ende setzen, setzen wir gleichzeitig einen Anfang dazu, die alte Vision des Schöpfers des doppelgeschlechtlichen Januskopfes in unserem eigenen Lebens zu manifestieren. Dazu ist es jedoch nötig, daß wir unserer ursprünglichen saturnischen Energie selbst habhaft werden. Und zu nichts anderem fordern uns Saturns Transite und die entsprechenden Ereignisse in unserem Leben sowie die Konstellationen in unserem Horoskop eigentlich auf.

d. Resümee

Das Auffälligste, was sich aus der Betrachtung der verschiedenen Mythen ableiten läßt, ist, daß mit Saturn keine geschlechtsbezogene Energie gemeint ist, wie wir gemeinhin unbewußt annehmen. Im Gegenteil hängt es wesentlich von unserem eigenen Bewußtsein ab, welches Geschlecht wir mit Saturn assoziieren, und es ist verständlich, wenn wir als Kinder des Patriarchats zunächst das männlich geprägte Bild zur Stelle haben. Wir konnten jedoch sehen, daß einst die Göttin Juno/Uno diese Position innehatte und daß im menschlichen Bewußtsein sich das Geschlecht zwar geändert hat, das Prinzip jedoch davon unberührt geblieben ist.

Was ist denn nun genau das Prinzip? Denn wenn wir uns den Wandel der Darstellung der zehnten Energie des Tierkreises ansehen, dem sie im Verlauf der Jahrtausende unterlegen war, bestehen doch wesentliche Unterschiede zwischen einer am Bild des weiblichen Schoßes angelehnten Darstellung einer Göttin, einer Vereinigung der Geschlechter, dem Verhinderungs- und Gewaltaspekt im griechischen Mythos und der christlichen Darstellung als einer bösen und verführerischen Kraft im Bild des Teufels und der Schlange.

Bei allen Darstellungen geht es jedoch abstrakt gesprochen um den Umgang mit der zwei. Saturnische Energie ist die Manifestation der Polarität, und die religiösen Streitfragen der Menschen drehten sich vor allem darum, was denn das Richtige von den beiden sei. In matriarchalen Zeiten war es weiblich, in patriarchalen logischerweise männlich. Wer das jeweils aktuelle Richtige ganz körperlich konkret repräsentierte, war im kollektiven Bewußtsein existent, wer es nicht tat, war in seiner Eigenart nichtexistent. Anders ausgedrückt, geht es bei der Etablierung der zehnten Energie stets um die gesellschaftliche Norm – und um das zwangsläufige Erscheinen der Abweichung von dieser Norm.

Natürlich können wir heute nur vermuten, was in früher Vorzeit unter der Religion der Großen Mutter geschehen ist. Der menschliche Weg schwankt jedoch stets zwischen den Polen, und es ist mittlerweile wohl unbestritten, daß dem Umschlag in die Männerdominanz eine kulturelle und gesellschaftliche Frauendominanz vorausging, die letztendlich jedoch ebensowenig der komplexen Wahrheit des Lebens entsprach wie unsere patriarchale Struktur heute. Es ist hier nicht die rechte Stelle, tiefer in die faszinierende und erhellende Thematik des «Mythenraubes» einzugehen, dessen Gewaltaspekte ebensowenig zu unterschätzen sind wie der durch ihn entstandene kulturelle und soziale Verlust.

Die Energie Saturns finden wir in den überlieferten wechselhaften Bildern auch in der Form, die überdauert. Somit sind die Mythen selbst saturnisch, ebenso wie die künstlerischen Schöpfungen von sich wandelnden Gottesbildern. Saturns Energie macht konkret faßbar, was im menschlichen Bewußtsein existiert. Sie tut im Grunde nichts anderes als zu *realisieren*, als stofflich zu machen, was feinstofflich vorhanden ist. Daß sie sich dabei nicht um Trennungen schert, an die wir lediglich glauben, wird ihr dann auch oft genug zum Verhängnis. Wir werfen der irdischen Realität vor, daß sie nicht so ist, wie wir glauben – anstatt von ihr etwas darüber zu lernen, was ist. Alle weiteren Verteufelungen, Trennungen, Beurteilungen und Blockaden lassen sich letztendlich daraus ableiten, daß wir die irdische Realität nicht als Manifestation einer umfassenden Intelligenz erkennen (wollen). Oder anders gesprochen: Die Steine auf unserem Weg werfen wir uns selbst dorthin.

In allen Mythen finden wir einen deutlichen Bezug Saturns zur Erde, jedoch stets mit unterschiedlicher Bewertung. Man könnte sagen, daß die wechselhafte Geschichte um die Energie des Steinbocks unsere wechselhafte Beziehung zur Erde, zu unserem irdischen Dasein beschreibt. Die Tatsache der Verkörperung wird uns zum Stolperstein, zur Prüfung; und sie führt uns zur Konzentration auf das Wesentliche, auf das Geist-Wesen, das wir sind – ob wir diese Verkörperung in lustvoller Hingabe feiern oder in abgewandter Askese überwinden wollen.

Heute ist es ein esoterischer Trend, Polarität als etwas Negatives und Einheit als etwas Positives zu sehen. Auf diese Weise erfüllen wir unsere saturnische Fähigkeit zum Urteil jedoch nicht wirklich selbst, sondern greifen auf die alte Glaubensform der Göttin zurück. Der Respekt vor dem Weiblichen tut not, er darf jedoch nicht mit einem neuen «Teufel Mann» und allem, was damit assoziiert wird, erkauft werden, um zu echten Lösungen zu führen. Mit solcherlei Bewertungen verurteilen wir nämlich vor allem unsere saturnische Fähigkeit zur Eigenverantwortung – und trennen somit die Erde vom Geist, trennen die Polarität von der Einheit, trennen unsere eigene Lebensrealität von dem uns innewohnenden Geist, der sie erschafft.

Wir Menschen empfinden uns oft als Wesen zwischen Himmel und Erde. Wenn wir uns mit diesem Bild zerrissen fühlen, ist das ein Kennzeichen dafür, daß wir die Energie des Steinbocks in uns selbst nicht wahrnehmen. Das charakteristische Schwelle-Sein Saturns spricht davon, daß wir nicht dazwischen, sondern selbst Himmel und Erde *sind*. Wir sind einschließlich unseres gesamten von uns wahrgenommenen Lebens Erdungen des Geistes oder Verkörperungen des Himmels und besitzen durch unsere Steinbock-Energie die Fähigkeit, Geist zu materialisieren, Materie zu vergeistigen oder einfach die Verkörperung kosmischer Intelligenz zu sein.

Kaum jemand von uns tut das ganz bewußt, vielmehr nehmen wir meist diese menschliche Kraft nicht in Anspruch, sondern projizieren sie auf andere, über deren Macht oder Autorität wir uns dann wundern oder auch ärgern. Integrieren wir unsere saturnische Kraft, indem wir sie jenseits von Schuldzuweisungen als einen wesentlichen Teil unseres Menschseins erkennen und aktiv anwenden, ärgern wir uns weniger über andere und wundern uns über uns selbst.

2. Saturn und Chiron

Aus den verschiedenen mythologischen Bezügen der zehnten Energie wurde im vorangegangenen Kapitel deutlich, daß eine grundlegende Eigenschaft des Steinbockzeichens seine Verbindung zur menschlichen Moral und zur Doppeldeutigkeit der physischen Welt ist. Viele andere Zuschreibungen bauen hierauf auf, die Qualität Steinbock verkörpert im Prozeß des Lebens jedoch prinzipiell die bestehende Form und unsere Fähigkeit zum Urteil darüber. Diese Kraft führt letztendlich zur Bildung von institutionellen Religionen, Gesellschaften, Regelwerken und Autoritäten.

Die Urteilsfindung und Formkraft wird durch ihre Auslagerung und Bindung an eine höhere Autorität als das Individuum selbst abgegeben. Je größer die erst aus solchen Prozessen entstehenden richtenden Institutionen sind, um so träger sind sie in der Veränderung ihrer Urteile und in ihrer Anpassung an die Lebensrealität. Dies und die daraus folgende Gewalt sind jedoch auch bereits Ableitungen einer ursprünglich in uns selbst wirkenden Energie, welche unsere Existenz in der Polarität reguliert. Eine neutrale Annäherung an das zehnte Prinzip ist wichtig, damit wir uns für die entsprechende Energie in unserem Inneren auch tatsächlich öffnen und ihre Delegation an andere im Zuge unserer persönlichen Entwicklung zurücknehmen können.

Sich von Polarisierungen und Schuldzuschreibungen freizumachen, ist jedoch leichter gesagt als getan. Die vorangehend formulierten Gegenüberstellungen matriarchaler und patriarchaler Symbole können geradezu einladend wirken zu Verurteilungen und Polarisierungen. Wenn wir dem Steinbock auf den Grund gehen wollen, kommen wir damit jedoch nicht viel weiter. Um uns heute nicht in unseren persönlichen Beziehungen kollektive Entwicklungen vorzuwerfen und dadurch unser gemeinsames «Ins-Leben-geworfen-Sein» aus dem Blick zu verlieren, helfen ein inneres Heraustreten aus der Geschichte und die Weigerung, über die Pole an sich zu urteilen.

Mit Matriarchat ist daher ebensowenig das leider vergangene Gute zu assoziieren wie mit Patriarchat das leider bestehende Schlechte – auch wenn diese ausschließlichen Zuordnungen recht populär sind und einem in uns unterdrückten Seelenanteil auch zunächst die Kraft geben mögen, sich zu erheben. Es geht in unserer menschlichen Geschichte um die Bewußtwerdung von Prinzipien, die wir *oberflächlich* in ihrer Mann-Frau-Polarität erleben. Die Oberflächlichkeit der Mann-Frau-Polarität impliziert auch, daß mit Matriarchat und Weiblichkeit ebensowenig «die Frauen» gemeint sind wie mit Patriarchat und Männlichkeit «die Männer». Zu solchen Verallgemeinerungen verlockt uns zwangsläufig unser patriarchal geprägter, dualistischer Saturn.

Die Pole im allgemeinen und die Geschlechter im besonderen zu trennen ist *das* Kennzeichen patriarchalen Denkens. Zudem ist es eine Ursache für die in uns allen bestehende tiefe Verwundung unserer Natürlichkeit, wie wir es anhand des Chiron-Mythos beobachten können.[1] Wir können davon ausgehen, daß die Polarität in matrizentrischen Kulturen eher als ein Fluß von Wandlungen wahrgenommen wurde, dessen Urgrund und Quell aufgrund der sinnlich erfahrenen Lebensprozesse dem Weiblichen zugeordnet wurde. Mit unserem heutigen Wissen müssen wir uns selbst jedoch die Frage stellen, inwieweit jedes Individuum tatsächlich nur weiblich oder nur männlich ist, und unter Einbeziehung unserer feinstofflichen und mikroskopischen Dimension darüber nachdenken, was unsere Geschlechtszuordnungen eigentlich bedeuten sollen.

Die Formulierung dieser dem eigentlichen Thema vorangehenden Gedanken an dieser Stelle geschieht auch deshalb, weil wir zwar am Ende des Patriarchats angelangt sind, jedoch nicht am Ende der Entwicklung des ihm innewohnenden und immer noch recht unerkannten Prinzips, dessen Bewußtwerdung mit der Installation androzentrischer Gesellschaftsordnungen seinen Anfang nahm. Wir Heutigen stehen quasi am Beginn der nächsten Runde zur Bewußtwerdung des «geheimnisvollen Individuellen», und das Auftauchen Chirons an unserem himmlischen und geistigen Horizont scheint das zu bestätigen.

Die Betrachtung der Mythologie im Zusammenhang mit sich wandelnden gesellschaftlichen Systemen ist in bezug auf unser inneres Steinbock-Prinzip deshalb so wichtig, weil sie ein Licht auf jenen saturnischen Winkel unserer Seele werfen, in dem unsere Vorstellung von Realität deponiert ist – und weil hier nicht zuletzt durch ebendiese Vorstellung unsere Fähigkeit gebunden liegt, Realität frei zu gestalten. Ein freier Umgang mit unserer saturnischen Energie ist nur dann möglich, wenn wir ihre Erfahrungsinhalte als das ansehen, was sie sind: als *bisherige* Erfahrungen, die über die Zukunft zwar keine Auskunft geben, von denen wir aber trotzdem lernen können.

Die historische Verlagerung der gesellschaftlichen und religiösen Macht vom weiblichen auf das männliche Prinzip ist ein längerer Kraft- und Gewaltakt gewesen, der seine komprimierte Darstellung in den Mythen findet. Wir können daher die Mythen auch als einen Keim sehen, der sich im Laufe der Jahrtausende entfaltet. Jeder Mythos ist ein komplexes

Symbol – und wie alle Symbole außerhalb unserer Zeitvorstellungen wirksam. Somit hat ein Symbol auch seinen archetypischen Verlauf bereits in sich. Unsere Entwicklung ist demnach auch ein *Nachvollziehen* des Mythos, und wir sind heute an dem Punkt angekommen, an dem die schmerzhaften Wunden einer gesellschaftlichen Entwicklung endlich wahrgenommen werden – und an dem die Chance zur Heilung besteht. Suchen wir im griechischen Mythos hierfür nach einer Analogie, stoßen wir zwangsläufig auf Chiron.

Die patriarchale Entwicklung machte sich vor allem die Anerkennung des absoluten Einen zum Thema und lokalisierte es in einer fernen geistigen Sphäre. In Abgrenzung zum matriarchalen Ganzheitsgedanken keimte hier das Bewußtsein für Individualität auf, was dem «wir sind alle Kinder der Großen Mutter» ein «ich bin anders» entgegensetzte. Wenn man bedenkt, daß das Patriarchat schon einige Jahrtausende währte, erscheint die Entdeckung der geistigen Planeten, beginnend mit Uranus/Prometheus im Jahre 1781, vielleicht recht spät. Ihre Energien begannen jedoch den Weg zu einem völlig neuen kosmischen Verständnis zu bahnen, für das wir als Individuen durch die patriarchale Phase vermutlich erst reif werden mußten.

Den Erfahrungen der greifbaren Mächte der Natur folgte die Erfahrung der im Menschen wirkenden ungreifbaren geistigen Mächte. Allein schon von der Physiologie der Zeugung abgeleitet, fühl(t)en sich Männer diesem Prinzip näher: Im Gegensatz zur weiblichen ist die männliche Verbindung zum werdenden Leben eher feinstofflicher Natur. Wie das Spermium sind diese Energien (im Gegensatz zu Schwangerschaft, Geburtsprozeß und Stillen) unsichtbar wirksam und fordern die Bewußtwerdung anderer Sinne und Fähigkeiten heraus als jener, die wir bisher entwickelt hatten.

a. Das Leid als Kind der Gewalt

Den Entdeckungen von Uranus, Neptun und Pluto folgte die Entdeckung Chirons im Jahre 1977. Die Reihenfolge der neu zum Bewußtsein strebenden Energien unter Beobachtung des gesellschaftlichen Kontextes weist Chiron als eine Kraft aus, die das Leid von Entwicklungen voraussehen kann und uns nun die Chance zu weisen Lösungen bietet. Daß die Existenz Chirons mit dem patriarchalen Ausleben Saturns zusammenhängt, zeigen vor allem die Umstände seiner Zeugung: Er ist das Kind einer Vergewaltigung und in diesem Dilemma von Vater und Mutter verlassen.

C. Meier-Seethaler sieht in den mythologischen Motiven des Mordes, Raubes und der Vergewaltigung eine Parallele zur Praxis patriarchaler Machtübernahme: «Wie in Wirklichkeit die patriarchalen Herrschaftsverhältnisse nur durch Gewalt installiert werden konnten, so lösen auf der mythologischen Ebene die patriarchalen Götter auf gewaltsame Weise die matrizentrischen Gottheiten ab.[...] Neben Mord und Raub spielt das Thema der Vergewaltigung in vielen patriarchalen Mythologemen eine nicht wegzudenkende Rolle. Wo die Macht der weiblichen Gottheiten nicht durch Mord oder Diebstahl in männliche Hände übergeht, soll die sexuelle Unterjochung der Frau durch den Mann die numinose Faszination des weiblichen Schoßes bannen. [...] In der griechischen Mythologie sind Vergewaltigungen sozusagen an der Tagesordnung.»[2]

Chiron ist das Kind einer solchen Vergewaltigung, und zwei Kennzeichen sind für ihn typisch: Daß er anders ist als die anderen und daß er leidet. Ferner fehlen ihm all jene Kennzeichen patriarchaler Gewalt und männlicher Herrschaftsansprüche, im Gegenteil: Er war freundlich und weise, heilkundig und liebte die Künste. Als Sohn eines Titanen war er unsterblich, gelangte jedoch nie zu einem mit anderen männlichen Göttern vergleichbaren Ruhm oder Herrschaft über Territorien. In der kriegerischen griechischen Mythologie ist er der Außenseiter – und als Lehrer vieler Helden zugleich auch ein das Männliche förderndes Element.

Seine Fähigkeiten und Neigungen in Kombination mit der Tatsache, daß er leidet, machen ihn zum Sinnbild des heutigen Menschen, dem wir in der therapeutischen oder beratenden Praxis unter der gesellschaftlichen Kruste des «ich sollte, ich müßte...» (der Auslebensform Saturns unter patriarchalen Vorzeichen) immer wieder begegnen: Dieser Mensch ist sensibel, verletzlich und verletzt, harmonieliebend und entsetzlich einsam. Er leidet unter der Welt und seiner eigenen Funktion in ihr, ohne zu wissen, was er wie ändern könnte. Er leidet letztendlich darunter, daß seine Liebe keinen Empfänger findet. Wir erleben das Patriarchat und Saturn in seiner entsprechenden Maske als grausam und unmenschlich, finden in der Darstellung Chirons jedoch seinen Schatten, der so ganz anders ist als das, was wir von seelischen Schattenfunktionen gemeinhin erwarten.

Was Chiron für unser Thema interessant macht, ist die Tatsache, daß Chiron der Sohn des Kronos ist und entsprechend ein chronisches Leid repräsentiert – ein Leid, das die Folge einer bestimmten Gesellschaftsordnung, einer bestimmten Zeitspanne (Chronos) ist. Zudem folgte Chirons Entdeckung auf die Rebellions- und Sehnsuchtsära der 60er und 70er Jahre, in denen erstmals die heranwachsenden Menschen ihrem Unmut gegenüber der Gesellschaft und ihrer Heimatlosigkeit in ihr massiven Ausdruck gaben und somit die Grundlagen für eine Jugendkultur und eine Kultur der Individualität schufen.[3]

Hinzu kommt, daß Chiron in seiner Zweiseitigkeit sowohl in seiner Gestalt (Tier/Mensch) als auch in seiner astrologischen Deutung (Leid/Heilung) den saturnischen Schwellencharakter wiederholt und seine Abstammung vom zehnten Prinzip auch hierdurch sichtbar wird. Daß er überhaupt existiert zeugt von der Tatsache, daß der lebendige Drang nach Vereinigung sich nicht um menschliche Ideologien und Beurteilungen schert. Jedoch sind die psychischen «Ergebnisse» der Vereinigung je nach Ideologie sehr unterschiedlich.

Zu Zeiten patriarchaler Machtübernahme entstand die Ideologie der Gewaltausübung über Frauen und alles, was bis dahin ihre Macht und ihre Seinssphäre repräsentierte. Kronos stellte der Nymphe Philyra nach, die ihm und später auch ihrem Sohn zu entkommen versuchte, indem sie sich auf die Mächte der Natur berief, welche seit jeher die Basis ihrer Würde waren. Doch das schützt sie nicht – im Gegenteil: Auch der männliche Verfolger ruft die Mächte der Natur an, um seine einseitigen Vereinigungswünsche zu rechtfertigen. Philyra verwandelt sich in eine Stute, sie beruft sich als Schutz auf ihre Verbindung zur Göttin (deren Symboltier auch das Pferd war, s. Demeter als pferdeköpfige Göttin). Doch Kronos nimmt dieses religiöse Symbol für sich selbst in Anspruch und ist so – laut Mythos – in der Lage, den sexuellen Akt, vor dem sie floh, mit ihr zu vollziehen. Von Liebe ist hier jedoch keine Rede.

Chirons Zeugung findet in einem Klima statt, in dem sich Männliches und Weibliches verfeinden und einander bedrohend gegenüberstehen. Sie kämpfen um die alleinige Macht, und ihre Beziehung trägt die Überschrift «Dominanz». Diese Überschrift ist auch über den betreffenden Gesellschaftsordnungen zu finden, und zwar sowohl über der matriarchalen als auch über der patriarchalen. Saturns Gesicht hat sich also bereits von der Göttin Juno zum kriegerischen Janus gewandelt, und was als «männliches» Ergebnis dabei auch entstehen kann, wird in der Gestalt Chirons dargestellt.

Der gewaltsame Akt mit dem Ziel der Herrschaft *übereinander* ist widernatürlich, denn auf der Mikroebene, d.h. Eizelle/Samen, bleibt es, wie es eh und je war: Vereinigung der Pole mit dem Ziel der Lebensschöpfung. Alles Leid, was daraus entsteht, ist ein Ergebnis menschlicher Beurteilungen. Interessanterweise wiederholt sich in Kronos' hiesiger Vaterschaft mit umgekehrten Vorzeichen das, was er bei seinen eigenen Eltern zu berichtigen hatte, denn war Uranus über die Kinder entsetzt, die ihm Gaia gebar, so ist nun Philyra, die Mutter, selbst entsetzt über das, was sie (und daß sie überhaupt!) gebiert.

Das Ergebnis dieser erzwungenen Vereinigung ist ein psychisches Waisenkind, vor allem auch deshalb, weil Chiron in seiner weiteren Entwicklung eben *nicht* zu einem Gewalttäter oder Herrscher, sondern zu einem Suchenden wird. Chiron findet für seine Art in seiner Umwelt keinen Spiegel, keinen Ähnlichen, keinen Gleichgesinnten – noch nicht einmal die Akzeptanz durch seine eigenen Eltern. Melanie Reinhart beschreibt Chirons Geburt als «nach der griechischen Schöpfungsgeschichte [...] einzigartig: Sie ist die Folge der ersten nicht eindeutig inzestuösen Verbindung. Alle seine Vorfahren väterlicherseits entstanden durch die Vereinigung von Mutter und Sohn oder Schwester und Bruder. Philyra war die Nichte des Chronos. Die beiden waren zwar verwandt, aber keine Verwandten ersten Grades. Chiron stellt also einen Bruch mit der ursprünglichen Matrix dar, der die Erdmutter Gaia und ihre Nachkommen gefolgt waren.»[4] Daß Chiron ein Bruch in der Matrix darstellt, kann jedoch noch auf eine andere Weise betrachtet werden, wenn man einmal davon ausgeht, daß der von Melanie Reinhart angenommenen ursprünglichen Matrix bereits eine patriarchale Mythenverformung zugrunde liegt.

In dem obigen Zitat wird die inzestuöse Verbindung als Urform betrachtet und Chirons Position hieraus interpretiert. In den ursprünglicheren, matrizentrischen Gesellschaftsstrukturen herrschte jedoch aus Gründen der Friedenssicherung zwischen den verschiedenen Matriclans und aus Gründen des sozialen Zusammenhaltes innerhalb eines Clans stets das Gebot der Exogamie (d.h. Eheschließung bzw. sexuelle Verbindung außerhalb der eigenen Familie bzw. des eigenen Clans). Die Brüder der Mutter nahmen dem Kind gegenüber zwar die Funktion der männlichen Autorität ein, waren jedoch nicht deren leibliche Väter, welche in matrizentrischen Strukturen eine untergeordnete Rolle spielten und in der Regel außerhalb des Clans ihrer Kinder lebten.

Das Inzesttabu mit entsprechendem Exogamiegebot war und ist Kennzeichen gerade matrizentrischer Kulturen, und es ist unter anderem ein Kennzeichen männlicher Herrschaftsaneignung, daß sich «Tatsächlich [...] alle patriarchalen Kulturen über die matrizentrischen Inzesttabus mehr oder weniger hinweggesetzt (haben), und es wurden nicht nur aus dynastischen und erbstrategischen Gründen weibliche Verwandte geheiratet, sondern immer standen weibliche Mitglieder des Haushalts, seien es Töchter, Mündel oder Dienerinnen, in der Gefahr, vom Hausherrn oder von dessen Brüdern und Söhnen sexuell mißbraucht zu werden.»[5]

Die tatsächliche ursprüngliche Matrix, deren Bruch Chiron darstellt, war dieser Sichtweise nach eher die matriarchale, welche sexuelle Verbindungen unter Verwandten unter ein Tabu stellte. Der griechische Mythos mag es nicht mehr ausdrücken, jedoch symbolisiert Chiron unter der Voraussetzung einer matriarchalen Kultur gerade den Bruch des Inzesttabus anstatt seine Aufstellung. Hierdurch wird er zu einem männlich-menschlichen Symbol für das Ergebnis patriarchaler Gewalt: Chiron ist Ursache, Verkörperung und Ergebnis dessen, was im Innersten der patriarchalen Entwicklung wirksam war und ist: der verletzte und leidende Mann.

Um hier jedoch nicht sexistischen Beurteilungen Vorschub zu leisten, müssen wir die gesellschaftliche Wandlung, die durch den Wechsel vom Matriarchat zum Patriarchat symbolisiert ist, vor allem als einen Aufruf zur psychischen Wandlung des Menschen begreifen: vom kollektiven zum individuellen Wesen. Der Mann als das ursprünglich als minderwertig angesehene Wesen war zwangsläufig jener Teil der Gesellschaft, der litt und durch sein Aufbegehren selbst Leid erzeugte, jedoch wird die Yang-Kraft (um es neutral auszudrücken) hierdurch auch ein Symbol für den Teil eines jeden Menschen, der dem Gott- oder Naturgegebenen Individualität und Eigenwille entgegenstellt. Diese Kraft litt unter der Herrschaft der Mütter, verletzte sich jedoch durch ihre gewaltsame Machtübernahme, welche die *Trennung* vom Yin-Prinzip bewirkte, nachhaltig selbst.

Die Menschheit konnte die Entwicklung zur Individualität bisher offensichtlich nur in Form der absoluten Verlagerung des Schwerpunktes vollziehen, und somit ist Saturn, unsere

Realität bzw. unser Bewußtsein, um Chiron «bereichert» worden. Chirons Entsprechung unter der Überschrift «Patriarchat» ist nun einmal vor allem das Leid. Als Sohn des Kronos hat er jedoch auch dessen Wandlungs- und Schwellencharakter geerbt, was sich sowohl durch die astrologische und therapeutische Erfahrung als auch durch seine astronomische Bahn bestätigt.

Bezeichnenderweise erschien Chiron gegen Ende dieses Jahrhunderts am Firmament. Seine Ankunft am Himmel (und in unserem Bewußtsein) begleitet somit eine Zeit, in der sich patriarchale Strukturen überall auf der Welt in einer Krise befinden und zusammenbrechen. Auch die patriarchalen Strukturen in unserer eigenen Seele befinden sich in diesem Zustand. Unsere innere saturnische Energie ist ihrer Ordnungsmuster beraubt bzw. muß feststellen, daß ihre bisherige Vorstellung von Realität einer grundlegenden Revision bedarf. Das eigene chronische Leid «am Zustand der Welt» ist für immer mehr Menschen immer weniger zu übersehen. Und in dem Zusammenhang interessiert uns die Frage: Worauf basiert das Leid Chirons?

b. Die Existenz der Liebe

Um in unserer Gegenwart einen adäquaten und neuen Umgang mit saturnischer Energie zu finden, müssen wir vor allem eines ändern und neu entdecken: das Bild des sogenannten Männlichen, das wir auch als Impuls zur Individuation oder als unsichtbares Geistprinzip bezeichnen können. Ebenso wie die Zuordnungen Frau-Yin-Erde-Einheit usw. müssen die Zuordnungen Mann-Yang-Himmel-Individuation usw. korrigiert werden, oder anders ausgedrückt: Die Realität der Polarität muß von der Bindung an die Geschlechter gelöst werden.

Dieses Bemühen kommt ganz saturnisch einer Wanderung auf einem schmalen Grat gleich, und unter Umständen setzt man sich damit Vorwürfen des Opportunismus aus. Wollen wir unsere eigene saturnische Energie jedoch jenseits von Verteufelungen und «Anordnungen von oben» realisieren, müssen wir überhaupt erst wieder lieben lernen – und zwar sowohl das Weibliche wie auch das Männliche als umfassend wirkende Lebensprinzipien. Die Energie Chirons kann uns hierzu die Kraft und die Größe geben. Um Chirons Leid auf die Spur zu kommen – und somit dem Leid des heutigen Menschen –, können wir anhand des Mythos ein chironisches Schicksal in der Gegenwart konstruieren:

Eine junge Frau wird von ihrem Onkel mit sexuellen Avancen verfolgt und versucht immer wieder, seinen Annäherungen zu entkommen. In ihrer zunehmenden Angst und Verzweiflung sucht sie zunächst Rückhalt bei ihrer Mutter (das entspräche der Verwandlung in eine Stute). Die Mutter ist jedoch machtlos und auf diesem Auge blind, weil eben dieser Onkel, der ihr eigener Bruder ist, sie in der Kindheit selbst sexuell mißbraucht hat. Die Autorität, welche die Mutter eigentlich hätte, geht also auf den Onkel über, er hat quasi die mütterliche Erlaubnis (das entspräche seiner Verwandlung in einen Hengst) zum gewaltsamen Vollzug der sexuellen Vereinigung.

Die Tochter wird aufgrund dieser Vergewaltigung schwanger und bringt einen Sohn zur Welt, der berechtigterweise seine emotionalen und biologischen Bedürfnisse an sie richtet und von ihr genährt werden will. Im Bann des Entsetzens gefangen, gibt sie ihr Kind – als Manifestation des Traumas – umgehend zur Adoption frei. Sie verdrängt das gesamte Erlebnis sowie die Tatsache ihrer weiblich-sexuellen Potenz, um zumindest rein physisch zu überleben – und regrediert psychisch auf die Stufe der vegetativen Existenz (die Verwandlung in eine Linde). Dieses Schicksal einer Frau ist in unserer Gesellschaft zwar nicht utopisch, soll an dieser Stelle jedoch nicht weiter diskutiert werden. Hier interessiert mehr: Was ist die Realität des Kindes?

Dieses Kind erlebt am eigenen Leib eine völlig widersinnige Erfahrung: Es ist sichtbarer Beweis der Existenz von vereinigenden Kräften (wenngleich bei seiner Zeugung die Liebe auch lediglich auf der Zellebene bestand), wird jedoch in ein geistiges Klima geboren, das vom Kampf der Geschlechter geprägt ist. Das Denken, mit dem es sich konfrontiert sieht, ignoriert also die Basis seiner physischen Existenz, die ja von ganz anderen Dingen spricht. Die Liebe, die jedes Kind für seine Eltern empfindet, findet zudem keinen Adressaten, ohne daß diese Liebe von einem der beiden Standpunkte aus als falsch bewertet werden würde.

Selbst wenn dieses Kind seine Eltern kennenlernen würde, würde es die seiner eigenen Physis und Psyche widersprechende Erfahrung machen, daß Vater und Mutter sich nicht lieben, sondern hassen. Ebenso macht es die Erfahrung, daß in der Nähe der Mutter seine Liebe zum Vater «falsch» ist und in der Nähe des Vaters seine Liebe zur Mutter. Es liegt dann als Versuch der Bewältigung dieses Konfliktes der (neurotische) seelische Umkehrschluß nahe, daß Schöpfung aus dem Haß heraus entsteht – oder daß der Krieg der Vater aller Dinge ist.

Wenn wir ehrlich betrachten, nach welchen Regeln wir unser sogenanntes soziales Leben gestalten, ist diese Haltung ein prägender Bestandteil unserer heutigen Gesellschaftsordnung. Saturn in seinem heutigen Zustand hat sowohl kollektiv als auch in der individuellen Seele zunächst diese Qualität – ob uns das gefällt oder nicht.

Chiron erscheint im Mythos jedoch als Beispiel einer Energie, die diesen Umkehrschluß *nicht* macht – und das ist das eigentlich Heilende und Neue an ihm. Wir alle machen die obige Erfahrung, ob wir in einer zerrütteten elterlichen Beziehung oder in einer sogenannten intakten Kleinfamilie aufwachsen. Die Tatsache, daß wir physisch existieren, ist Beweis der *natürlichen Gegebenheit der Liebe* oder dafür, daß lebendige Existenz und Liebe Synonyme sind. Außerdem kommt jeder Mensch mit einer offenen Bereitschaft, den anderen Menschen zu lieben, auf die Welt. Diese Bereitschaft macht kleine Kinder so unwiderstehlich und erklärt zum Teil ihre Wirkung auf uns.

Das gesellschaftliche Klima, in dem wir aufwachsen, ignoriert, verdrängt oder vertuscht diese Liebe und gibt ihr nicht das Gewicht, das ihr aufgrund ihrer Basisfunktion zusteht. In einer Gesellschaft, welche die Liebe verdrängt oder durch Romantisierungen verzerrt und mißbraucht, macht jedes Kind früher oder später die Erfahrung, daß seine Liebe erstens nicht als solche verstanden und zweitens nicht *angenommen* wird. Seine wichtigste Fähigkeit, die zugleich die Basis seiner Existenz ist, scheint nutzlos, wertlos und irgendwie falsch zu sein.

Mit diesem gesellschaftlichen Klima müssen wir zwangsläufig irgendwann im Laufe unserer kindlichen Entwicklung aus Überlebensgründen konform gehen, je nach innerer Widerstandskraft mehr oder weniger. Die erfolgreiche oder auch nur tragbare Erziehung und Sozialisation innerhalb einer gesellschaftlichen Struktur, die Anspruch auf Ewigkeit erhebt (wie es jede gesellschaftliche Struktur bisher tut), beruht im Grunde weniger auf der Disziplinierung egoistischer Triebe als auf dem Verzicht auf die Wahrnehmung der eigenen Liebesfähigkeit. Allein rein physisch und somit unbewußt setzt uns das jedoch unter eine unerträgliche Spannung, denn es bedeutet nichts anderes, als daß wir unsere eigene Physis, die Wahrheit unseres Körpers, leugnen und in der irrationalen Situation gefangen sind, gesellschaftlich «richtig» zu sein, wenn wir glauben, daß wir körperlich «falsch» sind.

Um unter dieser Spannung nicht zu zerreißen, können wir unsere Körperlichkeit komplett verdrängen und auf diese Weise sicherlich einen patriarchal-saturnischen erfolgreichen Weg gehen. In diesem Fall opfern wir die Liebe der Konformität, und dieses Verhalten wird Männern durch ihre Rollendefinition nahegelegt.

Andererseits können wir zu der Aussage unseres Körpers stehen und der Liebe Gewicht geben, jedoch zu dem Preis, daß wir mit dieser Einstellung im gesellschaftlichen Aus landen und am öffentlichen geistigen Leben nicht teilnehmen. Dieses Verhalten wird Frauen aufgrund der Rollenzuschreibung nahegelegt.

Chiron ist – und das ist das Neue – der *männliche* Nonkonformist, denn in der patriarchalen Auslebensform Saturns ist das Weibliche ohnehin nicht konform. Innerhalb der Wogen sexistischer Kämpfe gehört Chiron als ein Sinnbild «für denjenigen, der sich keiner Partei, keiner Clique und keiner bestimmten Gruppe anschließt, also jemanden ohne ein ‹eingebranntes Herdenzeichen›»[6], zur eigentlichen Errungenschaft der menschlich-männlichen Entwicklung. Er opfert seine Fähigkeit zu lieben weder der einen noch der anderen Seite, nur um dadurch dazugehören zu können. In einer Gesellschaft, die Polarisierung und Trennung propagiert, nimmt er seinen Platz ein: den eines Außenseiters. Er rettet damit gleichzeitig die Basis seiner Existenz als auch den Grund seines Leids, doch was er auch täte, das Leid würde ihm bleiben.

Ein Mensch, der sich als Verkörperung der Liebe erkennt, sie in sich spürt und nicht von ihr ablassen will, ist in einem Umfeld, das der Liebe keine Rechte gibt, nicht existent, ein Außenseiter – und wie jeder liebende Mensch leidet er. Hörte seine Liebe auf, würde sein Leid aufhören. Hörte seine Liebe auf, hörte jedoch auch seine Existenz auf. In Chirons Verantwortlichkeit für sich selbst – auch wenn sie weh tut – zeigt sich seine Abstammung von Kronos recht deutlich. So finden wir in der Figur Chirons auch im griechischen Mythos ein Bild dafür, aus dem Rückfall Saturns auf sich selbst wieder einen Schritt herauszutreten.

Die Heilung eines Leides, das durch die Entwicklung des männlichen Prinzips initiiert wurde, kann – ganz im Sinne der homöopathischen Ähnlichkeitsregel – nur durch es selbst geschehen. Was durch männlichen Haß verwundet wurde, kann durch männliche Liebe geheilt werden.[7]

Unser menschlicher Weg zur Individuation (dessen sich zunächst die androzentrische Entwicklungsphase annahm) ist demnach also sowohl Gift als auch Heilmittel – und darüber entscheiden lediglich Dosis und Frequenz d.h. Wirkebene.

Giftig ist dieser Weg so lange, wie wir der äußeren, auf Krieg und Trennung ausgerichteten Autorität unsere Saturnkraft überlassen, um uns dem steten Risiko der Moral entziehen und «just for fun» leben zu können. Heilend wird er, sobald wir als integere Persönlichkeiten ganz saturnisch beginnen, an den herrschenden Normen zu zweifeln, um unser eigenes Urteil zu finden. Chiron ist somit vor allem Hilfe für die heutige Wandlung Saturns, denn er repräsentiert die Fähigkeit zu persönlicher Non-Konformität um der Liebe willen. Diese Fähigkeit ist die größte Gefahr für die herrschenden gesellschaftlichen Machtverhältnisse und die größte Chance für die Entdeckung von Lösungen.

Da Saturn eigentlich lediglich die Kraft ist, die unseren Bewußtseinsinhalten Form verleiht und im Wandel der Zeiten stets und unveränderlich auf diese Weise wirkt, ist Chiron auch eine kreative Reaktion dieser Kraft auf die menschliche Entwicklung. «Chiron symbolisiert die *gemeinsame Basis*. [...] Somit ist, wenn man darüber genauer nachdenkt, die Türöffnung selbst die gemeinsame Grundlage. Sobald das Tor erst einmal geöffnet ist, erlaubt es den Zutritt in beide Richtungen.»[8] Hier finden wir wieder den eigentlichen Schwellencharakter saturnischer Kraft. Und es ist beruhigend zu erkennen, daß auch ein patriarchaler Mythos wie der um Kronos und Chiron nirgendwo anders ankommen kann als bei der Verbindung der Pole oder als bei demselben Punkt wie der matriarchale Mythos um Uno, die Göttin der Pforte.

In diesem Sinne kann auch unsere Entwicklung zur Individuation über den Weg von Trennung, Leid und Heilung nirgendwo anders ankommen als bei der Erkenntnis der Realität der Einheit – nur daß diese Einheit weder als das Alleingültige noch als das Weibliche bzw. Männliche dasteht. Durch die Entwicklung zur menschlichen Individuation ist die vormals überwiegend auf Blutsbanden basierende Verbindung um die individuell-geistige Dimension der humanitären Liebe erweitert worden.

c. Wiedergutmachung durch den Sohn

Bereits der griechische Mythos um die Geburt der Aphrodite bringt das Prinzip der Liebe in Verbindung mit Kronos/Saturn. Kronos kastriert seinen Vater, die abgetrennten Geschlechtsteile fallen ins Meer, werden zu Schaum und verwandeln sich in eine Frau – eben Aphrodite. Obwohl auch dieser Mythos die patriarchale Adaption eines ursprünglicheren Göttinnenkultes ist und in der griechischen Version eher von der Spaltung des Frauenbildes berichtet, spricht er auch von der Entstehung der Liebe als Konsequenz saturnischen Verhaltens. Venus/Aphrodite bringt mit ihrer Schönheit und verführerischen Kraft den griechischen Götterhimmel immer wieder in Aufruhr, zudem verärgert sie Zeus mit ihrer Spötterei und bestraft oft diejenigen, die glauben, über die Liebe erhaben zu sein, oder die sie anderweitig beleidigen. Chirons Mythos beschreibt, daß durch die patriarchale Entwicklung eine Art von Liebe entsteht, die stets auch mit dem Schmerz verbunden ist.

Diese Liebe ist menschlich und irdisch und kann die romantischen Sehnsüchte nach dem Paradies nicht befriedigen. Anders als die ersehnte kosmische oder die aufregende erotische Liebe enthebt sie uns nicht der Bewertung unseres Daseins, sondern legt den Finger mitten in die Wunde. «Auf billige Art und Weise ist die von Psychologen verlangte «Vereinigung der Gegensätze» von Männlichem und Weiblichen nicht mehr zu haben.» schreibt Jutta Voss demnach auch zutreffend zur Charakterisierung des heute üblichen Beziehungsdramas und formuliert weiter: «Übersehen wird dabei auch, daß ein signifikanter Fortschritt der patriarchalen Bewußtseinsentwicklung die Entstehung des ethischen Dualismus von Gut und Böse ist, verbunden mit verantwortlichem Handeln. *Somit steht jetzt das Individuum mit seiner Fähigkeit, um Gut und Böse zu wissen, in der Welt und muß sein Verhalten individuell verantworten.*»[9]

Dieser Satz verdichtet den chironischen (Leidens-) Zustand, der heute für jeden einigermaßen wachen Menschen kennzeichnend ist. Die Erkenntnis von Gut und Böse beschert uns den klaren Blick auf ein erschreckendes Ausmaß von Problemen, denen wir mit nichts anderem begegnen können als mit unserer individuellen Verantwortung. Wird die Verantwortung (der Vater Kronos) nicht angenommen, weil angesichts der Weltkrise, der Übermacht des Partners/der Partnerin, der eigenen Schwächen, des persönlichen Geldmangels, der eigenen Machtlosigkeit usw. «ich ja doch nichts tun kann», wird der ch(i)ronische Leidenszustand unbewußt erlebt, begleitet von ungreifbarer Angst, depressiver Grundstimmung und lähmendem Automatismus. Wird die Verantwortung angenommen – erkennt sich also das einzelne Individuum als Kind und funktionellen Arm des Patriarchats –, setzt automatisch die Wahrnehmung des Schmerzes und damit die Suche nach Alternativen ein.

Im Moment der Übernahme der Verantwortung siegt die Liebe zum Leben, und zwar deshalb, weil sie nun endlich als Basis des Seins wahrgenommen werden darf. Sich einzugestehen, wie sehr man unter den gegenwärtigen Regeln, nach denen man sein Leben gestaltet, leidet, ist der erste Schritt zur Wahrnehmung dessen, was man liebt. Die Kraft, die wir bisher zur Verdrängung dieser schmerzlichen Realität benötigt haben, wird nun erstens frei und läßt zweitens die innere Realität als Quelle weiterer Kraft zu.

Hier zeigt sich, daß die Integration unserer saturnischen Energie eine Umkehr unserer inneren Ausrichtung bewirkt: vom Leid zur Heilung, von der Angst zur Hoffnung und vom Tod zum Leben. Wir können die «Sünden der Väter» nicht eher wiedergutmachen, als wir sie erkannt haben. Und wir können sie nicht eher erkennen, als wir unserem persönlichen Schmerz ins Auge zu sehen wagen. Um die Kraft dafür zu haben, ist jedoch die *Anerkennung der inneren Wirksamkeit* des väterlich-patriarchalen Erbes notwendig, welche Qualität es auch immer haben mag.

Wir können diese innere Anerkennung ganz individuell und wörtlich verstehen, wenn wir daran arbeiten wollen, unserer eigenen Saturnkraft habhaft zu werden. Der Psychotherapeut Bert Hellinger hat mit seiner Methode der Aufstellung von Familiensystemen demonstriert, daß eine Person leidet und mit der Bewältigung ihres Lebens schwerwiegende Probleme hat, wenn in dem inneren Bild ihres Familiensystems nicht all jene Personen da (= bewußt und geachtet) sind, die ihr das physische Leben überhaupt erst ermöglicht haben.[10] Die größten Schwierigkeiten, die eigenen Eltern achtend anzunehmen und zu ehren, d.h. ihnen ihren Platz und ihre Wirksamkeit im eigenen inneren Seelensystem zuzugestehen (was nicht automatisch bedeutet, ihr Tun gutzuheißen!), entstanden verständlicherweise bei Kindern, die ihre Eltern als mißbrauchend, moralisch verwerflich oder anderweitig als bösartig erfahren haben bzw. sie so bewerten.

Das negative Urteil über einen bestimmten oder mehrere Vorfahren führt in der Regel zu seiner/ihrer Ausgrenzung im eigenen inneren System. Gut und Böse lediglich zu erkennen hat hier jedoch keine heilende Wirkung, im Gegenteil, es chronifiziert oft das Leid. Die heilende Wirkung setzte erst dann ein, wenn Klienten der betreffenden Person wieder menschliche Würde und ein eigenes Schicksal zugestehen konnten und sie achteten als den Menschen, durch den sie ihr Leben erhalten haben – ohne der Person die Verantwortung für ihr Tun zu nehmen.[11]

Erst dann trat der Faktor «individuelle Verantwortlichkeit für das Hier und Jetzt» in der seelischen Dynamik hinzu; erst dann also, unter Respekt für das Gewesene, konnte die eigene innere Saturnkraft wachsen und Chiron seine Ausrichtung zur Heilung entwickeln. Abgesehen von der Systemrelevanz fernerer Vorfahren muß im magischen Moment der Heilung das Paradoxon ertragen werden, daß auch der schlechteste Vater oder die grausamste Mutter von ihren Kindern geliebt werden – daß wir also eine Liebe in uns tragen, die selbst angesichts berechtigter Urteile bestehen bleibt und sie somit relativiert. Diese Anforderungen sind hart, und Hellinger wird oft Autoritarismus und patriarchales Denken vorgeworfen. Die Praxis zeigt jedoch, daß wir uns selbst nicht achten können, wenn wir die verachten, die uns unser physisches Leben ermöglicht haben – wie bitter es auch verlaufen sein mag und als wie «fehlerhaft» wir unsere Eltern oder andere Vorfahren auch empfinden mögen.

Die chironische Kraft in uns besitzt diese Fähigkeit zur Achtung – die Fähigkeit zur Ver-söhn-ung mit uns selbst. Sie gibt uns die Kraft zum ersten Schritt, der uns in einer «More-Fun-Gesellschaft» durch die persönliche Wahrnehmung und Anerkennung des eigenen Schmerzes zunächst ins Außenseitertum führt. Hier draußen jedoch, außerhalb unserer Gesellschaftsfähigkeit, haben wir irgendwo unsere Liebe verloren, unseren Respekt vor uns selbst liegenlassen und der Kraft, die uns aus uralten Wurzeln zufließt, keine Achtung geschenkt.

Viele Menschen drehen sich bei der Entwicklung einer gesunden Eigenliebe verzweifelt und vergeblich um sich selbst, denn sie grenzen die Tatsache aus, daß sie Erbe, Ergebnis und Zwischenglied einer langen und oft schmerzlichen Geschichte sind. Jedoch erst unter Einbeziehung dieser irdischen Kette unseres persönlichen Seins ist in unserer Seele der Boden für echte saturnische Integrität und Reife bereitet. Und wenn wir bedenken, daß die Saturnkraft eines jeden darüber mitbestimmt, welchen Weg die gesellschaftliche Entwicklung nimmt, ist die chironische Wiedergutmachung ein notwendiger, zugleich aber hoher Preis. Es steht jedoch auch viel auf dem Spiel.

3. Saturn und Lilith

Lilith oder der Schwarze Mond ist ein Horoskopfaktor, der in den letzten Jahren unter den Astrologen zunehmende Beachtung fand. Lilith ist kein Planet, sondern ein sensibler Punkt im Horoskop, der sich durch die elliptische Bahn des Mondes um die Erde errechnet. Eine Ellipse hat stets zwei Brennpunkte, im ersten Brennpunkt der Mondbahn finden wir die Erde, den (berechneten) zweiten nennen wir Lilith oder den Schwarzen

Mond. Liliths Verlauf ist «schlingernd», ihre Positionsveränderungen erinnern an das Prinzip «drei Schritte vor – zwei zurück», daher wird im Horoskop in der Regel ein Mittelwert plaziert.

Wenn wir uns mit Lilith befassen, begegnen wir einer oft widersprüchlichen Energie und einer völlig anderen Form seelischer Dynamik. Liliths Wirken in unserer Seele ist unerkannt machtvoll, denn sie steht für jene Bereiche in unserem Innern, zu denen unser Verstand nur schwer den Zugang findet. «Jetzt verstand ich, was der Gott verfügte: Du sprichst die Wahrheit, aber niemand wird dir glauben. Hier stand der Niemand, der mir hätte glauben müssen; der das nicht konnte, weil er gar nichts glaubte. Ein Niemand, der nicht glaubensfähig war. Da habe ich den Gott Apoll verflucht.»[1]

Der Schwarze Mond symbolisiert eine Energie, für deren Entdeckung unser heutiges Denken und Fühlen kaum geeignet erscheint. Er spricht von einer Facette jener Welt, die weit vor der überlieferten Geschichte und für eine weit längere Zeit wie dieselbe bestand.[2] Im jüdischen Mythos ist Lilith die Frau vor Eva, welche mit Adam im Machtkampf lag und schließlich vor ihm und seinem Gott Jahwe floh, da sie sich nicht unterwerfen wollte. Liliths Existenz ist jedoch nicht auf den jüdischen Mythos beschränkt, ihre Gestalt als die eines bösen weiblichen Geistes tritt uns in vielen Mythen und Märchen entgegen.

Aus ihrem Namen ergeben sich zwar Ableitungen zu älteren, archaischen Göttinnen, sie gilt in den meisten Mythen jedoch vor allem als Dämonin, die Kinder mordet und Männer verführt, als die verschlingende Mutter und als die göttliche Dirne, sie hat einen zerstörerischen und todbringenden Charakter und sie ist vor allem ein Wesen der Nacht. Wenn wir den Mythen folgen, die sich um sie ranken, scheint von ihr wenig Gutes zu kommen.

Innerhalb der Astrologie wird Lilith mit dem verdrängten weiblichen Prinzip in Zusammenhang gebracht – und mit den gesellschaftlichen und psychologischen Auswirkungen dieser Verdrängung.

In diesem Zusammenhang interessiert uns auch ihre Beziehung zu Saturn. Marie-Louise von Franz schreibt in ihrem Vorwort zu S. Hurwitz' Studie «Lilith – Die erste Eva»: «Daß hinter der Depression, der ‹saturnischen Melancholie›, wie sie früher genannt wurde, ein unbändiger Lebensdrang verborgen liegt, *der sich nicht assimilieren lassen will*, scheint mir eine neue und wesentliche Erkenntnis zu sein.»[3] Die Studie von S. Hurwitz befaßt sich nicht mit der Astrologie, sondern mit religionshistorischen und psychologischen Hintergründen des Lilith-Mythos. Um so wichtiger erscheint mir der zitierte Satz, der aufgrund psychoanalytischer Erfahrung den astrologischen Schwarzen Mond mit der saturnischen Energie zusammenbringt. Auch im Lilith-Mythos wird ihre Nähe zu Saturn sichtbar:

«Die kabbalistische Tradition hat zum Lilith-Mythos ein neues Element hinzugefügt: es handelt sich um die Beziehung Liliths zum Bösen. Dieses erscheint personifiziert als Satan oder [...] *Samael*. In der nachtalmudischen Tradition [...] ist Samael der Anführer der gefallenen Engel. [...] Im Sohar werden Samael und Lilith, meist einfach ‹Samael und seine Gefährtin› genannt, an zahlreichen Stellen erwähnt. Sie werden hier zum Prototyp eines ‹unheiligen Paares› und damit zum eigentlichen Gegenspieler des ‹heiligen Paares›, [...].»[4] Wir haben die Analogie des astrologischen Saturns zu Satan, dem christlichen Teufel, bereits an früherer Stelle behandelt, und der Mythos um Lilith weist uns auf eine neue Facette Saturns hin: Unser innerer Saturn ist nicht allein, denn er hat eine Gefährtin, die stets an seiner Seite ist. Auch der Aberglaube des Mittelalters, der die Hexen des Pakts mit dem Teufel bezichtigte, wird von diesem alten Bild des unheiligen Paares getragen.

Was bedeutet das jedoch für die astrologische Praxis? Es bedeutet nichts weniger, als daß jede Arbeit mit Saturn die Energie Liliths in unserer Seele aktiviert. Liliths Energie ist jedoch derart archaisch und im sogenannten zivilisierten Leben zunächst nahezu unintegrierbar, daß wir die Gefühle, die sie in uns verursacht, nur schwer benennen können –

wenn wir uns überhaupt wagen, sie wahrzunehmen. Oftmals ist es leichter, ihr gemeinsames Erscheinen mit Saturn in unserem Leben allein ihm, dem prädestinierten Sündenbock, in die Schuhe zu schieben, um uns einer Auseinandersetzung mit unserem matriarchalen Seelenerbe nicht zu stellen. Liliths Verbindung zur Realität existiert jedoch, und je weniger wir dieser Tatsache Rechnung tragen, um so verzerrter und fremdbestimmter werden wir unsere Realität erleben. Die Qualität Liliths hängt entscheidend von der Qualität unseres Saturns ab, ebenso wie seine Qualität auch davon abhängt, wieviel Respekt wir dem Schwarzen Mond und dem durch ihn repräsentierten Seelenbereich entgegenbringen.

a. Zweierlei Norm

Es ist nicht willkürlich, daß ich den neueren astrologischen Faktoren Chiron und Lilith bei der mythologischen Betrachtung des Steinbock-Themas so viel Beachtung widme. Zum einen leben wir in der vielzitierten Zeitenwende, in der gerade Saturn als gesellschaftliche Ordnungskraft gefragt ist. In dieser Zeitenwende bewirkt jedoch das Erscheinen Chirons die In-Frage-Stellung der gesellschaftlichen Ordnung. Es ist so, als ob dem auf dem Gipfel seiner Macht und Anerkennung stehenden Patriarchen plötzlich sein verleugneter Sohn ins Haus hinkt, den schönen Schein der Rechtschaffenheit zusammenfallen läßt und den Vater vor versammeltem Publikum fragt: «Sag' mal, wie war das eigentlich damals mit dir und meiner Mutter?» Chirons Erscheinen erinnert an die Leiche im Keller des Patriarchats, und diese Leiche ist die Dämonin Lilith.

Zum anderen beinhaltet unser seelisches Erbe unsere *gesamte* menschliche Geschichte. Der Raum in unserer Seele, auf dessen Tür «Steinbock» steht, speichert das, was für richtig und allgemein gültig gehalten wird und wurde. Dieser Raum hat aber noch ein Hinterzimmer, dessen Tür möglicherweise durch ein Heroen- oder Madonnenbild verdeckt ist. Chiron nimmt das Bild ab und weist auf die Tür dahinter, denn – ob sie geschlossen oder verdeckt ist oder nicht – alle Inhalte des Seelenraumes «Steinbock» wirken in uns. «Die wilde Frau in uns mag unter zahlreichen Schichten überzivilisierter oder schamhafter Verdrängung begraben liegen, ihre jahrtausendealten Namen mögen uns entfallen sein, aber im Mark unserer Knochen spüren wir sie noch und sehnen uns nach ihrem Wissen. Wir spüren, daß sie untrennbar von uns ist und wir eine seltsame Verkörperung von ihr sind.»[5] Diese wilde Frau wird zwar im seelischen Erleben von Männern und Frauen unterschiedlich empfunden, ist jedoch als tiefe Urwurzel beider Geschlechter in jedem Menschen wirksam.

Unser vorpatriarchales Seelenerbe besteht aus einem gesellschaftlichen Ordnungsmuster, in dem die Große Mutter alles Leben gab und alles Leben nahm, in dem die Göttin in ihren vielen Gesichtern Mittelpunkt und Basis des gesellschaftlichen Lebens war. Aus dieser Zeit sind uns Vorstellungen von Gut und Böse geblieben, die den heutigen Vorstellungen davon oft diametral gegenüberstehen. Nehmen wir Chiron und Lilith bei der Betrachtung des Steinbock-Prinzips hinzu und widmen uns ein wenig den Dingen, die sie repräsentieren, erkennen wir in einem weit größeren Ausmaß als bisher, was alles schon gewesen ist, was alles schon für Gut und für Böse befunden wurde – und wie relativ diese Bewertungen sind. Und die Erkenntnis der Relativität gesellschaftlicher Normen ist mit die wichtigste Voraussetzung zur Entwicklung der eigenen, individuellen und freien Saturnkraft.

Die Bewertungen in matrizentrischen Kulturen beruhten vor allem auf der weiblichen Lebensrealität. Die Macht der Frauen fußte auf ihrer magisch-religiösen Aura, von der sie aufgrund ihrer Fähigkeit, Leben zu schenken, umgeben waren. Das Weibliche war die Norm, und die gesellschaftliche Ordnung war auf die Entfaltung des Weiblichen angelegt. Was Weiblichkeit, die sich frei entfalten kann und soll, alles beinhaltet, können wir heute leider nur noch erahnen und uns zaghaft, neugierig und fasziniert diesem inneren Bereich wieder nähern. Dem Wechsel zur einer Gesellschaftsordnung unter androzentrischen Vorzeichen fielen jedoch neben vielen anderen Eigenschaften vor allem jene zum Opfer, die heute noch als bedrohlich beurteilt werden und die dämonisiert mit Lilith im Hinterzimmer gelandet sind.

Dies sind vor allem Zustände jenseits der rationalen Kontrolle, Gefühle, die den Tod bejahen, die sich rauschhaft, ekstatisch und fatalistisch dem Leben hingeben, Verführungskräfte, die auf jeden zwingend wirken und dem freien Willen spotten, der Abgrund der absoluten Unbedingtheit und Kompromißlosigkeit der Seele, ihre Fähigkeit zur gnadenlosen Rache, auch wenn man sich selbst mitopfern muß. Im matriarchalen Hinterzimmer Saturns fallen viele unserer heutigen Vorstellungen von Gut und Böse zusammen, heben sich auf und werden daher rückhaltlos vollzogen. Und in unserer Seele gibt es eine gut bewachte Erinnerung daran, daß diese Zustände einstmals als «richtig» bewertet wurden bzw. ihnen gesellschaftliche Realität, Wirksamkeit, Achtung und rituelle Teilhaftigkeit am Ganzen zugestanden wurde.

Diese Kräfte, die ich hier nur sehr vereinfachend anspreche, können einen erdrutschartigen Charakter annehmen und unser Verständnis von uns und der Welt komplett unterminieren. Sie können uns aller Ich-Grenzen entheben und uns beispielsweise dazu bringen, uns mit einem lustvollen Aufschrei in die magische Identifikation mit einem Archetypus zu stürzen, selbst wenn und weil wir dabei das Bewußtsein unserer selbst verlieren und als Individuum untergehen. Sie gelten in einem Teil unserer Seele immer noch als richtig, gut und wichtig, werden jedoch von einem anderen Teil unserer Seele dämonisiert und verteufelt – und von Werturteilen und Meinungen über Realität, die der patriarchalen Gesellschaftsordnung entspringen, sorgsam in Schach gehalten.

Daß wir die Energie Liliths kaum wahrnehmen, «verdanken» wir einem entsprechend rigiden Hüter dieser gefährlichen Schwelle zum Hinterzimmer. Für ihn ist der eigenmächtige Wille die Norm, die gradlinige Zielausrichtung mit dem Zweck der Unterwerfung der Natur und des Lebens schlechthin. Das Weibliche ist keine Norm mehr, sondern wird durch neue Vorstellungen von Gut und Böse genormt. In diesen Vorstellungen ist das Weibliche generell böse; seine kastrierte Erscheinungsform, die ihr stetes Bemühen ausdrücken muß, sich zurückzunehmen und zu bessern, wird geduldet, und das Ur-Weibliche ist dämonisch – vor allem, wenn es an die dunklen Seiten der eigenen Seele erinnert und gesellschaftliche Akzeptanz einfordert. Dies ist das Vorderzimmer des Steinbock-Raums. In diesem Vorderzimmer besteht die Ordnung auf der Erde daraus, sich gegen die Erde zu richten und isolierten geistigen Produkten den Vorrang vor der emotionalen und körperlichen Realität unseres Lebens zu geben.

Da wir über all diese Erinnerungen unbewußt verfügen, sind die Bewertungen des Vorderzimmers sehr fragil und stehen im Widerspruch zu denen des Hinterzimmers. Je fester die Tür zwischen beiden geschlossen ist, und je schöner das Bild des Helden oder der Madonna ist, das wir von uns malen, um so schrecklicher tobt Lilith aufgrund der Verkennung ihrer Göttlichkeit in uns. Sie ist die heimatlose wilde Seele in uns, der wir jedoch in unserer derzeitigen patriarchalen Realität keine Heimat geben können, ohne ebendiese Realität als begrenzt zu erkennen und somit in ihrer absoluten Gültigkeit zu zerstören. Christa Wolf gibt in ihrem Roman «Medea», einer Lilith-nahen Gestalt der griechischen Mythologie, der heimatlosen Seele eine Stimme: «Wohin mit mir. Ist eine Welt zu denken, eine Zeit, in die ich passen würde. Niemand da, den ich fragen könnte. Das ist die Antwort.»[6]

b. Integrität und Opfer

Nicht nur der Mythos weist auf die Verbindung von Lilith mit Saturn hin, sondern auch ganz einfach die Geschichte. Die offizielle Realität und Gesellschaftsstruktur ist einmal weiblich gewesen, und die Energie Saturns bewahrt die Erinnerung daran in uns auf. Im persönlichen Erleben hängt demnach die Qualität unseres Saturns wesentlich von der Beschaffenheit unseres Umgangs mit dem Weiblichen ab. Wir erleben konkrete Realität vollkommen anders, je nachdem ob wir uns aus Werten des Vorder- oder des Hinterzimmers des Steinbocks bedienen.

Wenn wir beginnen, bestehende Urteile und Normen in Frage zu stellen, bewegen wir uns nicht in einem Vakuum. Sobald wir patriarchale Muster anzweifeln, um zu persönlicher Integrität zu gelangen, gewinnt der Schwarze Mond in uns an Stärke und Einfluß. Abgesehen davon, daß er diesen unbewußt ohnehin hat, will er in unsere Gefühle und unser Bewußtsein eindringen. Jede innere Tendenz, gesellschaftliche Normen zu übertreten, öffnet zwischen den beiden Räumen ein wenig die Tür, und Liliths Radikalität und emotionale Wucht kommen hervor. Sie treffen uns meist vollkommen unvorbereitet, und wir geraten in eine Panik bezüglich der erwogenen Veränderungen, die in keinem Verhältnis zu der realen Situation steht.

Bevor wir die Autorität über unser Leben beanspruchen und ausüben können, verlangt der Schwarze Mond in uns seine Anerkennung zurück, die letztendlich daraus besteht, daß wir unsere Ohnmacht gegenüber unserer Natürlichkeit und den Bedingungen unserer Existenz zugeben. Und wir tun gut daran, uns mit der Wilden Frau in uns auf guten Fuß zu stellen, denn alle Autorität, die wir ausüben, wird uns letztendlich nur von unserer Seele, in dessen Urgrund sie existiert, erlaubt. Unsere saturnische Kraft befähigt uns zu Reife und moralischer Integrität. Der Schwarze Mond ist eine Energie, welche die menschliche Errungenschaft der Zivilisation kategorisch ablehnt. Er ist, wenn wir so wollen, Urnatur, absolute, un-moralische Lebenskraft in all ihren Facetten.

In matriarchalen Zeiten konnten die heute verdrängten Facetten dieser Kraft sich in kultischen Handlungen entäußern, die uns barbarisch erscheinen, vor allem die blutigen Opferrituale von Menschen und Tieren. Das freiwillige Opfer sollte dem von der Natur verlangten Opfer vorgreifen, das eigen-willige Töten die Willkür der Natur auf magische Weise beherrschen. Wir konnten diese Handlungen letztendlich nicht abschaffen, sondern nur in barbarischen Kriegen, gesellschaftlichen Süchten, wissenschaftlichen und markttechnischen Tieropfern und todesverachtender Umwelt- und somit Selbstzerstörung abstrahieren. Auch unsere heutige gesellschaftliche Realität zeigt die enge Verbundenheit Saturns mit Lilith, nur leider jedoch auf eine unbewußte und damit der Entwicklung weitgehend entzogene Weise.

Die rituelle Begegnung mit Lilith ist aus dem persönlichen Leben der meisten Menschen verschwunden. Sobald wir beginnen, uns von den Verkrustungen kollektiver Urteile und Meinungen zu befreien, tritt unsere innere Steinbock-Energie jedoch in Beziehung zu ihr. Hier ist dann Saturns Fähigkeit, der Realität standzuhalten, von großer Bedeutung – sowohl der emotionalen Realität Liliths als auch der Realität unseres restlichen Lebens. Lilith verlangt Opfer, in ihrem Bild sind ja gerade die todbringenden Aspekte der Göttin zusammengefaßt und verteufelt. Und sie ist mit Saturn verbunden. Somit könnte man sagen, daß jede gesellschaftliche Ordnung Opfer verlangt. Ebenso verlangt jede innere Entwicklung zu Integrität ein Opfer von uns.

Die Stärke und Ausdauer, die uns Saturn verleihen kann, ist nicht umsonst zu haben. Saturns schmerzlicher Verzichtaspekt kommt auch aus seiner Verbindung zu Lilith, denn ein echtes Opfer ist nicht der Verzicht auf etwas, das wir ohnehin nicht mehr brauchen. Ein Opfer im Sinne von Saturn/Lilith ist der Verzicht auf etwas uns Teures, das Hingeben von etwas, das wir liebgewonnen haben, das uns aus irgendeinem Grunde wertvoll ist. An diesem Prozeß reift unser Ego, denn all die Opfer, die es freiwillig anbietet, reichen nicht. Es muß lernen, sich nehmen zu lassen, was im Sinne der Naturgesetzlichkeit unserer ursprünglichen Seele sterben muß. Das für unser Ego Tragische daran ist, daß es die Ordnung unserer ursprünglichen Seele erst durch ihre todbringende, verschlingende oder beendende Seite erkennt.

Wenn wir beginnen, Saturn in uns zu entwickeln, müssen wir also darauf vorbereitet sein, zu opfern. Bei Saturn geht es immer um die Form, die wir Inhalten geben, es geht um die öffentliche Etablierung und Manifestation unserer seelischen Bedürfnisse. Durch die Arbeit am Saturn-Thema geben wir unserem Leben eine andere Form als bisher, denn wir gehen nun mehr und mehr nach unseren eigenen Regeln vor. Jedes Erstarken der inneren Autorität läßt uns von jenen allgemein anerkannten Geboten Abstand nehmen, welche den Bedürfnissen unserer Seele nicht gerecht werden und ihre Erfüllung beschneiden. Als eine Facette der Urnatur forciert Lilith diesen Prozeß und ist auch stärker als unsere Ängste und Eitelkeiten. So opfern wir ihr zwangsläufig unsere gesellschaftliche Konformität. Diese beruht auf der Befolgung patriarchaler Werte und ist uns bzw. unserem Ego meist lieb und teuer. Indem wir nach patriarchalen Vorstellungen nicht-konform werden, begegnen wir jedoch wieder einem alten Bekannten: Chiron. Was immer wir ändern wollen – dem Schmerz können wir nicht entgehen.

c. Die Existenz des Todes

Chirons Non-Konformität besteht nicht nur aus seiner ungewöhnlichen Existenz und dem daraus folgenden ungewöhnlichen Lebensweg – auch das «Happy End» seiner Geschichte widerspricht den Werten der patriarchalen Gesellschaftsordnung. Chirons Erlösung ist der Tod – es ist jedoch nicht der patriarchale Heldentod, sondern der Tod eines «Versagers». Gerade weil seine Fähigkeiten nicht ausreichen, seine eigene Verletzung zu heilen, wird ihm die patriarchale Ideologie der Unsterblichkeit zur Qual. Er ist um der Heilung willen bereit, sie herzugeben, denn im Vergleich zu seiner vergeblichen Suche und seinem real existierenden Schmerz ist sie ihm nichts mehr wert. Er überlebt lediglich als Idee, als Sternbild am Himmel, wo ihm sozusagen ein kosmischer Grabstein gesetzt wurde.

Das Wissen um den Tod ist die eigentliche Triebkraft hinter dem menschlichen Bedürfnis, sich zusammenzutun. Das Bewußtsein der eigenen Verletzlichkeit und Endlichkeit erforderte Maßnahmen, damit umzugehen. Die Gemeinschaft macht uns stärker, als wir im einzelnen sind, und dieses Gefühl scheinen wir zu benötigen, um mit dem Gefühl der Schwäche gegenüber dem Tod umgehen zu können. Gemeinschaft erfordert jedoch Regeln und Strukturen des Umgangs miteinander, und diese Regeln müssen der Allgegenwärtigkeit des eigenen Todes Rechnung tragen, damit die Anziehungskraft der Gemeinschaft bestehen bleibt. Überspitzt könnte man sagen, daß die Existenz des Todes die Basis für jede gesellschaftliche Ordnung ist, der Tod ist der Klebstoff bzw. der gemeinsame Nenner, denn vor ihm sind wir alle gleich. Niemand kann ihm entgehen.

Die Bewältigung der Todesangst durch ein geregeltes Zusammenleben hat jedoch nur Sinn, wenn die Freude am Leben dadurch gewinnt. Der Tod ist ein Wissen, das wir aus der Beobachtung haben. Sobald er gelebte Realität wird, gehört er zwar zu unserer Erfahrung, wir können diese Erfahrung jedoch mit den Mitgliedern unserer Gemeinschaft nun nicht mehr teilen, da wir ja tot sind. Die gemeinsame Erfahrung der Gemeinschaft ist *Leben und die Beobachtung des Todes*. Das ist die Realität. Sobald eine Gemeinschaft mit ihren Regeln dieser Realität nicht mehr Rechnung trägt, geht sie früher oder später unter. Das heißt, sobald sich der Schwerpunkt im Bewußtsein der Menschen einer Gemeinschaft vom Leben (das ja eigene Erfahrung ist) auf den Tod (der lediglich Beobachtung ist) verschiebt, stirbt die Gemeinschaft, da ihre Bedingungen irreal werden.

Wenn wir begreifen wollen, warum ausgerechnet der zerstörerische Aspekt der Göttin in der Gestalt Liliths der Dämonisierung und Verdrängung anheim gefallen ist, müssen wir über die Vorgänge in unserer frühesten Geschichte spekulieren. Wenn Gesellschaftsordnungen ihrem Ende zugehen, greifen Menschen gern auf «die alten Werte» zurück, welche ihre

Güte scheinbar dadurch bewiesen haben, daß es sie schon so lange gibt. Diesen Fundamentalismus können wir auch heute wieder beobachten. Es ist gut möglich, daß mit zunehmenden Auflösungserscheinungen die matriarchalen Gesellschaftsordnungen vermehrt auf Blut- und/oder Menschenopfer zurückgriffen und daß auch das Königsopfer wieder praktiziert wurde – und vermutlich je panischer die Menschen waren, um so exzessiver.

Im Übergang vom Matriarchat zum Patriarchat mag der matrizentrische Machterhalt durch den Tod des Mannes und allem, was mit ihm assoziiert wurde, versucht worden sein. Ebenso beobachten wir heute bzw. bei jedem Aufkommen weiblicher Unabhängigkeit, daß der androzentrische Machterhalt durch den Tod von Frauen bzw. allem, was mit ihnen assoziiert wird, gewährleistet werden soll. In diese Kategorie fallen die Hexenverbrennungen des Mittelalters und die heutige Diskriminierung von Frauen ebenso wie die systematische Zerstörung von Natur und Wildheit, die Mißachtung von Kindern, die Verdinglichung von Tieren, die Vermarktung von Kunst, Spiritualität, Sinnlichkeit, seelischen Bedürfnissen und vielem mehr.

Machterhalt wurde und wird hier irrtümlicherweise mit «Leben» gleichgesetzt. Der Schwerpunkt der inneren und äußeren Wahrnehmung der Menschen, die in dieser Gesellschaft leben, verschiebt sich jedoch von Leben auf Tod. Sie erfahren immer weniger die Freude am Leben und beobachten immer mehr den Tod. Die Gesellschaftsstruktur wird somit irreal und verliert ihre Basis, nämlich die innere Zustimmung der Menschen, aus denen sie besteht. Das Bedürfnis, aus dem man sich ursprünglich zusammengetan hat, nämlich die gemeinsame Bewältigung des Wissens um den Tod mit dem Ziel des Erhalts der Lebensfreude, wird nicht mehr befriedigt – die Gesellschaftsordnung stirbt also.

Die Koppelung Saturns als gesellschaftsordnender Kraft an Lilith als den tödlichen Aspekt der Natur ist auch bei der reinen Betrachtung gesellschaftlicher Vorgänge offensichtlich.

Wir sind heute in der Lage, auf zwei verschiedene Versuche der Strukturierung menschlichen Daseins zurückzublicken, die beide nicht von Dauer waren bzw. sind. Dabei ist es gerade das saturnische Bedürfnis nach Dauer, das Liliths Todesaspekt um so stärker hervortreten läßt, je mehr an dem Anspruch nach Dauer festgehalten wird. Insofern sind beide gesellschaftlichen Entwürfe, beide Auslebensformen Saturns an ihrem Ende gleich: Beiden ist die Absicht inne, den Tod zu verhindern, anstatt die Angst davor zu überwinden – was ja der ursprüngliche Grund der Bildung einer Gemeinschaft war. Was hierdurch tatsächlich stirbt, ist die Freude am Leben.

Die Überwindung der Angst vor dem Tod beinhaltet jedoch auch die Überwindung der Angst vor dem eigenen Tod, d.h. seine Bejahung, wenn die Zeit gekommen ist – und zwar im persönlichen wie im gesellschaftlichen Bereich. Wenn wir uns an Kronos erinnern, der seine Kinder fraß, um nicht entthront zu werden, können wir auch hier die Starrheit und Begrenztheit erkennen, zu der saturnische Energie angesichts des Todes neigt – und die nahezu katalytische Wirkung gerade dieser Starrheit. Es ist Lilith, die in die überlebte Richtung verführt, um das zu bewirken, wozu sie da ist: das Ende dessen, dessen Zeit gekommen ist.

Wenn wir Heutigen uns nun mit der Notwendigkeit konfrontiert sehen, neue Formen des Zusammenlebens zu finden, neue gesellschaftliche Strukturen zu entwickeln, die tragbar sind und unsere Probleme lösen können, können wir weder patriarchale Muster verstärken noch auf matriarchalen Werten beharren. Die Ausschließlichkeit und der Kampf zwischen den Polen haben ausgedient. Unser innerer Saturn steht heute vor einer ganz anderen Aufgabe, nämlich jener, der Existenz des Todes ins Auge zu blicken. Möglicherweise läuft die Menschheit seit Jahrtausenden durch verschiedene gesellschaftliche Entwürfe vor dieser Tatsache davon. Es hat nichts mit Nekrophilie zu tun, es als absurd zu bezeichnen, daß das einzige große Ereignis, das wir bewußt erleben könnten und das auf uns alle wartet, ein derartiges Schattendasein führt.

Chirons Erscheinen in unserem Bewußtsein mag uns die Kraft geben, die Existenz des Todes neu zu bewerten, auch wenn jeder Gedanke in diese Richtung gefährlich sein und für Ideologien jeglicher Couleur mißbraucht werden kann. Daher ist es überlebenswichtig, daß wir unsere innere saturnische Energie entwickeln und für uns selbst in Anspruch nehmen. Solange wir unsere innere Autorität jedoch nicht selbst nutzen, sondern sie delegieren und jenen folgen, die glauben, Leben durch Tod erschwindeln zu können, haben wir nicht begriffen, was Leben ist.

Wir können Saturn, Chiron und Lilith durchaus als eine Triade sehen, deren energetischer Zusammenhang durch die gesellschaftliche und mythologische Betrachtung verdeutlicht werden sollte. Sowie wir der einst ehrwürdigen Göttin des Todes die Auswüchse unseres verdinglichten Zustandes opfern (als Leben kann man das kaum bezeichnen), schenkt sie uns eben jene unbändige Lebenskraft, die ja gerade nur in diesem verdinglichten Zustand keine Heimat findet. Mit ihrer Kraft können wir jedoch auf eine ganz unbekannte Weise schöpferisch sein und unsere Saturnkraft zur Bildung wirklich neuer Strukturen einsetzen.

Dazu müssen wir jedoch aufwachen und dem Sohn der gegenwärtigen Realität, dem chronischen Schmerz Chiron Aufmerksamkeit schenken. Chiron tut nur weh, solange wir zu einer Gesellschaft gehören (und innerlich gehören wollen), welche die Liebe mit Füßen tritt. Indem wir für diesen Schmerz Verantwortung übernehmen, mögen wir in dem einen oder anderen Aspekt zunächst gesellschaftlich sterben. Hierdurch stirbt jedoch auch der Schmerz, denn unser innerer Saturn kann uns erst jenseits vorgeschriebener Regeln zur Freiheit führen. Hier können wir dann seine Formkraft und Beharrlichkeit anbringen, um eine Gegenwart zu gestalten, die der inneren und äußeren Realität «Erdenleben» entspricht.

«Wir besitzen den Schlüssel, der alle Epochen aufschließt, manchmal benutzen wir ihn schamlos, werfen einen eiligen

Blick durch den Türspalt, erpicht auf schnellfertige Urteile, doch sollte es auch möglich sein, uns schrittweise zu nähern, mit Scheu vor dem Tabu, gewillt, den Toten ihr Geheimnis nicht ohne Not zu entreißen. Das Eingeständnis unserer Not, damit müßten wir anfangen.»[7]

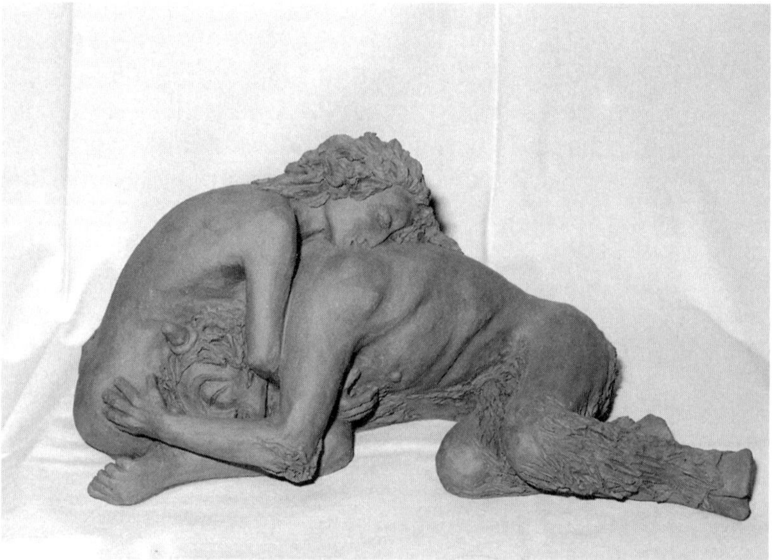

«Satyr»: Ton-Plastik von Heike Klinger.

Teil II: Die Steinbock-Energie als Teil des Tierkreises

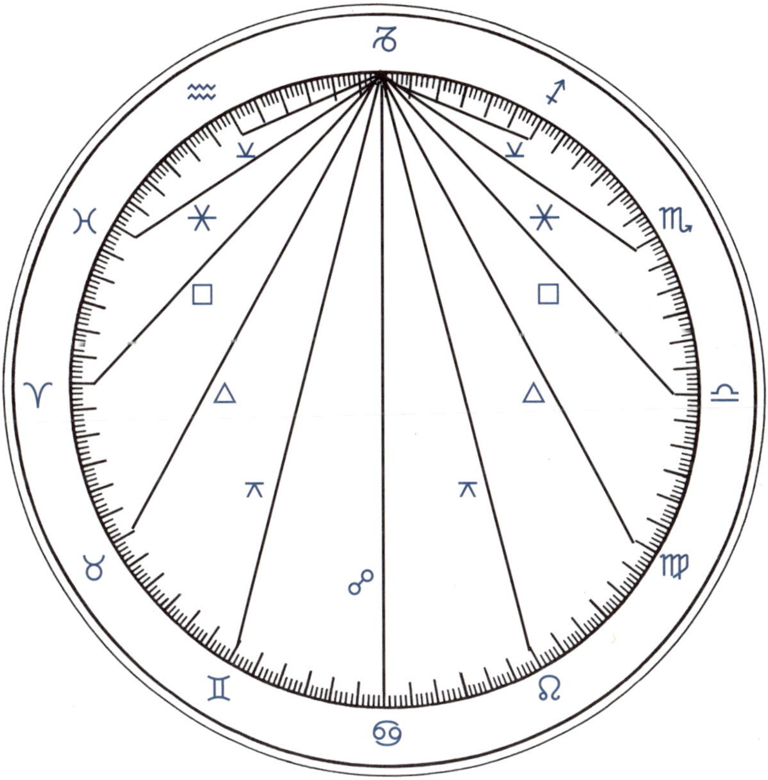

Im ersten Teil bot uns die Mythologie einen bildhaften Zugang zu dem Archetypus Steinbock/Saturn. Indem Geschichten erzählt werden, erfahren wir auf bildhafte Weise etwas über die Funktion und Eigenschaften der Protagonisten. Diese Geschichten sprechen jedoch nie von einem einsamen Schicksal der Hauptdarsteller, sondern berichten von ihrem Verwobensein in das lebendige Netz von Beziehungen, Bekanntschaften, Verhältnissen oder schlichtweg Energien. Die Ordnung in dieser Verwobenheit zu erkennen ist ein über die rein mythologische Betrachtung hinausführender Schritt, welchem sich die Astrologie seit jeher gewidmet hat.

Der astrologische Tierkreis erzählt uns demnach die Geschichte vom archetypischen Verhältnis der Energien. Die Reihenfolge der Tierkreiszeichen ist nicht zufällig, sondern ihrer Qualität entsprechend folgerichtig. Jedes Zeichen steht zu jedem anderen in einer bestimmten Beziehung, die wir als Aspekte kennen. Diese Zuordnungen sind nicht willkürlich, sondern symbolisieren die Dynamik unserer Seele. Archetypisch steht beispielsweise das Zeichen Steinbock zum Zeichen Waage im Quadrat. Archetypisch stehen diese Energien also in einem Spannungsverhältnis zueinander – auch wenn ein persönliches Horoskop beispielsweise ein Saturn/Venus Trigon zeigt. Daß sich dieses Trigon möglicherweise nicht so lieblich anfühlt, wie die astrologische Interpretation von Trigonen es nahelegt, liegt zum Teil eben auch an der archetypischen Spannung der beiden beteiligten Energien. Der Tierkreis in seiner dynamischen Verwobenheit ist das Grundgerüst, die generelle Struktur, auf der sich unser persönliches Leben – symbolisiert durch die individuellen Planeten- und Häuserberechnungen – abspielt.

Der astrologische Tierkreis ist ein Versuch, die vielschichtige Ordnung des Lebens darzustellen. Wir können mit dem Modell des Tierkreises alle Prozesse in Phasen unterteilen, und das auf verschiedene Weise. Wir können einen Prozeß als eine 12-phasige Folge von Widder bis Fische oder von Fische bis Widder betrachten. Oder wir betrachten einen Ablauf als eine Folge von 6 verschiedenen Achsensprüngen, vorwärts oder rückwärts. Oder wir betrachten denselben Prozeß als Demonstration der drei archetypischen Quadratverhältnisse (kardinale, fixe oder bewegliche Kreuze) oder der vier archetypischen Trigonverhältnisse (die Elemente Feuer, Erde, Luft und Wasser). Oder wir benennen einen Prozeß gleich anfangs mit einem astrologischen Symbol (beispielsweise eine Therapie als Skorpion-Prozeß) und beleuchten ihn dann wiederum in seinem Widder-, Stier-, Zwillinge- oder Fische-, Wassermann-, Steinbock- usw. Aspekt.

In jedem Fall geht es um die Betrachtung von dynamischen Zusammenhängen, um die Definition von gegenseitigen Wechselwirkungen, die weit über das Prinzip der Kausalität hinausgehen. Ganzheitlichkeit und Vernetzung sind Schlagworte geworden, wir beginnen, systemisch und global zu denken, über uns bzw. das Einzelne hinaus. Erst dann erscheint uns plötzlich der Sinn des Einzelnen sowie des Ganzen, erst dann begreifen und verstehen wir. In diesem systemischen, vernetzten Denkansatz war weder das Huhn zuerst da noch das Ei, denn solche kausalen Fragestellungen lenken nur vom Wesentlichen und vom Begreifen der aktuellen Situation ab. Huhn und Ei sind eben da als einander bedingende Teile innerhalb einer umfassenderen und vielfältigen Gesamtexistenz. Weit interessanter als die rein kausale Frage ist heute die Betrachtung des energetischen Austausches, des dynamischen Flusses oder des kosmischen Tanzes.

In diesem Sinne wird in diesem Teil des Buches auch mit dem Steinbock-Prinzip verfahren. Das zehnte Zeichen ist wie jedes Zeichen eines von zwölf, wenn wir so wollen: ein Zwölftel der Ganzheit – und erklärt sich am besten in seinem Zusammenhang. Wie der Steinbock jedes andere Zeichen benötigt, um dem Leben zu dienen, so benötigt jedes andere Zeichen aus demselben Grund den Steinbock. In der Dynamik eines Unternehmens ist das beispielsweise leicht einsichtig: Gibt es niemanden, der die Verantwortung (Steinbock) trägt, können die Kreativen noch so viel schaffen (Löwe) und die Marketingleute noch so viel werben (Waage) – keiner wird mit diesem Unternehmen ein Geschäft machen wollen. Gibt es andererseits keine Kreativen und/oder kein gescheites Werbekonzept, ist auch bald der oder die betreffende Verantwortliche zu einem leistungsfähigeren (Steinbock) Unternehmen verschwunden – denn auch so werden keine Geschäfte abgeschlossen. In der Außenwelt begegnen wir meist einer Arbeitsteilung der verschiedenen Energien, und wir selbst besetzen hier mit unserer eigenen Funktion auch einen bestimmten und in der Regel recht einseitigen Sektor.

In unserer Innenwelt sind wir jedoch ganzheitliche, «systemisch vernetzte» Wesen, welche die Fülle des Lebens in sich herumtragen. Die Grundlage unseres individuellen Horoskops ist der gesamte Tierkreis – die Grundlage unserer Seele ist also die Ganzheit. Erst auf dieser Basis können wir wachsen und uns zu einem Individuum entfalten. Wenn wir nun tagtäglich in Umständen feststecken, die uns zum Beispiel übermäßig auf unsere Widder-Facette fixieren, werden wir unausgewogen und fühlen uns mit uns selbst und unserem Leben nicht wohl. Unser inneres Energiesystem hat dann zu viele tote Ecken und zu viele wundgelaufene Stellen. Wir kommen aus dem Gleichgewicht, denn es gibt mehr «Zuviels» und «Zuwenigs», als unser seelisches System tolerieren kann. Wir sind nicht mehr in Ordnung, und damit uns das nicht zu oft passiert und wir erkennen, wo der Fehler liegt, gibt es in unserer Seele einen inneren Wächter: Saturn.

Saturn trägt die Verantwortung für die Ordnung unseres Lebens. Um das jedoch in fruchtbringender Weise tatsächlich tun zu können, muß er in unser inneres System eingebunden sein. Das heißt, wir müssen ihn in uns selbst spüren, ihm nahe sein, diese Energie ernst nehmen und als «Ich» empfinden. Das ist jedoch zumeist schon das erste Problem. Bevor wir uns also dem Verwobensein des zehnten Prinzips in das Ganze zuwenden, müssen wir erst einmal definieren, von welchem Saturn wir hier eigentlich reden.

1. Die Sache mit der Polarität oder: Wem gehört mein Saturn? – Ein Drama in drei Akten –

Im mythologischen Teil kam bereits zum Ausdruck, daß Saturn die Kraft des Zweifels, der Zweipoligkeit und der Uneindeutigkeit ist und hiermit ein Gesetz der Erde repräsentiert. Zugleich entdeckten wir seine Neigung zur Trennung der Pole, die aus seinem Glauben an Fehler resultiert. Überdies fiel auf, daß seine trennende und fehlersuchende Eigenschaft in der menschlichen Entwicklung auf ihn selbst zurückgefallen ist. Hierfür ist vor allem die Paarung Gott-Teufel charakteristisch. Gott sagt, was richtig ist, und der Teufel redet dagegen. Beide bemühen sich nach Kräften um die Seele der Erdlinge. Und beide sind Ausdrucksformen Saturns. «Gott» in unserer Seele sagt uns ständig, was seiner Meinung nach richtig sei, der «Teufel» tut dasselbe, nur daß das Richtige des einen das Falsche des anderen ist.

Der einzige Unterschied ist, daß «Gott» die kollektive Meinung hinter sich hat. Das muß keine Mehrheitsmeinung sein, sondern ist schlicht die Meinung des Kollektivs, dem wir uns zugehörig fühlen und dessen Anerkennung uns eine Menge wert ist. Aus diesem Grund ist es hierbei auch unerheblich, ob unsere Vorstellungen von gut und böse religiösen Überzeugungen entstammen oder nicht. Das Richtige, der Gott eines jeden einzelnen, kann alles mögliche sein, angefangen von der eigenen Mutter über die Nachbarn, die wissenschaftliche Autorität, den Partner, das künstlerische Idol bis zu irgendeinem spirituellen Bild.

Wir haben gesehen, daß die Entwicklung des Patriarchats dazu geführt hat, daß die zwei Pole, mittels derer wir unsere Existenz erfahren, nicht mehr als zwei Seiten einer Medaille gesehen werden, sondern als zwei voneinander getrennte und einander feindlich gesonnene Seiten. Diese Trennung führte letztendlich zu einer ausgesprochenen kriegerischen Mentalität. Der ganze Krieg um «das Richtige» findet auf dem Schauplatz unserer Seele statt, der Steinbock heißt. Das ist, wenn man so will, das seelische Erbe unserer Zivilisation, das jeder Mensch zu tragen hat.

Wir werden nicht in ein Niemandsland geboren, sondern in ein bereits bestehendes Kollektiv. Dieses Kollektiv hat Regeln, nach denen es funktioniert, und diese Regeln werden uns im Laufe unserer Kindheit nahegebracht. Unser seelischer Schauplatz «Steinbock» ist für diesen Lebensbereich zuständig, hier besteht unsere seelische Affinität zu Regeln. In diesem Sektor haben wir unser persönliches inneres Richtmaß installiert.

Alles, was also mit Gericht, richtig, Richtung, geprüft, überliefert, bewährt, verläßlich, korrekt usw. zu tun hat, wird aufgrund der Affinität der Themen hier abgelegt. Und logischerweise auch alles, was im weitesten Sinne mit seiner Kehrseite, mit «falsch» zu tun hat, denn wo Gott ist, ist auch der Teufel nicht weit.

a. Erster Akt: Die Trennung

Wenn wir geboren werden, findet in der Regel auf dem Steinbock-Schauplatz noch kein Krieg statt. Das Richtmaß, das wir mitbringen, ist unser höchstpersönliches und eigenes. Man kann es als das unschuldige und selbstverständliche Gewahrsein dessen betrachten, was für unsere Entfaltung notwendig ist. Als Babies schreien wir diesem Richtmaß entsprechend, wenn wir Hunger haben, oder lassen es bleiben, wenn wir satt sind. Nach diesem Richtmaß lächeln wir den einen Menschen an und einen anderen nicht. Nach ihm schlafen und wachen wir, nach ihm leben wir instinktiv und selbstverständlich. Und da wir hilflos und abhängig sind, wird unser Richtmaß ein Stück weit auch das Richtmaß unserer Eltern. Das geht eine Weile gut, bis das Maß voll ist.

Da das Kollektiv mit seinen spezifischen Regeln bereits vor unserer Geburt bestand, wollen unsere Eltern beispielsweise zu bestimmten Zeiten einfach etwas anderes tun, als unser persönliches Richtmaß gerade für sie vorsieht. Ihr Leben ist organisiert, und in diese Organisation müssen wir uns fügen. Auch das geschieht mittels unserer inneren Steinbock-Energie und ist ein selbstverständlicher und gewollter Prozeß. Je älter wir als Kinder werden, um so mehr gewinnt auch das Richtmaß unserer Eltern bzw. des Kollektivs an Einfluß auf uns. Zwischen den inneren und äußeren Meinungen über richtig und falsch findet ein ständiger Dialog und Austausch statt. So wird unser persönliches Richtmaß allmählich erwachsen und wir selbst fähig, für uns als Individuen in einer Gemeinschaft die Verantwortung zu tragen. Doch dieser Prozeß verläuft nicht so idealtypisch wie hier dargestellt.

Mit dem Richtmaß, daß uns von außen beigebracht wird, werden uns auch Vorstellungen beigebracht, die dem Leben widersprechen. Und die unserer seelischen Integrität, unserem instinktiv-persönlichen Richtmaß widersprechen. Eine dieser Regeln ist beispielsweise, daß die Natur eine Ware ist (Folge: Ich bin selbst Natur = Ich bin eine Ware; oder: Ich bin keine Ware = Ich bin keine Natur). Oder daß Tiere Dinge sind (Folge: Alles außer Menschen lebt nicht = Menschen leben auf der Erde allein; oder: Menschen sind nicht allein = Dinge sind Leben). Oder daß Faulheit falsch ist (= ich muß immer fleißig sein), Kinder dumm sind (= nur das Große ist richtig), Lärm schlecht ist (= Stillsein ist richtig), daß ich andere glücklich, traurig, wütend usw. machen kann (= ich habe Macht über die Gefühle anderer).

Die fatalste Regel ist aber jene, daß alles voneinander getrennt ist, daß A nicht B sein kann und daß es *entweder* so *oder* so ist. Diese aus der Herrschaft der Logik geborene Regel widerspricht der Erfahrung des Lebens, sie ist so absolut schlichtweg einfach nicht wahr. Unser inneres Richtmaß spürt sehr wohl, daß diese Regel irgendwie ungültig ist. Jedoch ordnen wir uns notwendigerweise und mangels logischer Beweise den allgemeingültigen Haltungen unseres Kollektivs unter, solange wir noch von ihm abhängig sind. Das tatsächlich Fatale daran ist, daß wir uns mit diesem Akt von unserem persönlichen inneren Richtmaß fast komplett abschneiden, denn wir lernen ja auch die Entweder-oder-Regel. Entweder haben also beispielsweise meine Eltern recht – oder ich. Der Entweder-oder-Regel entsprechend gibt es nichts dazwischen und schon gar nicht beides zusammen, und wir selbst liegen mit den beiden Seiten von nun an ständig im Krieg. Saturns Fähigkeit zur Unterscheidung fällt mit Erlernen der Entweder-oder-Regel (mit Verleugnung der Ganzheit) auf ihn selbst zurück. Die Haltungen der Außenwelt, die auf dem Glauben an Getrenntheit beruhen, führen dazu, daß wir uns in uns selbst von etwas trennen. Der Schauplatz dieser Trennung ist gleichzeitig sein Opfer: Unser eigener innerer Saturn wird stumm und von den Stimmen des Kollektivs übertönt.

Jeder Gehorsam, der nicht auf Einsicht beruht, trägt zu diesem Prozeß etwas bei. Und da *blinder* (aus Sicht des Kindes: vertrauensvoller!) Gehorsam zu fast jeder Kindheit gehört, ist die Trennung von unserem inneren und wahrhaften Gefühl für das, was für uns selbst richtig und falsch ist, in unserer Gesellschaft erschreckend normal – ebenso normal wie die Verwandlung der wertvollen seelischen Eigenschaft der Eigenverantwortung (denn nichts anderes ist unser inneres Richtmaß) in einen Kriegsschauplatz. Der seelische Schauplatz «Steinbock» gehört uns nicht mehr, wir lernen, so zu tun, als gäbe es ihn nicht. Das Gefühl der Leere, das dadurch zwangsläufig entsteht, versuchen wir emsig mit dem Lernen von Regeln zu füllen.

In gewisser Weise ist dieser Prozeß im Verlauf der menschlichen Reifung vorgesehen, denn er kann uns dazu führen, uns unseres inneren Richtmaßes bewußt zu werden. Sein Verlust schmerzt, und das Befolgen der von außen an uns herangetragenen Regeln füllt die Leere nicht wirklich und nicht dauerhaft. Vor allem bringen sie uns keinen Frieden mit uns selbst und schon gar nicht das Gefühl, unser Leben erfolgreich zu bestehen. Wir bleiben hungrig und wissen nicht mehr, wonach. Wir haben nur noch vage Assoziationen, Ahnungen, die irgendwie mit Begriffen wie richtig, zuverlässig, klar, unbestechlich, dauerhaft, erfahren, seriös, ernst usw. zu tun haben. Alles, was dem im Außen ähnelt, ist uns bei dem Versuch willkommen, den inneren Hunger zu stillen. Und alles, was von Außen kommt, ist letztendlich dazu ungeeignet.

Wir haben jedoch in der Regel vergessen, daß es diese innere Stimme in uns selbst gibt und daß sie klar, zuverlässig, seriös, dauerhaft, unbestechlich, richtig, erfahren, ein Teil von uns selbst ist und uns kennt wie niemand anderer. Da sie unserer Natur zum Recht verhelfen will, ist sie jedoch zugleich nicht gesellschaftsfähig, was wiederum daran liegt, daß wir in einer Gesellschaftsordnung leben, die Natur und Mensch getrennt hat. Wir haben somit selten gelernt, dieser Stimme zuzuhören und ihr zu vertrauen. Innerlich taub und haltlos versuchen wir nun so etwas ähnliches wie Leben. Und während das Kollektiv, dem wir angehören uns mit Belohnung und/oder Bestrafung vorantreibt, zwickt es uns hier, zwackt es uns da, drückt es an dieser Stelle und klemmt es an jener.

b. Zweiter Akt: Gehversuche im Korsett

Nun stehen wir also da: Unser inneres Richtmaß ist verstummt oder seine leise Stimme vom Lärm fremder Regeln übertönt. Unsere authentische saturnische Kraft kann uns nicht mehr dienen, und jene lieblose Stimme, die da in unserem Innersten ihr Unwesen treibt, ist meist eine recht abenteuerliche Sammlung von kollektiven «Richtigkeiten». Dieser Saturn ist Freuds «Über-Ich», gespeist von den Stimmen all jener, die in unserem Leben zur Autorität geworden sind. Notgedrungen haben wir ihn uns zu eigen gemacht, jedoch auf Kosten der Selbst-Beherrschung und ursprünglichen Lebensfreude.

Der Verlust der inneren Integrität führt zu unterschiedlichen Verhaltensweisen im Umgang mit Regeln. In der psychologischen Astrologie werden diese Verhaltensweisen generell als gehemmte und kompensatorische Auslebensform eines Prinzips bezeichnet. Die Spaltung des Prinzips Steinbock bewirkt, daß es hier künftig Opfer und Täter gibt, Aktive und Passive, die einander bedingen und benötigen wie Sadist und Masochist. Sie alle laufen im Korsett, nur daß die einen es entwerfen und die anderen nicht. Logischerweise paßt das Korsett jenen am besten, die es entworfen haben und drückt die am meisten, die überhaupt keinen Einfluß auf die Schnittgestaltung haben, aber auf ihrer Suche nach äußerem Halt nichts Besseres und ihrer Lage Angemesseneres finden. Aber wie dem auch sei – es bleibt ein Korsett.

Wenn wir dieses Bild auf unser Leben in der Gemeinschaft übertragen, bedeutet das, daß die einen die Regeln aufstellen und alle nach ihnen leben (sollen). Wer sich auf welcher Seite befindet, ist eine Frage der persönlichen Mentalität und eine Frage der Aktivität. Wenn wir uns Aktivität gestatten, stehen wir vermutlich mehr auf der Seite jener, die Regeln aufstellen, die bestimmen, die sagen, was ihrer Meinung nach richtig ist, und dafür auch die Verantwortung übernehmen. Wir fühlen uns dann mit diesen Regeln vermutlich wohler als jene, die sie nur befolgen müssen und auf deren Aufstellung wenig Einfluß haben. Wir glauben dann, diesen Regeln weniger ausgeliefert zu sein, da wir ja selbst auf der Macht (= Macher-) ebene sind. Doch Kronos' Schicksal zeigt, daß er selbst Opfer seiner eigenen Regeln wurde.

Wenn wir uns Aktivität nicht gestatten, sind wir vermutlich im Umfeld von den oben erwähnten Personen zu finden. Wir müssen deren Vorschriften oder Empfehlungen befolgen, da uns selbst nichts Besseres einfällt oder wir unseren eigenen Einfällen nicht trauen. Möglicherweise fühlen wir uns auch wohl dabei, denn in der Tat fühlen sich die meisten Menschen mit dieser Aufteilung des Steinbock-Prinzips wohl. Ebenso wie «die da oben» sich über die dort unten herablassend äußern können, können die dort unten jedoch unbelastet von so viel Verantwortung nach Herzenslust über die Unfähigen da oben schimpfen. Das Korsett mag zwar drücken und mitunter recht unbequem sein, aber es hält einen grundsätzlich in einer kollektiv anerkannten Form: Kampf. Darwin läßt grüßen.

Auf diese Weise geraten wir nicht in Gefahr, zum liebenden Außenseiter (siehe Chiron!) zu werden und uns dem Risiko eines selbstverantwortlichen Lebens stellen zu müssen. Und außerdem sind die Zuordnungen der gehemmten und kompensatorischen Auslebensform situationsbezogen: Wer zum Beispiel in seinem Job eine Garde von Vorgesetzten über sich hat, erlebt hier das Prinzip Saturn zwar in der gehemmten, passiven Form, aber in seinem Kegelverein ist er der Vorsitzende und kann hier auf die Einhaltung von Regeln pochen. Andererseits kann der gestrenge Gerichtsbeamte der gehobenen Laufbahn im trauten Heim zum Pantoffelhelden degenerieren und so verunsichert sein, daß seine Frau ihn jedes Mal daran erinnern muß, daß heute Dienstag ist und er staubsaugen muß.

Zugegeben, das sind Klischees, aber sie verdeutlichen recht gut, welche Wirkung die innere Trennung vom Prinzip Steinbock hat. Indem wir den Kontakt zu unserem inneren Regelsystem verlieren, werden wir haltlos und beginnen, uns an den äußeren Regeln zu orientieren. Wir brauchen etwas, das uns aufrecht, richtig und in Ordnung hält, denn es ist ein archetypisches Lebensprinzip und ein menschliches Grundbedürfnis. Ohne unser Rückgrat wären wir beispielsweise einem Menschen nicht mehr sehr ähnlich. Wenn wir uns nun jedoch an den äußeren Regeln festhalten, werden wir dem ähnlich, was *man* gemeinhin für einen Menschen *hält*.

Dieses «man» ist ein Phantom mit ausgesprochen wechselhaftem Gesicht und einigen sorgsam gehüteten und verborgenen Vorurteilen wie zum Beispiel: Menschen sind unsozial. Menschen sind dumm. Menschen sind faul. Menschen sind gierig. Menschen sind böse. Dieses Phantom kann nicht sehen, daß solche Eigenschaften erst zutage treten, wenn das Korsett, an dem es stets tatkräftig nadelt, ein Todeskorsett ist, eines, das Menschen das Menschsein austreiben will. Hinter all diesen Vorurteilen ist jedoch die wichtigste Meinung dieses

Phantoms am sorgfältigsten versteckt: Menschen sind nicht zur Freiheit fähig.

Jeder äußeren, menschengemachten Regel sind diese Vorurteile immanent. Und mit jeder Beugung darunter bestätigen wir das Urteil des Phantoms über uns: Ja, «großes *man*», ich bin nicht zur Freiheit fähig. Blind gehorchend fällt uns auch die verbotene Frage nicht ein, die wir dem Phantom niemals stellen dürfen: *Brauche ich überhaupt ein Korsett?* Und unser innerer Saturn, unsere angeborene Fähigkeit zur Aufrichtigkeit und Selbstverantwortung schreit sich die Kehle wund und beschert uns Ohrenklingeln, krümmt sich vor Demütigung und beschert uns elende Kreuzschmerzen, knickt unter der Last des *man* ein und wir haben wieder diese stechenden Schmerzen im Knie oder gibt irgendwann auf und beschert uns Osteoporose.

Von diesem Saturn ist in diesem Buch die Rede, denn er ist in unserer Seelenlandschaft der einzig authentische. Begraben unter einem Wust von Vorschriften, Empfehlungen, Belohnungen und Bestrafungen, Beweisen, Urteilen und Schuldzuweisungen. Oh je!, sagen wir, wenn wir in unserem Horoskop einen Saturntransit nahen sehen und schon jetzt spüren, wie die Bandscheibe schmerzt. Da kommt der böse Saturn, mal sehen, was der wieder von mir will! Eigentlich nur, daß wir dem aufrichtigsten Teil von uns selbst endlich einmal unser Ohr leihen.

c. Dritter Akt: Zuhören, aufrichten, hart bleiben

Erwachsen werden bedeutet im Grunde nichts anderes, als daß wir aufrichtig werden, daß wir für uns selbst geradestehen. Erwachsen werden ist ein interaktiver Prozeß, der zwischen uns selbst und der Gesellschaft stattfindet. Es gibt ein kollektives Bild, wie wir uns entwickeln und verhalten sollten, und es gibt unser So-Sein, unsere seelische und individuelle Realität. Das kollektive Bild ist ein Ideal, das seine Bestandteile aus einem riesengroßen Topf bezieht, der mit einer Unmenge von Vorurteilen bzw. bisherigen Erfahrungen angefüllt ist. Für jedes individuelle Wesen läßt sich aus diesem Topf ein Idealsüppchen kochen. Allein schon wenn wir schlichte Fakten über einen Menschen hören, braut sich in uns selbst automatisch ein Bild dieser Person zusammen. Wir können das an einem Beispiel testen:

Geboren 1979 in Ostdeutschland, weiblich, Mutter Tänzerin, Vater Beamter und 1978 an Tuberkulose gestorben, ältestes Kind, zwei Brüder, seit 1994 in Westdeutschland, Serviererin, ledig, Mutter eines fünfjährigen Sohnes, HIV-infiziert.

– Lesen Sie sich das bitte noch ein- bis zweimal durch und lassen diese Informationen dann noch ein bißchen wirken, bevor Sie weiterlesen. –

Bei jeder Information, die wir erhalten, machen wir uns ein Bild. Unser Verstand kann gar nicht anders, als seine neue Beute der allgemeinen Verwendung zugänglich zu machen. Das Idealsüppchen jedoch fügt diesem Prozeß einen ganz speziellen Geschmack hinzu: das Urteil. Mit dem Bild entsteht auch sogleich eine Meinung über die Person, manchmal auch getarnt als Vermutung oder Hoffnung, daß nicht..., oder als Gedanken, daß die Person doch hätte, könnte oder müßte. Das Idealsüppchen verhindert, daß wir etwas einfach so wahrnehmen und stehenlassen können, wie es ist.

In unserem Beispiel als eine Auswahl von Fakten über eine Person, die es nicht gibt – denn mehr ist es nicht. Die Frau aus unserem Beispiel könnte glücklich sein, aber das Bild in unserem Kopf läßt diese Möglichkeit nur sehr ungern und vermutlich gar nicht zu. Im großen Topf der Vorurteile und bisherigen Erfahrungen ist nichts davon zu finden, daß *man* unter diesen Umständen glücklich sein kann. Aber in diesem Topf ist das Verbot zu finden, unter diesen Umständen glücklich zu sein.

Wenn wir das Schicksal anderer betrachten, ist es relativ einfach, unseren eigenen Vorurteilen und dahinter verborgenen Idealen auf die Spur zu kommen. Das Urteil, das wir über uns selbst fällen, speist sich jedoch auch aus dem großen Topf. Und da es um uns selbst geht, fällt uns nicht auf, wie selektiv wir uns die Fakten über uns selbst bewußt machen. Solange das Idealbild Macht über uns hat und dessen Erfüllung uns unbewußt erstrebenswert erscheint, nehmen wir von uns selbst nur die Dinge wahr, die uns bei dem Versuch der Idealerfüllung nicht behindern. Unsere eigene seelische Realität hat bei diesem Verhalten keine Rechte, sondern gleicht eher einem Selbstbedienungsladen mit ein paar ungeliebten Ladenhütern.

Saturntransite haben häufig die Eigenschaft, nach genau diesen Ladenhütern zu fragen. Sie bescheren uns Situationen, in denen die Verhaltensweisen der Ladenhüter angebracht wären und uns weiterhelfen würden, aber wir haben vergessen, in welchem Regal wir sie versteckt haben, oder leugnen schlicht und einfach, jemals so etwas im Angebot gehabt zu haben, oder halten erstarrt inne, um nach einer lange Weile schuldbewußt und verschämt die angeforderte Eigenschaft unter der Theke hervorzuholen. In diesem Falle aber haben wir angefangen, zuzuhören.

Das Zuhören beginnt mit dem Innehalten und der Frage: Könnte es nicht *doch* sein, daß ich diese Situation bewältigen kann? Die nächsten Fragen können lauten: Könnte es nicht *doch* sein, daß ich diese Situation eigentlich bejahe? Daß ich sie gut finde, daß ich mich gern so verhalte, wie ich es jetzt *scheinbar* muß, daß mir das die ganze Zeit gefehlt hat? Warum habe ich nicht schon früher so...? Wie kam es dazu, daß ich glaube, daß ich das nicht kann, darf, soll, will usw.?

In diesem Prozeß beginnen wir, das kollektive Ideal zu erkennen, nach dem wir unbewußt streben. Und wir beginnen zu erkennen, inwieweit dieses Ideal die Wahrnehmung und Verwirklichung unserer seelischen Realität behindert. Wir machen uns auf, um uns den seelischen Schauplatz Steinbock wieder zu eigen zu machen. Hier besteht die Chance, die äußeren Regeln als fremd zu erkennen und dem inneren

Richtmaß wieder Recht und Vertrauen zu geben. In der Astrologie nennen wir das die Erlösung Saturns. Unser eigener innerer Saturn, die Stimme, die uns die richtige Richtung weist, wird aus ihrer Einzelhaft befreit und darf endlich beginnen, zu sprechen.

Sie tut das um so deutlicher, je mehr wir das Gehörte auch in konkrete Taten umsetzen, denn dann gewinnt dieser seelische Anteil auch wieder Vertrauen *zu uns*. Natürlich verstoßen wir dann gegen äußere Erwartungen und widersprechen immer mehr dem Idealbild, das wir selbst und andere sich von uns gemacht haben. Wir werden aufrichtig und unbequem, ein wenig sperrig. Aber unsere Wirbelsäule wird möglicherweise wie durch ein Wunder wieder etwas elastischer. Wir sehen uns mehr und mehr mit einem klaren Blick in unserem Sortiment um, machen Inventur, ziehen Bilanz, sortieren die Kuckuckseier aus, entsorgen das Verschimmelte und rücken die grundsätzlichen Dinge an ihren richtigen Platz.

Viele dieser grundsätzlichen Dinge beginnen mit «Eigentlich....». Eigentlich wollte ich immer schon..., eigentlich wußte ich ja..., eigentlich hätte ich..., eigentlich kann ich..., eigentlich liebe ich..., eigentlich brauche ich..., eigentlich will, brauche, liebe, kann ich... *nicht* usw. Diese «Eigentlichs» sind in der Tat etwas ganz Eigenes, und sie sind weder gut noch schlecht, sondern einfach unsere innere Realität. «Eigentlichs» führen uns zu jenen Bereichen unserer Seele, die häufig schon recht lange im Fegefeuer der Unentschiedenheit schmoren. Je mehr wir ihnen das Recht auf Wahrnehmung, Prüfung und Umsetzung zugestehen, um so mehr erlangen wir inneren Halt. Dieser innere Halt ist ein Geschenk Saturns, er verleiht uns die Fähigkeit, dort hart zu sein, wo wir es um unserer selbst willen sein müssen.

d. Reprise oder: Warum ist das so schwer?

Die kollektiv-patriachale Mentalität der Trennung führt dazu, daß wir unser Gewahrsein der Verbundenheit auf unbewußter Ebene ausleben müssen. Indem wir unsere innere Verbundenheit nicht wahrnehmen, glauben wir, von äußeren Verbindungen abhängig zu sein. Das wiederum führt dazu, daß wir symbiotische Bindungen erstellen. In einer Täter-Opfer-Beziehung oder einer anderen hierarchischen Abhängigkeitsbeziehung bilden wir mit unserem Gegenüber eine zweiseitige Medaille und können so unser Bedürfnis nach deren Erleben stillen – wenn auch auf recht zweifelhafte Weise. Das geistige Heraustreten aus dem Entweder-oder-Kodex fällt uns deshalb so schwer, weil wir damit auch aus unserem bisherigen Verständnis von Einheit heraustreten. Wir haben Angst vor der Isolation, von der wir glauben, daß sie uns erwartet, wenn wir beginnen, über uns und unser Leben selbst zu bestimmen. Mit einer kollektiv verformten, auf Trennung und Beendigung fixierten Saturnkraft können wir uns nur die Verluste vorstellen, die uns ein eigenmächtiges Handeln bringt. Und der am meisten beängstigende Verlust ist die bisherige Form des Einheitserlebens.

Wenn wir Saturn in uns selbst entwickeln und diverse «Eigentlichs» aus ihrem Schattendasein erlösen, verlassen wir nicht die polare Welt. Wir erleben sie nur in einer anderen Qualität, und zwar in der Qualität, die uns letztendlich zu Individualität und einem Einheitserleben führt, das nur über die Individualität erreicht werden kann. Individualität entsteht jedoch nur mittels der Fähigkeit, «Nein» sagen zu können. Wir müssen jenen kollektiven «Richtigkeiten» gegenüber Härte an den Tag legen, die uns von unserer Identität mit uns selbst entfernen wollen. Diese Identität ist keine egoistische und narzißtische Selbstbespiegelung, sondern wächst auf dem Boden der natürlichen Ganzheit. Wie unser individuelles Horoskop auf der Grundlage des Tierkreises – der archetypischen Ganzheit – steht, entsteht auch echte Individualität im Gewahrsein dieser Ganzheit.

Unsere authentische innere Stimme, die uns unsere wahre Richtung zeigt, orientiert sich an einer Ordnung, die nicht von Menschen gemacht ist. Saturn als richtungsweisendes Element in uns ist der Bote einer Schöpfungsordnung, gegen die wir selbst mit allen uns zur Verfügung stehenden Mitteln nicht verstoßen *können*, ohne uns selbst zu vernichten. Uns ist diese Schöpfungsordnung nur fragmentarisch bewußt, aber wir können sie schrittweise *erfahren*, wenn wir beginnen, unserer inneren Stimme zu trauen. Diese Erfahrung vermittelt uns ein neues Gefühl davon, Teil einer Einheit zu sein. Und da wir den Entweder-oder-Kodex hinter uns gelassen haben, kann unsere natürliche seelische Dynamik wieder fließen. Durch sie erleben wir Einheit, *weil* wir Teil sind.

Wir können im Gesamtorganismus «Leben» unseren Platz am besten ausfüllen, wenn wir ihn auch tatsächlich einnehmen. Um unser Leben so zu gestalten, daß es Ausdruck unserer selbst ist, müssen wir uns auf das Wesentliche konzentrieren – nämlich auf uns selbst. Daß wir das inmitten einer höchst lebendigen, nach Einfluß suchenden und miteinander verwobenen Umgebung schaffen, verdanken wir Saturn. Saturn in uns will, daß wir uns selbst manifestieren – und nicht unseren Vater, unsere Mutter oder irgendein Idol, Ideal oder sonstiges äußeres Gebot.

Saturn ist dem Fremden gegenüber wachsam, dem uns Fremden, dem, was anders ist als wir. Seine Aufgabe ist es, für unser Überleben zu sorgen, also dafür zu sorgen, daß unser wahres Wesen – das Wesentliche – nicht zerstört wird. Er sorgt dafür, daß eine Dickdarmzelle Dickdarmzelle bleibt, auch wenn irgendeine herrschende Ideologie ihr einflüstern will, daß ein Leben als Gehirnzelle doch viel besser, wertvoller oder angesehener sei. Saturn zweifelt eher die Selbstachtung der Gehirnzelle an, aus deren Mangel heraus sie Dickdarmzellen missionieren will, anstatt vom eigenen Platz innerhalb der Gesamtordnung abzuweichen.

Durch die Kraft zur konsequenten Selbstmanifestation setzt Saturns Energie immer auf der Machtebene an. Vielleicht scheint es deshalb vielen so schwer, mit Saturn zu leben. *Zu* schwer ist der Umgang mit Saturn jedoch nur, wenn wir aus unserem ganz eigenen Reifezyklus ausscheren. Kein junger Apfelbaum überlädt sich mit Unmengen von schweren Früchten. Im Ablauf der Zeit – auch eine Saturn-Domäne – schreiten wir immer jenen Aufgaben entgegen, die wir auch bewältigen können. Die realistische Einschätzung der Macht- bzw. Reifungsebene, mit der wir es aktuell zu tun haben, verdanken wir auch jener Kraft, die die Gesetze unserer Natur kennt.

Die Entwicklung und innere Integration Saturns spielt sich stets im Rhythmus Hemmung – Kompensation – Lösung ab, und da Saturn auch unser inneres Gesetzbuch repräsentiert, wirkt sich sein Zustand logischerweise auf alle anderen Energien des Tierkreises aus. Seine Entwicklung gelingt uns am besten, wenn wir mit unserem inneren Orchester demokratisch und fürsorglich umgehen, auch wenn uns manche Töne doch arg schräg daherkommen oder zu laut, zu leise, zu «soft», zu «heavy» oder zu avantgardistisch sind. Wenn wir mit unserem inneren Saturn arbeiten und beginnen das Feld des Steinbocks in unserer Seele zu bestellen, lernen wir jedoch unsere ganz eigene Sinfonie kennen. Saturn übernimmt hier die Rolle des Dirigenten, der dann seine Arbeit am besten getan hat, wenn er nur noch präsent ist, aber kaum noch eingreifen muß.

2. Die Achse Steinbock-Krebs

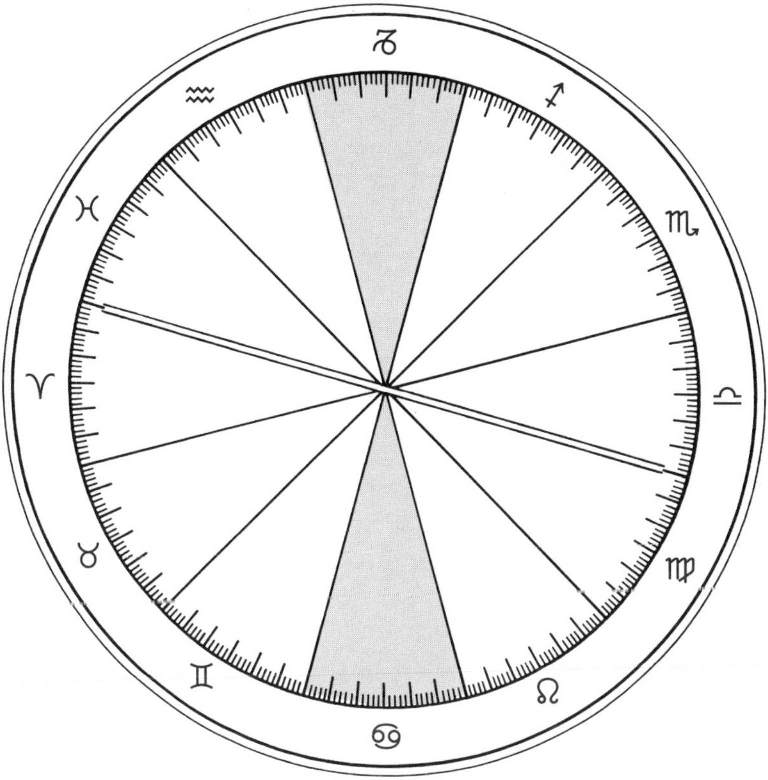

Das vorangegangene Kapitel spiegelte in einigen Bereichen schon Elemente jener Achse wider, welche Saturns eigene Polarität im Tierkreis darstellt. Das Zeichen Krebs steht zur Heimat Saturns in Opposition, und ein lineares Denken spricht hier von Gegensätzen und auseinanderstrebenden Prinzipien. Oppositionsbeziehungen müssen einander jedoch nicht widersprechen, im Gegenteil, es sind eher Respektbeziehungen, in denen sich zwei Energien von Angesicht zu Angesicht gegenüberstehen. Re-spekt bedeutet wörtlich «zurückblicken». Wenn uns jemand ansieht und wir blicken zu ihm zurück, ist das ein Respektbeweis. «Ich nehme dich wahr», sagen wir damit, und «ich nehme Kontakt zu dir auf».

Wenn wir uns vorstellen, im Kreis mit anderen Menschen zu stehen und ein Gespräch zu führen, so ist der Dialog, der mitten durch den Kreis geführt wird, der offenste, der zu unserem Partner direkt neben uns der intimste. Unser direktes Gegenüber zeigt uns sein volles Antlitz und wir ihm unseres. Solche quergeführten Unterhaltungen können einen Kreis zum verstummen bringen und die anderen Teilnehmer schnell zu Zuschauern machen. Ist das Thema nicht von allgemeinem Interesse oder führt zum Disput, wird sich so ein Gesprächskreis schnell auflösen oder die Beteiligten in zwei verschiedene Lager spalten.

Die Oppositionsachse ist fundamental und von großer Wirkung, und es bedarf eines sensiblen Umgangs mit ihr, um den Fluß im Kreis aufrechtzuerhalten und alle beisammen zu halten. In ihr vereinen sich der größtmögliche Abstand und die größtmögliche Wahrnehmung. Bei keiner anderen Aspektbeziehung ist die Abkehr jedoch auch so ausschließend. Wenn wir uns in dem besagten Kreis um 180 Grad drehen, nehmen wir von unserem vormaligen Gegenüber nun auch am wenigsten wahr, selbst wenn wir den Kopf bewegen. Intensität ist hier ein Stichwort, und sie betrifft sowohl die Wahrnehmung als auch die Ablehnung.

Die Astrologie stellt dem sensiblen Krebs nun ausgerechnet den Steinbock gegenüber. Im idealtypischen Tierkreis ist die Krebs-Steinbock-Achse auch die IC-MC-Achse, welche die Himmelstiefe mit der Himmelshöhe verbindet. Bildlich gesprochen läßt uns diese Achse vom tiefsten Grund eines klaren Sees hinauf zum Gipfel blicken – und andersherum vom höchsten Gipfel hinab bis zum Grund des Sees zu Füßen des Gebirges. In der Betrachtung dieser Achse lassen sich einige Begriffe, die dem Steinbock zugeordnet sind, verstehen.

a. Zeit

Wollten wir vom Grund des Sees zum Gipfel des Berges steigen, benötigen wir unter anderem Zeit. Wir benötigen die Zeit deshalb, weil wir uns mit dem Einsatz unserer Kraft an den Gegebenheiten der Natur (Krebs) orientieren müssen, sowohl unserer eigenen als auch der uns umgebenden Natur. Wenn wir den Aufstieg schaffen wollen, müssen wir lernen, auf unsere inneren Zyklen zu horchen, auf unsere Bedürfnisse, darauf, ob und unter welchen Bedingungen wir uns wohl fühlen. Wenn wir darauf nicht achten, fehlt uns einfach die innere Energiequelle, und dann wird es mühsam, den Gipfel zu erreichen.

Wir können diese inneren Zusammenhänge natürlich umgehen und Zeit sparen, indem wir uns von einem Helikopter auf den Gipfel fliegen lassen, doch dann haben nicht *wir* den Gipfel erreicht, sondern der Pilot und all die Techniker und Erfinder, die das Helikopterfliegen erst ermöglichten. Verständlicherweise haben wir dabei nicht das Gefühl einer eigenen Leistung und somit auch nicht das Gefühl, uns den Gipfel zueigen gemacht zu haben. Das soll nicht heißen, daß der Ausflug nicht trotzdem schön gewesen sein kann. Hierdurch kommt jedoch derselbe Mensch auf dem Gipfel an, der er auch am Fuße des Berges gewesen ist. Der in der Zeit geschehende Prozeß des Aufstiegs verändert uns jedoch, nach dem Aufstieg sind wir nicht mehr derselbe Mensch wie vorher, denn wir sind durch ihn uns selbst ein Stück nähergekommen. Hierin liegen Sinn und Erfüllung der Achse 4/10.

Wollen wir wissen, was Bergsteiger dazu treibt, Berge zu erklimmen, müssen wir aufhören, Zeit sparen zu wollen, und uns an den Aufstieg mit eigenen Mitteln machen. Diese eigenen Mittel sind im übertragenden Sinne unsere Natur, unsere eigene Identität, unsere Seele, die sich mit Bedürfnissen, Instinkten und Gefühlen unserem Bewußtsein mitteilen will. Mit diesen (Krebs-) Eigenschaften wollen wir hoch hinauf, und das bedeutet nichts anderes, als daß die Seele bewußt werden will oder daß wir selbst anerkannt und respektiert –

eben wahrgenommen – werden wollen, *so wie wir sind*. Wenn wir jedoch am Grund des Sees verharren, kann uns in der Außenwelt niemand bemerken.

Unsere Steinbock-Energie ist nun dafür zuständig, uns nach oben zu holen, unserer selbst bewußt zu werden, unserem Leben eine Form zu geben, die uns entspricht, die wir zeigen und verantworten können und die für die Außenwelt wahrnehmbar ist. Wenn Krebs der Inhalt/Innen ist, ist Steinbock die Form/Außen. Wenn Krebs das Kind ist, ist Steinbock der/die Erwachsene. Sowohl um Inhalten Form zu geben, um unser Inneres zu äußern, als auch vom Kind zum Erwachsenen zu reifen benötigen wir Zeit.

Ist die Verbindung der Krebs-Steinbock-Achse unterbrochen bzw. realisieren wir die Verbundenheit dieser beiden Prinzipien nicht, entwickeln wir einen Umgang mit der Zeit, der von unseren natürlichen und persönlichen Rhythmen abgetrennt ist. Dann hat unsere formgebende seelische Qualität (Saturn) keine Beziehung zu jenem Aspekt, dem sie Form verleihen will. In einem solchen Fall entwickeln wir Lebensformen, die stark am Üblichen orientiert sind, an dem, was «man» so macht. Der Bildhauer in uns (Saturn) steht quasi zunächst mit Hammer, Meißel und Feile vor einem Steinblock, um nach kurzer Zeit festzustellen, daß er das nicht kann, weil ihm gar nichts einfällt. Dann kauft er sich lieber eine Tüte Gips und Gießformen aus dem nächsten Bastelgeschäft, produziert Skulptur um Skulptur und ist mit keiner wirklich zufrieden. Die Unzufriedenheit kommt aus dem Krebsbereich unserer Seele, denn dieser fühlt sich berechtigterweise zurückgewiesen und wartet immer noch darauf, daß der Bildhauer sich endlich wieder seiner tatsächlichen Aufgabe widmet: Dem Verwenden der Lebenszeit darauf, sich bewußt zu machen, was aus der groben Form des Steinblockes tatsächlich herausgemeißelt werden will.

Im Grunde ist gerade die westliche, sogenannte Zivilisation auf der Abtrennung der Prinzipien Krebs-Steinbock voneinander aufgebaut. Die Rhythmen und Lebensformen, nach denen wir uns normalerweise richten, werden eher von äußeren und menschengemachten Strukturen bestimmt als von natürlichen und persönlichen Zyklen. Sommerzeit, Schichtdienst und Freizeitstreß sind nur einige Äußerungen dessen. Wird die Steinbock-Energie nicht als Teil der Achse 4/10 gelebt, lassen wir uns funktionalisieren und automatisieren. Die Zeit hat dann einen von uns persönlich entfremdeten Charakter. Sie existiert und verstreicht einfach so, sie gehört uns nur in zugewiesenen Portionen und ihre Verwendung unterliegt vielen Sachzwängen.

In diesem Zustand ist das Verstreichen der Zeit nicht mit der Erfahrung des persönlichen Wachstums gekoppelt. Daraus resultiert das chronische Gefühl, keine Zeit zu haben – was letztendlich auch stimmt, da wir die Zeit, die uns zur Verfügung steht, nicht mit der Verwirklichung unserer eigenen Bedürfnisse, mit unserem eigenen Leben füllen. In diesem Falle fühlen wir uns von der Zeit nicht bereichert, sondern beobachten ängstlich ihr gnadenloses Verstreichen, das wir nur als Verlust empfinden können. Wir, so, wie wir wirklich sind, haben dann tatsächlich keine Zeit mehr, zu leben und in rhythmischen, wechselhaften Phasen auszureifen – das heißt, den Gipfel unseres Daseins langsam, aber stetig zu erklimmen.

b. Höhenunterschiede

Die Oppositionsachse stellt die größtmögliche Polarisierung im Tierkreis dar. Weiter voneinander weg geht es nicht. Die senkrechte Krebs-Steinbock-Achse markiert hierbei die vertikale Dimension unseres inneren Erlebens. Es gibt eine innere Tiefe und eine innere Höhe, die im echten seelischen Erleben jedoch nicht voneinander getrennt sind, sondern eher als eine Verbindungsachse zwischen unserem tiefsten Ursprung und unserer höchsten Berufung erlebt wird. Natürlich hängt das Erleben der vertikalen Dimension der Achse 4/10 auch davon ab, wie wir mit unserer Zeit umgehen.

Der innere Höhenunterschied kann aus uns einen seiner Tiefe bewußten Menschen machen – oder auch einen ehrgeizig nach oben strebenden Menschen, der schließlich in einsamer Höhe auf einem Gipfel thront und dürstet, da die Verbindung zum lebenspendenden inneren Quell unterbrochen ist. In diesem Fall empfinden wir unser Dasein als grund-los und haben keine echte innere Verankerung. Dieses Phänomen zeigt sich oft bei gesellschaftlich erfolgreichen Menschen, die zwar von anderen bewundert werden, sich selbst ihres Aufstiegs bzw. ihrer erreichten Höhe jedoch nicht freuen können. Höhe ist dann für sie das, was man gemeinhin als Höhe annimmt – eine gesellschaftliche Position, zu der viele aufschauen: die klassische Hierarchie.

Das Steinbock-Element in uns ist jedoch nicht daran interessiert, wieviel Menschen zu uns aufschauen. Seiner Eigenart nach strebt es mittels des Erdenlebens zum Licht des Bewußtseins, es ist jedoch abhängig von dem, was zur Bewußtwerdung vorhanden ist – von dem Unbewußten, Kindlichen, Natürlichen in uns selbst. Wenn der innere Kontakt zu unserer Ursprünglichkeit unterbrochen ist, empfinden wir auch keinerlei echte Bestrebungen, einschließlich damit einhergehender Fähigkeiten wie Ausdauer, Konzentration und Verzichtbereitschaft. Wir haben dann eher ein umfassendes und dennoch vages Gefühl, nicht zu gefallen – ohne ausmachen zu können, woran das liegt. Dieses Vakuum wird dann nicht selten von Ehrgeiz und einer negativen Lebenshaltung gefüllt. Die Geradheit und das innere Aufgerichtetsein, die uns Saturn vermitteln kann, werden häufig hierdurch unbewußt mit schlichter Höhe, mit «oben» assoziiert. Dann lassen wir uns beispielsweise auf berufliche oder gesellschaftliche Erklimmungsaktionen ein, an deren Ende uns auf dem Gipfel dasjenige verheißungsvoll winken soll, was jedoch nur in unserer Tiefe für uns bereitliegt.

Die Krebsenergie meldet sich vornehmlich durch unsere Instinkte. Instinkte sind ihrer Natur nach unbegründbar, denn sie sind der Grund. Wenn etwas wirklich unser Eigentliches ist, können wir nicht mehr erklären, warum wir dieses oder jenes Bedürfnis haben. Wir können keinen Grund mehr nennen, da wir am Grund angelangt sind. Ein solches Signal aus unserem Inneren löst gleichzeitig Gefühle der Wahrhaftigkeit und Stärke aus, gepaart mit einer ruhigen Kompromißlosigkeit und der Gewißheit, daß wir das, was wir da gerade von uns wahrgenommen haben, in unserem Leben umsetzen *müssen*. Wie die Achse 4/10 zeigt, geht ein echtes Erleben der Instinkte mit dem echten Erleben der eigenen Berufung einher. In solchen Momenten fühlen wir, daß wir unserem inneren Quell gegenüber verpflichtet sind. Ist die Wahrnehmung dieser inneren Verbindung unterdrückt, können wir letztendlich auch unsere äußeren Aufgaben nicht verantwortlich wahrnehmen. Hier zeigt sich noch einmal deutlich, wie fundamental diese Oppositionsachse ist. Ihre Beschaffenheit bestimmt letztendlich die Qualität unseres irdischen Lebens.

Oben und unten sind eigentlich vollkommen neutrale Zustandsbeschreibungen, die bar jeder Wertung sind. Wir haben jedoch meist gelernt, daß das Obere besser sei als das Untere, und daraus erklärt sich auch die Unantastbarkeit so vieler, die in der Hierarchie ihres jeweiligen Kollektivs «oben» sind. Saturn – als Repräsentant bestehender Regeln – hat die Regel gelernt, daß «oben» – also letztendlich er selbst – am besten ist. Dies ist eine weitere Variante des saturnischen Rückfalls auf sich selbst, wie er im mythologischen Teil beschrieben wurde. Diese Haltung prädestiniert dazu, die Verbundenheit des zehnten und vierten Prinzips zu ignorieren, um die existentielle Abhängigkeit voneinander und die Relativität der eigenen «Höhe» nicht wahrnehmen zu müssen.

Das bedeutet jedoch, daß wir uns in eine Art isolierten Ehrgeiz treiben, sobald wir beginnen, unsere Gefühle und Instinkte zu bewerten. Gefühle wollen zunächst nichts anderes, als gefühlt zu werden. Auf welche Weise wir unser Gefühl in E-Motion, also in eine Herausbewegung, eine Tat umwandeln, ist eine Angelegenheit des fünften Prinzips. Für das Steinbock-Prinzip in uns ist es existentiell wichtig, daß es von unten aufsteigende Gefühlsenergie wahrnehmen und ihrer bewußt werden kann, denn das ist die Kraft, welche den Meißel des Bildhauers führt. Ist in unserem inneren Gesetzbuch die Einteilung in gute und böse Gefühle vorhanden (und das ist sie bei Erwachsenen immer), können wir uns unserer Ursprünglichkeit nur sehr fragmentarisch bewußt werden. Hinzu kommt, daß wir mit der Bewertung unserer Gefühle auch gelernt haben, bestimmte Gefühle, Bedürfnisse oder Instinkte zu fürchten.

Diese Energien dürfen dann nicht von unten aufsteigen, weil wir nicht gelernt haben, mit ihnen umzugehen. Und weil wir nicht wissen, daß wir eine Kraft in uns haben, die gerade hier regulierend wirkt und zugleich vom Aufstieg der Gefühle abhängig ist. Die Verbundenheit der Achse 4/10 straft die verbreitete Annahme Lügen, daß die Zensur bzw. Unterdrückung von Gefühlen auf irgendeine Weise helfen kann. Im Gegenteil: Die bloße Unterdrückung von Gefühlen unterdrückt ebenfalls unser inneres Regulans Saturn. Auf diese Weise verurteilen wir uns lediglich selbst dazu, im Korsett zu bleiben.

c. Richten

Die Verbundenheit der Energien auf der Achse 4/10 hat zur Folge, daß wir mit Teilen des Krebs-Prinzips automatisch auch Teile des Steinbock-Prinzips fürchten. Die über Krebs-Elemente vorgenommene Wertung wirkt auf Steinbock-Elemente zurück. Wer beispielsweise fürchtet, im Schwall seiner freigelassenen Gefühle zu ertrinken, dem ist nicht bewußt, daß Saturn die Fähigkeit zur Trockenheit innewohnt. Warum hat er sie wohl und wo sollte er sie wohl sonst lebensfördernd anwenden können? Die saturnische Kraft zur Reduktion ist ein sinnvolles Regulativ, das der Krebs-Energie einen sicheren Rahmen bietet. Im Klartext bedeutet das, daß bei jedem gefährdenden Übermaß an aufsteigenden Gefühlen (das für jeden individuell und stets neu ist) in unserer Seele eine Kraft aktiv wird, die richtend wirkt. Richtend ist hier nicht im Sinne von «ein Urteil fällen» gemeint, sondern im Sinne von «eine Richtung weisend». Saturn kann in seiner erlösten Form einer heranrollenden Flutwelle ein verzweigtes Netz von Flußbetten anbieten, damit das Wasser die Landschaft befruchtend durchfließen, anstatt chaotisch überschwemmen kann.

Wo immer wir unter Sumpfgebieten in unserer Seele leiden, ist ein Einsatz unserer Steinbock-Energie notwendig. Gerade in manchen esoterischen Kreisen, in denen stets «alles fließen» soll (und hier spricht auch ein äußerer Saturn!), ist häufig ein richtungsweisender Einsatz notwendig, der dann nicht selten von recht zweifelhaften Gurus übernommen wird. Die Achse 4/10 weist darauf hin, daß unsere Gefühle, Bedürfnisse und Instinkte ein Gefäß brauchen, in das sie fließen können. So ein Gefäß erstellt der Steinbock in uns, indem er auf pragmatische und verantwortliche Weise mit unseren Bedürfnissen umgeht und sie so umsetzt, wie es für unser Wachstum notwendig ist.

Vergehen wir beispielsweise fast vor Haßgefühlen, ist es Saturn, der unsere Affekte blockiert und uns auf diese Weise einfach Zeit gibt, eine gerechte Beurteilung und zivile Lösung der Situation zu finden. Er ist es, der uns befähigt, die Welle von Gefühlen bewußt zu kanalisieren, ihr standzuhalten und auch ihr natürliches Abklingen zu erfahren. Können wir auf diese innere Kraft vertrauen, fühlen wir die Gefühle erst einmal zu Ende, denn schon allein das verändert uns. Danach erst finden wir mittels unserer Steinbock-Kraft zu einer Bewertung der Situation und ziehen die entsprechenden Konsequenzen, um die Not zu wenden. Dies tun wir um so integerer, um so mehr wir uns der inneren Flutwelle gestellt haben. Auf diesem Prinzip fußt letztendlich jede Therapie.

Für den einzelnen stellt sich auch hier wieder die Frage, was er oder sie denn bereits als Not empfindet. Wird die Wahrnehmung unserer Identität bereits als Not angesehen, ist unserer innerer Saturn regelrecht neurotisch, denn er muß dann wider besseres Wissen Dämme bauen, die ihn selbst von seinem Lebenselixier abschneiden. In einem solchen Fall fühlen wir uns chronisch erschöpft und überlastet, ohne das Gefühl zu haben, etwas Konstruktives leisten zu können. Unsere Lebenshaltung ist dann von Abwehr – vor allem gegen uns selbst – bestimmt, unsere seelische Landschaft staubtrocken, wenn nicht gar ver-wüstet oder ver-steinert. In einem sturen Automatismus folgen wir unter ständiger Aufbietung der letzten Kräfte den Vorgaben anderer und können nichts ändern, da wir überhaupt nicht wissen, wer wir sind. Hier lassen wir andere unseren Weg ausrichten, anstatt selbst für den Fluß unserer Gefühle ein inneres Adernetz einzurichten.

Die richtende Qualität Saturns ist lebensnotwendig, um sich gesund entwickeln zu können. Wie ein Kind in seiner Entwicklung gestört wird, wenn es nicht innerhalb klarer und zuverlässiger Regeln aufwachsen kann, so wird unsere Seele in ihrer Entwicklung behindert, wenn sie sich nicht der regulierenden Funktion ihrer selbst bedienen darf. Die Achse 4/10 spricht davon, unsere Gefühle zu erden. Das bedeutet nichts anderes, als ihnen eine Form zu geben, sie zu äußern, sie empfindbar und damit vermittelbar zu machen. Unser innerer Steinbock macht Gefühle konkret, er sorgt dafür, daß wir beispielsweise ein Bild malen, einen Brief schreiben, eine richtungsweisende Entscheidung vollziehen – er sorgt dafür, daß wir uns zu tun erlauben, was wir im Inneren fühlen. Und er sorgt dafür, daß wir es auf eine Art und Weise tun, die wir vor uns selbst verantworten und deren Konsequenzen wir auf uns nehmen können.

Die Struktur, in die das Wasser der Gefühle fließen will, ist bei jedem Menschen anders – aber es muß eine Struktur da sein, damit überhaupt etwas fließen kann. Die kritiklose Übernahme bestehender Strukturen und Normen macht aus unserem Leben ein flurbereinigtes und steriles Kanalgebiet ohne natürlichen Fluß. Weigern wir uns aber, unser Leben überhaupt zu strukturieren, befinden wir uns ohne Navigationswillen (von den Instrumenten ganz zu schweigen) im Niemandsland eines unendlichen stillen Ozeans. Unsere Gefühle gleiten uns pausenlos davon, ohne daß wir auf fruchtbare Weise mit ihnen umgehen können – ohne daß unser konkretes Leben wirklich Früchte trägt. Eigentlich passiert dann nichts.

Dieser Zustand ist oft bei «Alles-fließt»-Anhängern zu finden, die die innere und äußere Ereignislosigkeit ihres Lebens durch sentimentale Einheitssehnsucht kaschieren und sich wundern, warum ihnen von außen so viele Grenzen gesetzt werden. Hier klopft ganz deutlich Saturn an die Tür des Bewußtseins und mahnt: «Sag' mal, wann willst du denn endlich *wirklich* inkarnieren?» Denn ein solches Verhalten spiegelt letztendlich nur die Furcht vor der Erde. Unsere Gefühle zu erden bedeutet nichts anderes, als vor der Welt zu bekennen, wer wir sind. Unser innerer Steinbock befähigt uns nicht zuletzt dazu, das auch vor jenen zu tun, denen wir gelernt haben, zu gehorchen.

d. Den Stein höhlen

Die Wasserzeichen Fische und Skorpion treffen im archetypischen Tierkreis lediglich in einem freundlichen Sextil-Winkel auf den Stein(bock) auf. Die Krebs-Energie nutzt die Schwerkraft jedoch am reibungslosesten – und am energiereichsten. In dem oben angedeuteten Sprichwort «steter Tropfen höhlt den Stein» fügen sich die vorangegangenen Ausführungen über Zeit, Höhenunterschiede und Richtung nunmehr zusammen. Saturns Qualität wurde bisher mehr abstrakt als eine dynamische Fähigkeit besprochen. Im konkreten zeitlichen Ablauf unseres Lebens ist sie jedoch zunächst der Stein, den wir höhlen wollen, um uns das Gefäß zu schaffen, das uns entspricht. Um das zu erläutern, müssen wir zunächst Saturn in seinem Vergangenheitsaspekt betrachten.

Saturn repräsentiert im persönlichen Horoskop unter anderem *zur Form geronnene Identität*. Er weist hier auf einen Lebensbereich hin, der «vorbelastet» ist, in dem also zum Zeitpunkt unserer Geburt sichere und klare Standpunkte, reife Fähigkeiten oder leistungsorientierte Verhaltensweisen bereits bestehen. Das kann karmisch als bereits erworbene und mitgebrachte Fähigkeiten betrachtet werden, von genetischen Dispositionen abgeleitet werden oder als psychisches Erbe unserer Familie betrachtet werden. In jedem Fall ist es uns mit einem Saturn-Thema von Anfang an sehr ernst, und wir gehen mit dem betreffenden Lebensbereich sofort relativ erwachsen um. Hier stehen wir nicht in Resonanz zum Kindlichen, sondern zum Ausgereiften.

Das Ausgereifte ist der Stein, den der Fluß unserer Gefühle höhlen will, denn das Ausgereifte ist zur verdichteten Form geronnene Natur. Es ist der Stein im Obst, der Kern. Da wir stets in eine bestehende Welt eintreten, treten wir auch in eine «Welt der Steine» ein. Zu welchen «Steinen» wir in Resonanz geraten, hängt von unserem individuellen Horoskop ab. Aber *daß* wir auf Steine stoßen, steht außer Frage, denn das bringt ein Leben als Erdling so mit sich. Unsere angeborene Ernsthaftigkeit mit einem von Saturn berührten Thema läßt uns hier zunächst auf die Erfahrungen anderer zurückgreifen. Das Kindlich-Natürliche berührt uns vorerst nicht, denn wir leben hier in dem unbewußten Gefühl, nicht mehr lernen zu müssen, sondern sofort «bei den Großen» mitmischen zu können.

So bauen wir hier vorrangig auf den Erfahrungen anderer auf, denn weil uns das Thema so ernst ist, scheuen wir uns, «nur» zu spielen. Gerade geborgte, vererbte oder mitgebrachte Erfahrenheit verführt uns jedoch dazu, in diesem Bereich zu erstarren.

Wo Saturn/Steinbock im Horoskop positioniert sind, glauben wir insgeheim oft, schon alles erlebt zu haben. Wir haben hier auch schon sehr viel erlebt, und dies ist unter anderem der Grund dafür, daß uns der konventionelle Umgang mit den betreffenden Themen letztendlich nicht befriedigt und irgendwann langweilt. Leben bedeutet stete Veränderung und Erneuerung – auch und gerade traditioneller und bewährter Bereiche. Die hierzu nötige ausdauernde Wechselhaftigkeit bietet uns die dem Steinbock gegenüberstehende Krebs-Energie.

Das Reife hat nur dann Wert, wenn wir in der Lage sind, es durch unsere gegenwärtigen Lebensbedingungen immer wieder erneuern, erweitern und verändern zu lassen. Ein Kern will letztendlich neu austreiben. Der stete Tropfen, den Krebs dazu liefert, besteht aus ganz persönlichen, häufig sehr einfachen, manchmal nahezu kindlichen Bedürfnissen in bezug auf das betreffende Saturn-Thema. Ihr wertvollstes Geschenk für den Steinbock ist, daß sie aus der Zeitlosigkeit des Unbewußten bzw. aus der Gegenwärtigkeit des Kindlichen kommen und auf diese Weise die saturnische Neigung zur Konservierung regulieren.

Je mehr wir uns bewußt machen können, daß der eigentliche Stein in unserem Inneren auf dem wertvollen Talent der Ernsthaftigkeit liegt, um so mehr beginnen wir, uns Saturn wirklich zu eigen zu machen und an einem eigenen Gefäß für unsere Lebensenergie zu bauen, also unser Leben in eigener Verantwortung unter kritischer Prüfung der äußeren RatSchläge (!) zu führen.

Eine Person mit Saturn im dritten Haus würde beispielsweise dann vielleicht aufhören, Lehrwissen in sich hineinzustopfen oder weiterzugeben, sondern beginnen, auf eigene Verantwortung und in vollem Ernst den *eigenen* Verstand zu benutzen. Es mag dann zunächst recht mühsam sein, das eingerostete Getriebe des eigenen Verstandes in Gang zu setzen, jedoch hilft gerade hier die Berührbarkeit der Krebs-Energie: Vor allem die Gedanken, Informationen, Gespräche, Bewegungen und Zwecke, von denen sie sich lebendig und mit kindlicher Freude (jenseits vom Kosten/Nutzen-Denken) berührt fühlt, führten sie dann zu ihrem tatsächlichen reifen Potential, das unter dem eingefahrenen Denken begraben liegt und auf Anschluß an die Gegenwart wartet.

e. Verantwortung

Die Suche nach Verantwortlichkeit ist letztendlich eine Suche nach der hinter Ereignissen stehenden bewußten Intelligenz.

Verantwortung ist daher eine sehr persönliche Angelegenheit, denn es ist immer eine *Person*, die sie empfindet oder der sie zugewiesen wird. Es ist für uns sehr beunruhigend, wenn wir keine verantwortliche Person identifizieren können, denn das gibt uns das Gefühl von Ohnmacht gegenüber willkürlichen Ereignissen. Deshalb fällt es uns beispielsweise auch so schwer, die Auswirkungen von echter «höherer Gewalt» wie beispielsweise von Naturkatastrophen zu akzeptieren und zu integrieren. Immer setzt nach solchen Ereignissen die Suche nach verantwortlichen Personen ein, um zu untersuchen, ob sie ihren Zuständigkeitsbereich auch verantwortlich ausgefüllt haben. Auf diese Weise integrieren wir höheres, übermächtiges oder unbegreifliches – im Grunde meist einfach natürliches – Geschehen in unsere gesellschaftliche Struktur und versuchen, es dadurch faßbar zu machen.

Ebenso ist es eine sehr persönliche Angelegenheit, selbst Verantwortung zu tragen, denn der oder die einzelne ist letztendlich damit allein. Zudem können wir uns in unserer offiziellen, verantwortlichen Facette nicht von unserer persönlichen Identität trennen, wie die Achse 4/10 zeigt. Wenn wir das Prinzip Verantwortung vornehmlich innerhalb von Institutionen oder gesellschaftlich vorgegebenen Rollenmustern leben, müssen wir das aber tun, denn unseren inneren Gefühlsregungen steht auf diese Weise kein adäquates Gefäß zur Verfügung.

Um die aus der Trennung resultierende innere Spaltung auszuhalten, neigen wir dazu, uns mit der Institution oder Rolle, die wir vertreten, zu identifizieren. Unsere Krebs-Steinbock-Achse ist auf diese Weise jedoch mehr oder weniger von einer inneren Entfremdung geprägt. Und wir fühlen uns demzufolge in uns selbst nicht Zuhause und zudem ständig schuldig: Uns selbst gegenüber, da wir unserer Seele ihre Verkörperung schuldig bleiben und der Rolle/Institution gegenüber, da wir ihr eigentlich etwas vormachen.

Im Anschluß an den Inhalt des vorherigen Abschnitts bekommt das Wort Verantwortung jedoch ein anderes Gesicht.

Jeder Mensch, der geboren wird, erlebt zum einen seine persönliche und zum anderen seine menschliche Entwicklung. Da wir Teil und Ganzes sind, haben unsere persönliche Erfahrung und Reife immer auch einen Bezug zum Rest der Welt. Saturn wird in der Astrologie vornehmlich als Gesellschaftsplanet angesehen, denn die 10. Energie befähigt uns dazu, *dem menschlichen Kollektiv zu antworten*. Jede Antwort entspringt unserer Identität (wie auch immer wir sie gerade definieren mögen) und ist potentiell an die Gemeinschaft adressiert.

Je bewußter wir uns unserer inneren Ernsthaftigkeit werden, um so mehr wächst das Bedürfnis bzw. verschwindet die Furcht, für uns selbst geradezustehen, d.h. als einzelner Mensch der Gesellschaft authentische Antwort zu geben. Die Wahrnehmung der Verpflichtung unserem inneren Ursprung gegenüber gibt uns überdies auch die Kraft, trotz der – oft nur scheinbaren – Unterlegenheit eines einzelnen Menschen gegenüber dem gesellschaftlichen Kollektiv, nach unserem Gewissen zu handeln.

Hinter vom 10. Prinzip berührten Themen des Horoskops verbergen sich Erlebensbereiche, in denen wir «Qualitätsarbeit» leisten können. Hier sind wir nicht nur vorbelastet, sondern in Wahrheit begabt, häufig sogar begabter als andere. Hier scheuen wir keine Anstrengung – und da wir hier in kein Schema passen, fühlen wir uns bei von Saturn berührten Themen zunächst unfähig. Gerade weil es uns mit dem betreffenden Thema so ernst ist, fühlen wir uns von den entsprechenden Überlieferungen und Traditionen oft förmlich erschlagen.

Ein verantwortlicher Umgang mit diesen Talenten ist daher zum einen für uns selbst notwendig, denn wir fühlen uns erstickt und beengt, wenn wir die Bereiche, die in unserem Horoskop saturnisch sind, nicht frühzeitig ernsthaft angehen können. Zum anderen will das Leben gerade diese Fähigkeiten von uns haben, denn mit unseren saturnischen Kräften stehen wir auch in der Verantwortung einem größeren Ganzen gegenüber.

Es ist selbstredend, daß wir diese Verantwortung um so weniger als bedrückend empfinden, je mehr sie mit unserer eigenen Identität verbunden ist. In diesem Falle bejahen wir sie und wachsen in zyklischen Entwicklungsphasen in sie hinein. In diesem Sinne sind letztendlich auch Saturn-Transite zu verstehen. Dem Leben liegt nichts daran, daß wir Altes und Gewesenes wiederkäuen (was wir in saturnischen Bereichen aus den oben angeführten Motiven zunächst gern tun), sondern es ruft uns bei Saturns Transiten zur Verantwortung: «He, das, was ihr Menschen schon seit Jahrhunderten macht – was machst *du* heute damit, außer das Gegebene zu bestätigen? Was tust du mit dieser Erfahrung, damit es weitergeht und damit weniger Erfahrene auch etwas davon haben?»

Solche Rufe empfinden wir oft als die Stimme unseres Gewissens, daß letztendlich nur fragt: Bin das, was ich da lebe, wirklich ich? Kann ich das, was ich da tue, vor mir verantworten? Ist die Verbindung Steinbock-Krebs noch intakt? Nehme ich mich (mein Innerstes) auch angesichts der Tradition ernst? Lasse ich mich von ihr erschlagen oder wage ich es, mich ihr notfalls auch entgegenzustellen? Häufig tun wir das nicht, weil wir glauben, hier nicht gut genug zu sein. Dann verlagern wir beispielsweise ernstzunehmende Eigenschaften in den Hobbybereich, aus dem sie in der Regel keinen Zugang zum Kollektiv finden. Auf diese Weise bleiben wir aus der Sicht des Lebens (und nicht der Gesellschaft!) dem Kollektiv etwas von uns schuldig. Saturns Transite klopfen dann an die Tür, um es anzumahnen, da wir diese Erfahrungen, Begabungen und Reife nicht nur für uns besitzen, sondern sie auch und gerade für andere wertvoll sind, sowie die saturnische «Qualitätsarbeit» anderer auch für uns wertvoll ist.

Natürlich können wir das Prinzip der Verantwortung auch in Beziehung zu anderen Energien des Tierkreises interpretieren. Verantwortung ist jedoch ein Wort, bei dem viele sich unbewußt zusammenziehen oder in die Knie gehen, da wir es meist nur unter dem Aspekt der Aufbürdung von etwas Fremdem (der Rolle) kennenlernen. Schalten wir innerlich die

Energien Krebs und Steinbock zusammen und bringen die Achse wieder zum Fließen, erkennen wir häufig, daß es jenseits der vielen Pflichten unserer offiziellen Rolle Bereiche gibt, in denen wir uns kleiner machen, als wir tatsächlich sind. Hier haben wir eigentlich ein echtes Bedürfnis (Krebs), dem Kollektiv zu antworten, also etwas öffentlich zu machen (Steinbock), das unserer Natur entspricht (Krebs). Und hier leiden wir meist darunter, daß wir es nicht tun.

Wir tun es in der Regel deshalb nicht, weil es nicht in die bestehende Gesellschaftsordnung zu passen scheint. Das jedoch ist genau unsere kollektive Verantwortung: Mit der uns in bestimmten Bereichen angeborenen Bewußtheit eingefahrene kollektive Muster wieder in Fluß zu bringen. Gerade bei den saturnischen Gebieten unseres Horoskops können wir das auf eine Art und Weise, mit der wir ernst genommen werden. Unsere Verantwortung uns selbst gegenüber ist es, zunächst das zu tun, was uns niemand abnehmen kann: Uns selbst ernst zu nehmen, und zwar so, wie wir im Innersten sind.

3. Das kardinale Kreuz: Steinbock als Teil des Lebensmotors

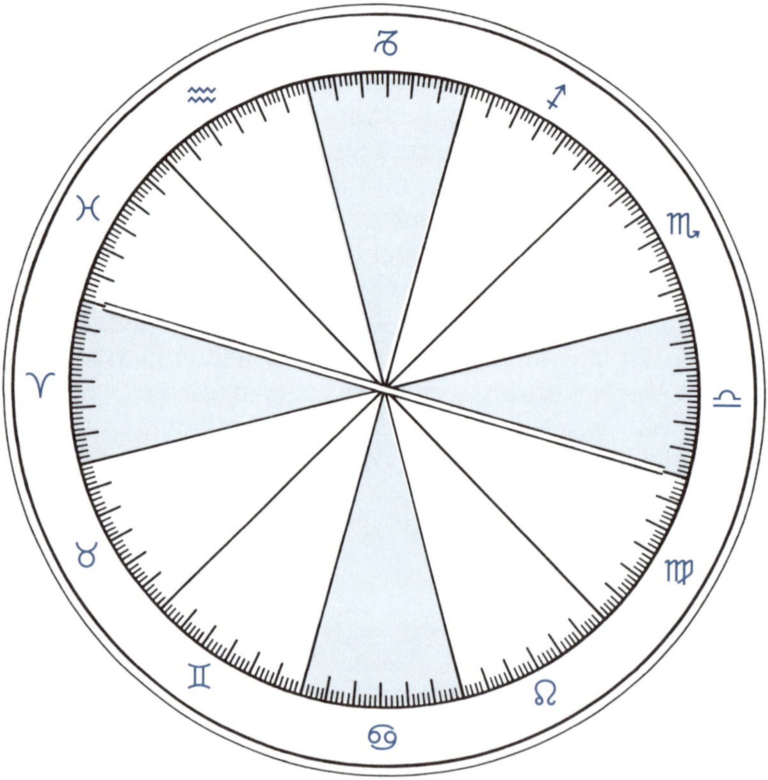

Die Achse 4/10 ist im Tierkreis Teil einer Figur, die als kardinales Kreuz bezeichnet wird und sich aus den Zeichen Widder, Krebs, Waage und Steinbock zusammensetzt. In diesem Kreuz stehen Krebs – Steinbock und Widder – Waage zueinander in Opposition, somit wird das Kreuz durch die Horizontal- und die Vertikalachse gebildet. Abgesehen vom Oppositionsaspekt stehen jedoch auch Widder zu Krebs, Krebs zu Waage, Waage zu Steinbock und Steinbock zu Widder im 90° Winkel und bilden ein umlaufendes Quadrat. Ein Kreuz – ob wie beschrieben im archetypischen Tierkreis oder im individuellen Horoskop – ist somit stets eine Figur von hoher Spannung, denn in ihm vereinen sich zwei Oppositionsaspekte mit vier Quadrataspekten.

Spannungsaspekte haben antreibende Wirkung. Sie markieren Themen, die einander nicht in Ruhe lassen, die nicht mit und auch nicht ohne einander auskommen, die von ihrer Eigenart her grundverschieden sind und doch einander bedürfen. Kreuze werden vom Individuum oft als natürliche Dauerkonflikte empfunden und sind, da sie so natürlich sind, uns oft gar nicht bewußt. Neutral gesehen sprechen sie von der Spannung, die entsteht, wenn sich die vier Elemente Feuer, Wasser, Luft und Erde verbinden. Aus dieser Spannung entsteht das, was wir bewegtes Leben nennen – das ständige Werden und Vergehen.

Die archetypischen Kreuze treiben uns an, sie verhindern, daß wir einschlafen, und sorgen dafür, daß wir die Elemente des Daseins mit unserem persönlichen Leben füllen. Im Tierkreis gibt es drei Kreuzfiguren, welche alle die vier verschiedenen Elemente miteinander verbinden und jeweils einen anderen Lebensschwerpunkt symbolisieren: Das fixe Kreuz mit Stier, Löwe, Skorpion und Wassermann, das bewegliche (oder veränderliche) Kreuz mit Zwillinge, Jungfrau, Schütze und Fische und das kardinale Kreuz mit Widder, Krebs, Waage und Steinbock.

Die Kardinalzeichen markieren jeweils den Beginn eines Quadranten, und das Zeichen Steinbock steht im archetypischen Tierkreis zu Beginn des vierten Quadranten. Die Kardinalzeichen geben dem betreffenden Quadranten sein Thema, welches dann durch die nachfolgenden fixen und beweglichen Zeichen verfestigt und differenziert wird. Die Bedeutung der ersten drei Quadranten ist relativ leicht zu fassen, und hier ist die Einteilung in Körper (I), Seele (II) und Geist (III) üblich. Die Aussagen zum vierten Quadranten sind oft so diffus wie das Zeichen Fische, mit dem er endet; er gilt als der jenseitige oder der Schicksalsquadrant, als der Bereich unseres Horoskops, der uns nicht so leicht zugänglich ist.

Letztendlich symbolisiert der IV. Quadrant die Ebene des Bewußtseins, denn hier finden wir im Anschluß an die unterscheidende Steinbockqualität die individualisierende und die Polarität transzendierende Energie des Wassermanns und die das Bisherige auflösende Energie der Fische. In diesem Quadranten ist das Feuer abwesend, wir können also davon ausgehen, daß irgend etwas mit der Haltung «Ich (Widder) will (Löwe) mehr (Schütze)» geschieht bzw. geschehen muß, wenn wir in unserer Entwicklung mit den Energien des IV. Quadranten in Berührung kommen.

Betrachten wir die Folge des Tierkreises als Entwicklungsschritte von Widder bis Fische, so fällt auf, daß erst hier, zu Beginn des IV. Quadranten, ein Erdzeichen eine kardinale Position übernimmt, dem betreffenden Viertel also sein Thema gibt. Bewußtsein und Erdelement sind demzufolge miteinander gekoppelt, und es scheint auch so zu sein, als ob das Erdelement eine Art Eintrittskarte zum jenseitigen Quadranten des Bewußtseins darstellt. Zwar ist die Ansicht populärer, die Erde eher als Hindernis des Bewußtseins denn als Eintrittskarte hierzu zu betrachten, jedoch sollten wir uns bewußt machen, daß eine solche Haltung dem irdischen Sein gegenüber noch den sexistischen Wertungen einer vergehenden Weltanschauung entstammt.

Ähnlich dem MC/10. Haus im individuellen Horoskop nimmt das Zeichen Steinbock eine scheinbar widersprüchliche Position ein. In dieser Position ist es jedoch Teil des Lebensmotors und hält in Verbindung mit den drei anderen Kardinalzeichen den Fluß des Lebens *aufrecht* (was durchaus doppeldeutig verstanden werden kann). Wie bei der Achse 4/10 ist auch bei der Betrachtung des Steinbocks innerhalb des kardinalen Kreuzes die Notwendigkeit seiner Funktion gut zu verdeutlichen. Und ebenso hat auch hier erst eine Abkoppelung des

10. Prinzips aus dem Ganzen die gefürchtete blockierende und häufig niederschmetternde Wirkung.

An unserem inneren Motor ist also das 10. Prinzip ganz wesentlich beteiligt. Zudem tritt die Erde hier zum ersten Mal an eine kardinale Position und scheint uns endlich eine Antwort auf die Frage geben zu wollen, was denn das alles soll, was denn Erdendasein überhaupt ist. Je mehr wir uns diese Fragen beantworten können, um so bewußter sind wir uns darüber, wer und was wir wirklich sind. Bei diesem Prozeß stützen, irritieren und wandeln sich die kardinalen Zeichen gegenseitig. Auf der Basis dieser Verbindung wollen wir nun einige saturnische Eigenschaften etwas genauer betrachten.

a. Konzentration und Verzicht

Die Elemente Feuer, Wasser, Luft und Erde stehen zueinander in einem wechselseitigen Verhältnis. Im Erdelement finden wir jedoch auch die Vereinigung der drei anderen Elemente. So könnte man sagen, daß das Erdelement erst aus deren Vereinigung entsteht und dadurch etwas vollkommen Neues bildet. Diese Vereinigung läßt sich beispielsweise gut anhand der Steinkohle illustrieren. Steinkohle ist ein fossiler Brennstoff, der eigentlich nichts anderes ist als über Jahrtausende zusammengepreßte Bäume. Der Baum ist ein Sinnbild für die Fähigkeit eines Organismus, Licht umzuwandeln. Mittels Wasser wird der im Samen ruhende Lebensfunken genährt, mittels Licht reguliert ein Baum seinen Säftehaushalt und produziert im Austausch mit dem Luftelement den für unser Leben so notwendigen Sauerstoff. Was aus diesem gesamten Prozeß entsteht, ist feste Materie.

Durch die Erkenntnisse der neuen Physik ist die Materie selbst jedoch mittlerweile auch naturwissenschaftlich ein Gleichnis für wirkende Kräfte. Daß Materie überhaupt existiert, ist das Ergebnis einer konzentrierenden Kraft. Ein Stück Kohle ist ein Symbol für diese Konzentrationskraft, denn in ihm ist das Wesen des Baumes in konzentrierter, konservierter Form enthalten. Kohle kann das in ihr enthaltene Licht wieder freisetzen und ist in diesem Prozeß immer noch abhängig vom Luftelement, diesmal jedoch umgekehrt. Sie benötigt den zuvor abgegebenen Sauerstoff, um zu brennen, und gibt nun jede Menge «Schadstoffe» in die Luft ab. Ebenso wirkt das zuvor lebenswichtige Wasser auf den zu Kohle gewandelten Baum «tödlich», es löscht und macht aus dem potentiellen Licht des Erdelements einen lichtlosen Stein.

Kohle ist ein typisches Steinbocksymbol. Die «Erhöhung» der Kohle ist jedoch der Diamant, er ist das Ergebnis eines noch stärkeren und längeren Drucks auf den selben Ausgangsstoff. Der Diamant ist ein Symbol für die erlöste Steinbock-Energie und vermittelt mit diesem Bild, was die innere Arbeit an saturnischen Themen für uns bereithalten kann. «Ein Diamant ist unvergänglich», sagt ein Werbeslogan, und in der Tat ist er mit das härteste Material, das wir auf diesem Planeten kennen. Ist er beschliffen, kann er das reinste Licht versprühen, ebenso wie die kultivierte Steinbock-Kraft für ihre Umgebung zum Lichtspender wird. Feuer, Wasser und Luft sind in diesem Stück Materie nur noch als Ideen erkennbar, als Vorbedingungen zum Entstehen eines klaren, reinen und nahezu ewigen Stücks Erde.

Die Gleichnishaftigkeit des Sichtbaren wird in einem Diamanten auf außerordentliche Weise reflektiert. Dabei waren es lediglich enorm verdichtende, also konzentrierende Kräfte, die dazu geführt haben. Ein Diamant hat den grobstofflichen Austausch mit seiner Umgebung abgeschlossen, als ein Symbol reinsten Lichts hat er seine Kommunikation auf die Schwingungsebene verlagert.

Konzentration bedeutet also die enorme Verdichtung der Elemente Feuer, Wasser und Luft. Konzentration führt zu dem Ergebnis fester Materie und kann zur Geburt des reinen Lichts führen. Diese Aussagen erinnern an Saturn als Luzifer, den Lichtbringer, und sie erinnern an Einweihungslehren, die im Erdendasein das Tor zum Licht sehen. Das Beispiel illustriert auch die Übergangsphase vom Steinbock- zum Wassermann-

Prinzip. Wie der Diamant reines Licht und ewige Materie jenseits von Zeit und Raum symbolisiert, so führt auch das Eindringen in den Kern der Materie zur Theorie der Quanten, welche sich der üblichen Definition von Raum und Zeit schlicht entziehen.

Paradoxerweise ist die neue Naturwissenschaft den häufig erdflüchtigen spirituellen Suchern hier einen Sprung voraus – denn wenn wir uns von der Erde/Materie und dem schlichten Erdendasein abwenden, können wir offensichtlich nur recht wenig erkennen. Der Physiker Bernard Ruth fand beispielsweise bereits 1975 «...in allen pflanzlichen und tierischen Zellen, die er im Laufe der Zeit untersuchte, Licht. Es handelte sich also tatsächlich um ein universelles Phänomen. In den Arbeiten unzähliger Physiker in vielen verschiedenen Ländern wurde dies mittlerweile endgültig bestätigt.»[1] Die Zen-Geschichte von dem Meister, der seinen um Lehre bittenden und nach Erleuchtung strebenden Schüler in jedem Stadium seines Weges zum Tellerwaschen an den Fluß schickt, illustriert das saturnische Prinzip der Konzentration auf Irdisches auf eine andere Weise.

In unserem persönlichen Erleben stellt also die Fähigkeit, sich zu konzentrieren, eine saturnische Eigenschaft dar, welche uns zum Licht und zur prometheischen Befreiung (wo ja alle hinwollen...) führen kann. *Sich selbst* konzentrieren zu können, setzt jedoch voraus, daß wir annähernd wissen, wer wir selbst denn sind, und daß wir in der Lage sind, Eigenes und Fremdes zu identifizieren. Saturns Interesse ist, daß wir *uns* konzentrieren, denn Saturn steht wie jede Energie des Tierkreises im Dienst des sich entwickelnden individuellen Lebens (die Tür zum Wassermann!).[2]

In diesem Licht können wir auch saturnische Situationen sehen, die uns durch ein äußeres Ereignis dazu zwingen, uns auf uns selbst zu konzentrieren. In der Regel erleben wir solche «Schicksalsschläge» erst einmal durch Verzicht. Uns wird etwas genommen, etwas verschwindet aus unserem Leben, sei es die Arbeit, die Gesundheit, eine Hoffnung, ein Mensch, irgendein Besitz, eine Krankheit (es gibt nicht wenige Menschen, die das Verschwinden ihrer Krankheit als einen Verlust empfinden) oder ein bisheriges Interesse.

Uns trifft der Verlust von etwas nur dann wirklich hart, wenn es zuvor eine unangemessen große Rolle in unserem Leben gespielt hat. Saturn prüft, ob wir hier nicht unsere Angst vor dem verändernden Wachstum unserer Seele kompensieren, denn Kompensation führt immer zu Ungleichgewicht und Unausgewogenheit. Ein seelisch intakter Mensch spürt das selbst und zieht bei innerer Unausgeglichenheit von selbst rechtzeitig die Bremse (aktiver Saturn-Einsatz), da er auf sich selbst konzentriert *ist*. Er stellt sich stets dem Quadrataspekt zwischen Waage und Steinbock und nutzt die Spannung kreativ, um seine *eigene* Richtung zu erkennen und im Gleichgewicht zu bleiben.

Ein von äußeren Autoritäten abhängiger Mensch erfährt jedoch die von Saturn initiierte Konzentration auf sich selbst als Verlust (passives Saturn-Erleiden von außen). Was er in Wahrheit verliert, ist die Scheinharmonie der kompensatorischen Lebensgestaltung, die stets auf Kosten der authentischen Verkörperung der Seele geht. Er wird nun mit der Tatsache konfrontiert, daß tatsächliche (Steinbock) Harmonie (Waage) einen Preis hat: Die stete Spannung des archetypischen Quadrates. Das kardinale Kreuz zeigt, daß Steinbock mit dem Waage-Prinzip existentiell zusammenwirkt. Es zeigt jedoch auch, daß das unbequem ist.

Wir können Verzicht bewußter erleben, sobald wir in ihm eine Aufforderung zur Konzentration sehen. Daß uns etwas genommen wird, ist ein Hinweis darauf, daß wir nicht bei uns selbst sind und daß dieses Außer-sich-Sein unseren Weg zum Licht gefährdet. Nun haben gerade die Industrieländer mit ihrer Konsum- und Fun-Philosophie die Ausbildung der Fähigkeiten zu Verzicht und Konzentration nicht eben gefördert. Allerorten winken Möglichkeiten der Ablenkung, die Verheißungen des Konsums und das Bombardement auf unsere

Sinne. Das moderne, städtische Leben ist der Konzentrationsfähigkeit eher abträglich, und dieser innere Mangel des Saturn-Prinzips wird durch den äußeren Verlust von «Althergebrachtem» noch verschärft.

Der eigentliche Grund, warum wir unter dem Verlust der Konzentration *leiden*, ist der, daß wir damit die Fähigkeit verlieren, uns selbst im Gleichgewicht zu halten, d.h., unserem in Beziehungen eingewobenen Leben die angemessene Form zu geben. Nehmen wir den Steinbock aus dem fixen Kreuz heraus – können wir ihn also aufgrund eines Mangels an Konzentration nicht leben –, stottert unser Lebensmotor. Die Abwesenheit des Steinbock-Prinzips bedeutet in diesem Zusammenhang weniger Konfusion als Beeinflußbarkeit, kindliche Launenhaftigkeit und Mutlosigkeit.

Da das stark spannende kardinale Kreuz uns auf ganz grundsätzliche Weise am Leben – also in Bewegung – hält, spüren wir auch seine Schwächung auf eine ganz grundsätzliche Weise. Wenn uns die Konzentration abhanden kommt, leiden auch die anderen kardinalen Energien darunter, mit dem Ergebnis, daß wir irgendwie gar nichts, was uns wirklich erfüllt, aufbauen und erhalten können. Das Bedürfnis nach einem bequemen, reibungsfreien Leben leugnet dessen archetypische Grundspannung. Sobald wir diese Spannung allerdings als gegeben erkennen und bejahen, nähern wir uns unserem inneren Saturn um einen bedeutsamen Schritt.

b. Das Öffentliche und das Private

Unser Leben findet im Spannungsfeld zwischen Innen und Außen statt, und die Krebs-Steinbock-Achse kann ein weiteres Mal als Symbol dafür gelten. Im hiesigen Zusammenhang steht sie als Bestandteil des kardinalen Kreuzes nunmehr vor allem für unsere intime und unsere öffentliche Seite. Was wir von uns im weitesten Sinne veröffentlichen, schöpfen wir aus dem inneren Quell unserer Identität, unserer Bedürfnisse und unserer Instinkte. Welches Ausmaß unser «Outing» jedoch annimmt, ist eine Entscheidung, die Saturn im Verbund mit den Energien des kardinalen Kreuzes fällt.

In den zurückliegenden Jahren, in denen Saturn unter anderem aufgrund seiner Wanderschaft durch die Zeichen Wassermann und Fische (ca. 2/1991 – 4/1996) und Neptuns Reise durch das Zeichen Steinbock (ca. 1/1984 – 2/1998) eine sehr schwache Position zukam, konnten wir beobachten, daß die Veröffentlichung des Privaten immer hemmungsloser vollzogen wurde – mit allen Vor- und Nachteilen.[3] Eine gesunde Saturnfunktion entscheidet im Sinne des eigenen und des kollektiven Wachstums und Schutzes, was auf welche Weise dem Licht der Öffentlichkeit preisgegeben wird. Sie konzentriert das Innere auf das Wesentliche und wählt für das Herausgehen an die Öffentlichkeit eine Form, welche die Entfaltung unserer Seele nicht gefährdet, sondern stärkt, und welche dem Ganzen dienlich ist.

Bei diesem Prozeß schöpft Saturn zum einen aus dem Innen, da hier sein «Grundwerkstoff» liegt, ohne den er gar nicht agieren kann (s. Kap. 2). Zum anderen greift er auf die Wahl- und Bewertungsfähigkeit der Waage zurück und auf den Mut und die Tatkraft des Widders. Sich selbst auf eine geglückte Weise an die Öffentlichkeit zu bringen, d.h. in die Gesellschaft zu integrieren, ist im wesentlichen eine Funktion des kardinalen Kreuzes und somit ein spannender und spannungsreicher Prozeß. Eine mundane Schwächung Saturns – wie in den vergangenen Jahren – ändert nichts an der Existenz des Prinzips der Öffentlichkeit, aber sie ändert etwas an seiner Qualität. Außerdem ändert sie auch etwas an der Qualität des gesamten kardinalen Kreuzes und an der Qualität des Privaten. So kann eine Betrachtung von Saturns Schwächephase das Thema dieses Abschnittes recht anschaulich illustrieren.

Wir können den Zusammenhang von saturnischer Schwäche und privater Lebensqualität beispielsweise gut an der Medienwelt beobachten, die in unserer Zeit den Sektor «Öffentlichkeit» zu einem großen Teil darstellt. In zahlreichen Talkshows wurde und wird das Private weitgehend ungeprüft veröffentlicht, und auf der Suche nach neuen Themen wurden dieselben nebst Moderatoren und Gästen immer kindischer. Zugleich rückte das Thema Kind generell in den Brennpunkt der öffentlichen Aufmerksamkeit, sei es durch grausame Verbrechen an oder von Kindern oder durch die Vermarktung des Kindes und seine Entdeckung als Konsument.

Die schwache Position Saturns führte zur relativen Aufhebung der Pole (Schwächung der Unterscheidungsfunktion) und hierdurch zu einer merkwürdigen Mischung von kindischen Erwachsenen und alten Kindern.[4] Doch auch die Welt der Reichen und Schönen wurde von Saturns Schwächung nicht verschont, denn auch hier wurde Privatleben in zunehmend gnadenloser Weise an die Öffentlichkeit gezerrt oder ihr von selbst präsentiert. Zum anderen machte sich am Arbeitsmarkt ein Klima breit, das von den Arbeitnehmern mehr und mehr eine hohe Identifikation mit dem Unternehmen einforderte – einschließlich der Bereitschaft, Privates für Berufliches zu opfern. Und auch in der Politik entschieden zunehmend ein «korrektes» Privatleben und eine «korrekte» innere Haltung – anstelle fachlicher Qualifikation und persönlicher Integrität – über Aufstieg und Fall.

Diese Beispiele könnten noch weitergeführt werden, sie sollen jedoch lediglich dazu dienen, die Notwendigkeit der Unterscheidung der Pole zu erkennen – denn im Grunde führt die zurückliegende Entwicklung direkt zu der heutigen Besorgnis. Reimar Gronemeyer beschreibt das sehr drastisch: «Die Infantilen durchsetzen die Gesellschaft und ergreifen die Herrschaft. Herrschaft? Das ist ja schon ein falsches Wort aus einer Zeit, als es noch Erwachsene gab. Am Ende kann weder von Herrschaft noch Gesellschaft die Rede sein: Alles wird einem glibberigen Gel ähnlich.»[5]

Unter der mundanen Schwächung Saturns litten als Teil des kardinalen Kreuzes zugleich die Prinzipien Waage und Widder: Sowohl die Beziehungsfähigkeit als auch die Frage der persönlichen Motivation liefen aus dem Ruder und versackten in einer schwachen, kindlichen bis kindischen, hilflosen und nach idealen Elternfiguren rufenden Haltung, die dann jedoch nicht selten von recht zweifelhaften Gestalten befriedigt wurde (hierunter kann man auch das neue Aufblühen des Nationalismus, die Sektenanfälligkeit, die neue Drogenwelle, die Model-Idealisierung u.a. verstehen).

Für den einzelnen Menschen mit seinem ganz gewöhnlichen kleinen Leben hat das nicht selten zur Folge, das man nicht mehr weiß, wer man denn privat eigentlich ist. Wirklich privat, authentisch, intim und sich selbst und anderen nah zu sein, wird für unsere Psyche zunehmend schwieriger, da die kollektive Veröffentlichung des Privaten dazu geführt hat, daß nahezu alles mit Normen befrachtet werden konnte – sei es die gestylte Wohnung, die Unterwäsche, die Art ein Baby zu stillen, die Nahrung, die Art zu schlafen, zu schmusen, zu lieben, zu küssen, sich zu entspannen, mit den eigenen Gefühlen umzugehen, Kinder zu behandeln, sich wohlzufühlen und so weiter.

Nichts ist mehr unkommentiert, ungeprüft, unverglichen und für eine statistische Erfassung nebst wissenschaftlicher Empfehlung des «Richtigen» zu gering. Die mundane Schwächung Saturns hat dazu geführt, daß er in Bereiche eindringen konnte, in denen er nichts zu suchen hat. Das saturnische Raster liegt in unserer überinformierten Gesellschaft nun auf dem Intimsten, nämlich auf den ursprünglichsten Regungen unserer Seele.[6] Indem das Private öffentlich wurde, wurde es für viele einfach zerstört. Kaum jemand weiß heute noch, was es bedeutet, in sich selbst zu Hause zu sein.

Es ist wichtig zu erkennen, daß nicht die *Dominanz* Saturns dazu geführt hat, sondern seine mundane Schwäche (natürlich neben anderen kollektiv wirksamen Konstellationen). Die beschriebene kollektive Entwicklung mag notwendig gewesen sein, um den Anforderungen eines neuen Zeitalters folgen und überlebte Formen auflösen zu können, nur – ohne Form geht es nicht. Die *Abwesenheit von Konzentration* führt unter anderem dazu, daß wir uns vollkommen veräußerlichen und dann unter der inneren Leere leiden. Solange wir jedoch unserer Seele nicht glaubwürdig vermitteln können, daß wir über eigene Kompetenz und Urteilskraft verfügen, regt sich nur wenig aus unserem Inneren. Hier ist dann unbewußte und innere Verweigerung des letzte Hilfsmittel, zu dem die Seele greift, um sich vor Zwangsouting und Normüberfrachtung zu schützen. Bar einer verläßlichen und gesunden Saturnfunktion können wir uns nicht mehr spüren und werden letztendlich seelenlos.

Wir können das Private, Innere und Authentische am besten wahrnehmen und wachsen lassen, wenn wir akzeptieren, daß es die Öffentlichkeit gibt und daß sie das *Gegenteil* von Privatheit ist. Erst dann können wir uns aus Fürsorge uns selbst gegenüber dieser Öffentlichkeit in konzentrierter und reduzierter Weise zeigen. Das mag solange einengend klingen, wie wir die Versagungen und Bevorzugungen unserer Kindheit nicht relativiert haben und immer noch an jeder nur denkbaren Stelle nach dem «besseren» Zuhause suchen, als wir es gehabt haben. Und solange wir – ganz im Sinne unserer Konsumgesellschaft – daran glauben, daß «mehr» immer gleichbedeutend mit «besser» ist. Die eigene Kindheit als das zu akzeptieren, was sie war, nämlich *Kind*-heit –, öffnet uns den Blick für die heutige Realität unseres Lebens als den einzigen Ort, an dem wir mit Befugnis etwas tun können und genau dies auch von uns gewollt ist.

In diesem Sinne ist das Hinaustreten an die Öffentlichkeit, der Eingriff eines Erwachsenen in die Welt unter zeitweiser Zurückstellung kindlicher Bedürfnisse, keine Einengung, sondern ein Akt der Befreiung. Auf diese Weise schaffen wir Räume sowohl für das Private als auch für das Öffentliche. Die saturnische Fähigkeit, öffentlich zu sein – also sich auf die Gesellschaft einzulassen –, entsteht durch Unterscheidung und Verbindung der Pole Krebs und Steinbock – jedoch nicht durch deren Vermischung. Sie erfordert den fortwährenden alchimistischen Prozeß des kardinalen Kreuzes, dem die Energie der Waage auf ihre Weise ebenfalls zuarbeitet.

c. Die Sache mit dem Maß

Das Zeichen Waage bildet sowohl zum Steinbock als auch zum Krebs archetypisch einen Quadrataspekt. Im Grunde ist die Waage hier in ihrem Element, denn wo es keine Spannung gibt, gibt es auch nichts zu harmonisieren. Im inneren Klima empfinden wir den Steinbock in Beziehung zur Waage jedoch deutlich anders als in seiner Beziehung zum Krebs. Letztere ist trotz aller Gegensätze von Einheit und gegenseitiger Bedingung geprägt. Waage und Steinbock jedoch empfinden sich gegenseitig oft nur als ein ärgerliches Hindernis.

Der eigentliche Grund für die Spannung liegt zum Teil darin, daß es sich beim Zeichen Waage – im Gegensatz zum Krebs – um ein Yang-Zeichen handelt. Die Wirkweise des Steinbocks in bezug zur Waage ist also immer eine begrenzende. Die Steinbock-Energie setzt nicht dort an, wo wir durch ein «Zuwenig» aus dem Lot geraten sind, sondern durch ein «Zuviel». Sie verhält sich in unserem Leben ähnlich wie ein Arzt, der dem kranken Menschen erst einmal nahelegt, zu fasten, mit dem Rauchen aufzuhören oder weniger zu arbeiten, kurzum: Dinge zu unterlassen. Solche Vorschläge sind in der Regel sehr unpopulär, selbst wenn nach ihrer Verwirklichung ein neues Gleichgewicht winkt.

Unser innerer Saturn kann das Thema «Gleichgewicht» nicht ignorieren, da er sonst einen Teil seiner Existenzberechtigung verliert, schließlich erstarrt und dadurch letztendlich arbeitslos wird. Ebenso kann das Waagezeichen den Faktor «Begrenzung» nicht ignorieren, da sonst die Schwankungen ein immer extremeres Ausmaß annehmen und wir wie in einer Zentrifuge der Fliehkraft ausgeliefert sind, die letztendlich die Pole trennt und Begegnung unmöglich macht. Wenn wir dem archetypischen Konflikt zwischen Waage und Steinbock etwas auf die Spur kommen wollen, hilft es, deren Gemeinsamkeiten zu benennen.

Zunächst sind beide kardinale Zeichen, d.h., ihnen ist die gleiche, grundsätzliche Haltung zu eigen, wenn sich auch ihr

Thema unterscheidet. Während Waage zum anderen strebt, strebt Steinbock zum Bewußtsein. Jedoch wirklich einig sind sie sich in der Lokalisation in der zweiten Tierkreis-Hälfte. Das bedeutet, daß beide Zeichen in der Lage sind, über persönliche und vom Ego bestimmte Motive hinauszugehen. Es liegt im Interesse beider Qualitäten, zu messen. Waage sucht das Du, um sich selbst zu relativieren, um über die Begegnung mit anderen Impulse für die persönliche kleine Welt zu erlangen, damit diese in Bewegung bleibt und wachsen kann. Der oder die andere, die Welt außerhalb unserer selbst ist für die Seele ein Mittel, um sich selbst bemessen zu können – und ihr Instrument dafür heißt Waage. Steinbock hingegen sucht – als kardinales Folgezeichen der Waage – nach dem *rechten* Maß.

Hier sind natürlich jede Menge Fallen aufgestellt, und es ist einleuchtend, daß der Umgang mit dem rechten Maß wesentlich von unserer Saturnqualität abhängt. Wir können jedoch bereits an der Qualität unseres Saturn arbeiten, wenn wir die Beziehung Waage-Steinbock von einer Konfliktbeziehung zumindest in gegenseitige Akzeptanz umwandeln. Dazu ist im Grunde nicht mehr nötig als eine Entscheidung. Wenn unsere nach Bequemlichkeit und Leichtigkeit strebende Seite (Waage) das Anliegen Saturns als berechtigt akzeptiert, kann sich Venus auch sinnlich entfalten (durch die Beziehung zum Erdelement) und der Schönheit eine sichtbare Form gegeben werden. Wenn unser innerer Saturn das Anliegen der Waage-Energie als berechtigt akzeptiert, gerät er vor allem nicht in Gefahr, zu erstarren, denn die «Störungen» aus der Waage-Ecke sorgen für stete Bewegung und Begegnung mit dem Fremden.

Steinbocks Suche nach dem rechten Maß kommt der permanenten Anwendung des goldenen Schnitts gleich. Würde diese Anwendung wirklich ungehindert vollzogen werden können, lebten wir in einer Welt der ästhetisch-künstlerischen Form, der abstrakten Perfektion, der mathematischen Glätte und – trotz aller Schönheit – der Kälte. Das wäre ein perfektes, in sich abgeschlossenes System, das Reich der Schneekönigin, in dem eisige Schönheit, aber keine Liebe zu finden ist. Ein solcher «Vertrag» zwischen Waage und Steinbock offenbarte dann lediglich die Unfähigkeit, die Spannung zwischen diesen Energien auszuhalten. Die Beziehung der Waage zum Krebs und die doppelte Herrschaft der Venus (in Waage und Stier) beinhalten jedoch den Auftrag, das rechte Maß am einfachen und natürlichen Leben und an der Wechselhaftigkeit der Bedürfnisse auszurichten.

Somit lehrt Waage den Steinbock, daß es zwar ein rechtes Maß geben kann, daß es jedoch niemals von Dauer ist, sondern immer dem veränderlichen und ursprünglichen Leben gerecht werden muß. So wie all die schönen Schneekristalle schmelzen, wenn der kleine Held des Märchens zu weinen beginnt (wenn die Wasser der Seele wieder fließen/Krebs), müssen letztendlich auch all die schönen Zivilisationen und Strukturen vergehen, wenn die Seele, wenn ganze Völker oder wenn die Natur (alles Krebs) ihre Kraft ausdrücken. Deshalb sind all unsere Gesetze nur *Versuche* der Gerechtigkeit und ihre *fixierte* Existenz auch eine Basis für die Ungerechtigkeit.

Es wäre jedoch dem Leben nicht dienlich, würde der Friede das Maß aller Dinge sein. Mit einer solchen Behauptung macht man sich über das Menschsein Illusionen und ignoriert die lange und kriegerische Geschichte des menschlichen Zusammenlebens so wie die Aggression und die menschliche Bequemlichkeit als gegebenen Faktor. Ähnlich wie das Waage-Zeichen die Spannung 4/10 mit etwas Abstand betrachten und somit harmonisieren kann, so kann das Steinbock-Zeichen die Spannung 1/7 mit etwas Abstand betrachten und Aggression *und* Liebe als Realität erkennen. Saturn erkennt in ihnen den wesentlichen Kern, nämlich die Notwendigkeit des Wechselspiels von Vereinzelung und Beziehung.

Aus dieser Haltung erklärt sich die oft geschmähte saturnische Härte: Durch seine direkte Beziehung zum Urgrund (Achse 4/10) beschränkt er als Teil des Lebensmotors die Wirkung der Waage. Diese Reduktion gibt automatisch ihrem

Gegenpol Widder Raum, so daß die Taten eines einzelnen greifen können. Geschieht dies innerhalb eines Klimas des gegenseitigen Respekts (s.o.), baut Saturn hierbei auf den Bewertungen der Waage auf, die ihm wie keine andere Energie mitteilen kann, wo was zuviel ist. Zwar ist Saturn auf dem Ohr taub, wo etwas zuwenig ist, doch hat die Waage hierfür die freundliche und stets selbstverständlich fließende Sextil-Beziehung zum Schützen (Mehrung) als Adresse.

Im Umgang mit der Polarität hat Saturn in Waage seine stärkste Verbündete, denn sie sitzt an jener Schwelle, an welcher der Mensch die Sicherheit seiner Ich-Welt tatsächlich verläßt. Während Waage in der *Dualität* lebt, dient diese Saturn als Mittel, um die Seele zur Erkenntnis der Polarität und über sie hinauszuführen. Unser Lebensweg sieht vor, jene Dimension zu erreichen, in der die Gegensätze transzendiert werden. Hierbei fällt Saturn die undankbare Aufgabe zu, unsere Beziehungen zur Außenwelt, unseren Drang nach Harmonie, unsere Vorstellungen von Schönheit oder die «Leichtigkeit des Seins» zu mäßigen, sobald sie drohen, uns in die Einseitigkeit zu entführen. Dabei ist ihm die Fähigkeit der Waage, zu gewichten, eine unverzichtbare Voraussetzung. Saturn entscheidet jedoch, wann etwas genug Gewicht hat, und initiiert die Umkehrbewegung. Nach diesen Betrachtungen ist es einleuchtend, daß die Beziehung zwischen Steinbock und Waage gespannt sein *muß*, sonst gäbe es womöglich in trauter Eintracht eine ewige Dauer des Gleichgewichts, was nichts anderes bedeutet als ein statisches Patt – das Ende der Bewegung und des Lebens.

d. Pflicht und Ich

Der noch ausstehende Bezugspunkt bei der Betrachtung des Steinbocks als Teil des kardinalen Kreuzes ist das Widderzeichen. Generell als Punkt des Anfangs gesehen, steht es hier bewußt am Ende dieses Kapitels, um zu verdeutlichen, daß die Energie des Steinbocks stets im Widder münden muß und ihrer bedarf. Regeln aufstellen, Begrenzungen anmahnen, Verantwortung verlangen und all diese saturnischen Dinge bestehen nicht als Selbstzweck, sondern lassen sich innerhalb des Themas dieses Kapitels am ehesten mit dem Steinbock-Wort «Pflicht» begründen.

Das Wort Pflicht beinhaltet die Forderung nach aktivem Verhalten. Es klingt widersinnig, wenn wir sagen würden, daß jemand die Pflicht hat, etwas zu erdulden oder zu erleiden. Natürlich gibt es Rollenmuster, die so gestrickt sind, aber erstens hält sie niemand auf Dauer aus, ohne krank zu werden, und zweitens *läßt sich Aktivität nicht unterdrücken*. Selbst wenn wir einer rigiden und lebensfeindlichen Saturn-Energie (ob innen oder außen) gehorchen, die uns jegliche Taten und eigenständige Entscheidungen verbietet, hört die Aktivität nicht auf. Sie verlagert sich lediglich in den Bereich des Heimlichen oder nach innen in den geistig-seelischen Bereich. Und mit Sicherheit haben diese heimlichen bzw. inneren Aktivitäten Ansprüche des Ichs zum Inhalt – und das mit Recht.

In der psychologischen und häufiger noch esoterischen Literatur hat das Ich oft keinen guten Ruf – als sei es eine Krankheit, derer wir uns so bald wie möglich entledigen müßten. Auch hier finden wir im Grunde nur die Weigerung wieder, sich dem archetypischen Quadrat zu stellen. Aufforderungen, dem Ich ein Ende zu bereiten, wollen eigentlich nichts anderes erreichen, als der Spannung zwischen Steinbock und Widder endgültig zu entkommen. Paradoxer- und verständlicherweise entwickeln Menschen, die auf diesem Pfade wandeln, oft einen ausgeprägten und völlig überzogenen Egoismus, den sie jedoch nicht erkennen, da er mit Erlaubnis einer scheinbar sozialen oder spirituellen Ideologie praktiziert wird. «Du mußt dein Ich töten!» sagt ihnen ihr Meister, und alle versuchen es kräftig, ohne es zu schaffen.

Sein Ich zu töten bedeutet, seinen Lebenswillen zu töten (und schon sind wir wieder im Kristallpalast der Schneekönigin). Sein Ich zu töten bedeutet, eine Kardinalfunktion aus der Spannung des Lebens reißen zu wollen. Wenn wir uns ein

Bein ausreißen, können wir nicht mehr laufen. Wenn wir nichts mehr essen (was ja ein höchst egoistischer und aggressiver Akt ist, vom Töten der zukünftigen Nahrung über das Zerfetzen und Zermahlen mit den Zähnen bis zum achtlosen Hinter-sich-lassen dessen, was wir nicht mehr brauchen...), können wir nicht mehr leben. Es mag vielleicht sein, daß manche echte Gurus selbst darüber hinaus sind, jedoch wird meist übersehen, daß das Bestreben nach Erleuchtung und Vergeistigung stets von der Kraft des Ichs motiviert und angetrieben wurde. Den harten und steinigen Weg der spirituellen Disziplin kann erfolgreich nur ein Mensch mit einem ausgeprägten Willen gehen.

Die saturnische Qualität der Verpflichtung *funktioniert nicht* ohne den Tatimpuls des einzelnen Ichs. Ohne die Energie des Widders ist die ganze saturnische Mühe existentiell in Frage gestellt. Wenn eine Person verpflichtet ist, ist es ihre Aufgabe, innerhalb eines gemeinschaftlichen Kontextes etwas ganz Bestimmtes zu tun. Pflicht obliegt immer einem einzelnen oder mehreren, jedoch *benennbaren* Personen. Pflicht impliziert immer eine Tat, denn der Aufruf zur Verpflichtung richtet sich schlußendlich immer an das *Verhalten*. Es gibt nichts Gutes, außer man tut es. Wenn wir unsere Pflicht vernachlässigen heißt das, daß wir passiv sind, wo wir aktiv sein sollen. Ähnlich wie bei den Ausführungen über Verantwortung (s. Kap. II.2.e) ruhen wir bei Pflichtverletzungen nicht eher, bis der oder die betreffende/n Person/en ausgemacht wurden.

Saturns Beziehung zum Widder ist jener Aspekt des umlaufenden Quadrates, der uns in unserer heutigen Gesellschaftsstruktur am meisten zu schaffen macht. Hier steht das einzelne Ich mit seinem Drang nach *Aktion aufgrund eigener Motive* der scheinbaren Übermacht gesellschaftlicher Regelungen und Ansprüche gegenüber. Zum Teil schwingt bei der Spannung Ich – Gesellschaft noch die unbewußte Scham über den Fluch der christlichen Erbsünde mit (da haben wir ja schon mal gesehen, was eigenwilliges Handeln nach sich ziehen kann – und wer will schon den Zorn Gottes auf sich ziehen?), zum anderen versuchen viele, unser kriegerisches Jahrhundert durch kompensatorische persönliche Friedfertigkeit zu verbessern. Sie leben dann in dem Glauben, daß es den Opfern der weltweiten Aggressionen helfen würde, wenn sie sich von ihrem Nachbarn, Chef, ihrer Ehefrau oder dem Finanzbeamten alles gefallen lassen.

Doch auf diese Weise wähnt man sich in dem Glauben, «ein bißchen Frieden» in die Welt zu bringen, und vergißt dabei, daß auch die Waage (welcher der Friede astrologisch zugeordnet ist) ein aktives Yang-Zeichen ist. Das Ergebnis solch kompensatorischer sogenannter Friedlichkeit ist nicht selten eine meisterliche Fähigkeit zur passiven Aggression, bei welcher der verpönte Widder durch die Hintertür der Feigheit wieder hereinkommt.

Ebenso wie das Steinbock-Zeichen von der Gewichtungsfähigkeit der Waage existentiell abhängt, hängt es auch existentiell davon ab, daß der oder die einzelne den Mut hat, sich aufzulehnen und zu kämpfen. Auf diese Weise gewinnt das Ende, das Steinbock setzt, in dem durch den Widder vollzogenen Anfang erst einen Sinn im Ganzen. Daß jeder Beginn, jede mutige, erste Tat immer auf Motiven des Ichs fußt, ist so selbstverständlich wie daß ein Fisch schwimmen kann. Wenn wir persönlich nichts davon haben (was auch immer uns als wertvoll erscheint), haben wir keine Kraft, etwas zu tun – und können somit auch nichts beginnen. Damit kann nichts entstehen, das möglicherweise auch einmal der Gesellschaft zugute kommen könnte. Ohne den Pioniergeist des einzelnen ist Saturn nichts, und deshalb besteht in uns allen das unbequeme Gefühl der Pflicht zur Tat als eine Kardinalspannung des Lebens.

Wir dürfen nicht vergessen, daß die saturnische Energie wie jede andere im Dienste unseres Lebens steht und daher aus sich selbst heraus dem Stillstand entgegenwirkt. In ihrer Beziehung zum Widder tut sie das auf paradoxe Weise: Durch Widerstand wird der Kampfgeist gestärkt, durch Beendigung werden Anfänge ermöglicht. Wenn wir der Tierkreisdynamik vom Steinbock zum Widder folgen, durchlaufen wir die Zeichen Wassermann und Fische und können daher keine Logik erwarten. Hier wird klar, daß die Dynamik unserer Seele und lebendiger Prozesse schlechthin sich jeglicher Logik entzieht und daß unsere *Impulse* zur Tat nicht logisch oder vernünftig zu begründen sind, im Gegenteil: Das aktuell noch populäre Dogma der Logik und rationalen Erklärbarkeit von Motiven bremst und blockiert jegliche persönliche Initiative.

Der französische Philosoph Pascal Bruckner beschreibt diese Paradoxie des IV. Quadranten unter der Überschrift «Verantwortungsbewußtsein» (!) folgendermaßen: «Der Mensch des Abendlandes braucht nicht geschützt zu werden, [...] er braucht Mut, der ihn trägt, Herausforderungen, die ihn wecken, Rivalen, die ihn beunruhigen, stimulierende Feindseligkeiten, nützliche Hindernisse. Er muß ein Wesen der Zwietracht bleiben, in sich widersprüchliche Ideale beherbergen, ein Wesen, dessen Konflikte sein Reichtum und nicht sein Fluch sind. Er muß in sich einen kleinen Bürgerkrieg austragen.»[7] Besser läßt sich die Beziehung Steinbock-Widder kaum beschreiben.

Das Problem für den heutigen Menschen besteht oft darin, die von Bruckner formulierte Forderung, die letztendlich *eine Gegebenheit des Lebens* und nicht irgendwelcher Gesellschaftssysteme ist, zu bejahen. In der Astrologie können wir sehen, daß die Themen «Ich» und «Gesellschaft» auf spannungsreiche Weise miteinander gekoppelt sind. Im Grunde sagt diese Koppelung nichts anderes als das, was viele Klienten in astrologischen Beratungen suchen: «Du hast eine Aufgabe. Du hast eine Pflicht, etwas Bestimmtes zu tun. Du bist vom Leben auf dich selbst verpflichtet. Du bist ein neuer Anfang des Lebens.»

Daß darin Auflehnung und Kampf gegen lebensfeindliche Starre und für neue Strukturen enthalten sind, ist zwar selbstredend, gefällt dem «homo consumicus» jedoch weniger. «In Europa muß nur die Gefahr von Armut oder Mangel am Horizont auftauchen, schon finden wir wieder wildes Vergnügen an unserer geschwätzigen Mattscheibe und an den Straßen mit Luxusgeschäften. […] *Deshalb lehnt man sich weniger gegen die Gesellschaft als gegen das Unglück auf, nicht genügend von ihr zu profitieren*, und dagegen, daß ihre Wohltaten noch zu wenig Leuten zugänglich sind.»[8]

Auf diese Weise wird die Beziehung Steinbock-Widder nicht auf der Basis unseres tatsächlichen Seins gelebt, denn es wird nicht in Frage gestellt, ob wir das, was die Gesellschaft uns zur Befriedigung unserer Bedürfnisse anbietet, persönlich überhaupt wirklich brauchen. Eine Gesellschaft, die Saturn als die kollektive Pflicht zum Konsum lebt, begrüßt zweifellos eine solche Haltung. Unsere innere Saturn-Energie jedoch, welche unsere Authentizität überwacht, findet dann beispielsweise für unseren wahren Kampfgeist und Mut womöglich nur noch unser Immunsystem als Forum und «segnet» uns mit Allergien. Auch so können wir uns verpflichten, im eigenen Interesse zur Tat zu schreiten.

e. Im Rahmen sein. Sein Kreuz tragen?

Konzentration – Öffentlichkeit – rechtes Maß – Pflicht… Wenn wir die saturnischen Themen des kardinalen Kreuzes zusammenfassen, kann mitunter das Gefühl entstehen, daß das Leben eine Last ist und daß wir alle unser Kreuz zu tragen haben. Ohne unser Kreuz, unser Rückgrat, ginge es uns jedoch erst tatsächlich wirklich schlecht. Unser Verhältnis zum Kreuz hängt auch von unserer Vorstellung des Paradieses ab und betrifft, astrologisch gesehen, vor allem unsere neptunische Seite.

Der kollektive Seufzer über die Schwere des eigenen Kreuzes kommt uns deshalb oft so leicht über die Lippen, weil wir uns damit in der mehr als zweitausendjährigen Tradition des vergehenden Fischezeitalters und der Leidenstradition des Christentums befinden. Insgeheim fühlen wir uns bei solch einem Stoßseufzer doch ein bißchen wie Jesus, durch das Leid geadelt und durch die Schwere unseres Schicksals dem

Heiligen ein bißchen näher. Daß wir uns an diesem Vorbild übernehmen und uns dann das Kreuz ganz menschlich weh tut, ist kein Wunder.[9]

Allein das Bild des umlaufenden Quadrates im Tierkreis mit dem Steinbock am Gipfelpunkt gibt uns einen Hinweis auf den dynamischen Umgang mit dem Erdenleben: Wir wachsen durch die Form. Wir kommen weiter, wenn wir im Rahmen sind. Spüren wir bei diesen Aussagen einen inneren Widerstand, zeugt das davon, daß wir einem statischen Weltbild anhängen und uns möglicherweise gar nicht vorstellen können, daß auch ein Rahmen sich verändert und entwickelt. Die innere Dynamik des kardinalen Kreuzes läßt sich in etwa folgendermaßen beschreiben: *Wenn uns das Richtige keine Wahl mehr läßt, wagen wir den nächsten Schritt.*[10]

Wenn wir keine Wahl mehr haben (Steinbock/Waage), tun wir das Notwendige (Steinbock/Widder). Natürlich fühlen wir uns dabei gefordert (Steinbock/Krebs), doch es liegt an uns, ob wir den Rahmen (die Forderung) konstruktiv und kreativ zu unserer eigenen Entwicklung und Bewußtwerdung nutzen oder ihn destruktiv und deprimierend (als Enge) wirken *lassen*. Entscheidung und Tun bringen uns immer auf die kreative und vor allem aktive Seite. Auf dieser Seite sind wir nicht mehr ausgeliefert, sondern meistern Saturns Prüfungen. Und genau dieses Verhalten ist in der Folge Steinbock – Widder angelegt, genau das will Saturn von uns: Die passive und kindliche Leidenshaltung abzulegen und zur rechten Zeit mutig einen neuen ersten Schritt über die jeweils alten Rahmen hinaus zu wagen. Auch das ist – wie alle Angelegenheiten des kardinalen Kreuzes – oft unbequem. Es ist jedoch zugleich die einzige Quelle von Kraft und Selbstvertrauen.

Saturns Bemühungen um Ordnung und Struktur liegt das Wissen zugrunde, daß alles Leben dynamisch ist und daß jede Struktur nur gesund ist, wenn sie flexibel ist. Jeder Mensch hat seinen eigenen Rhythmus, sein eigenes Tempo, in dem er die Entscheidungen seines Lebens fällt und vollzieht. Jeder Mensch kommt in seinem eigenen Tempo an jenen Punkten an, an denen das Richtige ihm keine Wahl mehr läßt, um dann zu handeln. Jedoch die Wenigsten in unserer hektischen Gesellschaft achten auf diese Momente. Der belastende Rahmen, das *belastende* Kreuz ist eben jener veräußerte, formalisierende und vom Ganzen getrennte Saturn.

Dieser setzt beispielsweise unflexible (weil teure) Maschinenausnutzungszeiten als Norm, denen sich der lebendige Mensch anpassen muß, auch wenn es ihn seine Gesundheit kostet. Einem solchen – verzerrt gespiegelten – Saturn ist hier dann die Gesundheit des Kontos wichtiger als die des Lebens. Es kann im Grunde nicht oft genug wiederholt werden, daß es die Absicht des authentischen und inneren *Saturns* ist, diese Veräußerungen seiner Kraft, das Leben zu meistern, zu entmachten. Solange äußere Regeln über Gebühr über unser Lebenstempo (als Geschwindigkeit *und* Zeit!) bestimmen, können wir nicht richtig entscheiden. Dann wird uns das Leben zur Last, dann *bleibt* uns der Rahmen zu eng.

Saturn befähigt uns, den Rahmen unseres Lebens zu erkennen und ihn auszufüllen. Auch hier ist seine Vorgehensweise paradox. Das saturnische Sensorium unserer Psyche erkennt, daß die Grenzen, die wir selbst oder andere uns stecken, zu eng und der Entfaltung unserer Fähigkeiten nicht dienlich sind. Wir haben dann oft das Gefühl, daß uns trotz eines hektischen, vollen und möglicherweise überfordernden Lebens eine wirkliche, kraftspendende Herausforderung fehlt. Unser eigentlicher, tatsächlicher Rahmen, den unsere Lebenskraft ausfüllen will, ist viel weiter gesteckt als jener, den uns die Gesellschaft bzw. ein veräußerter Saturn vorgibt.

Der Rahmen, der uns von außen vorgegeben wird, basiert immer auf den Gewichtungen der Machthabenden. Es gibt niemanden, der in diesen Rahmen paßt, aber viele, die sich hineinzwängen lassen. Sie verstümmeln sich wie die Stiefschwestern Aschenputtels die Füße, um in einen Schuh zu passen, der ihnen Reichtum und Macht verheißt. Das heute wirksame gesellschaftliche Ideal des Menschen ist letztendlich ein industrielles Ideal – und eine beengende, belastende Fiktion, die hauptsächlich aus wirtschaftlichen und politischen Gründen erzeugt und aufrechterhalten wird. Sie hat mit den Begabungen eines einzelnen Menschen nichts zu tun. Ebenso hat die verheißene Macht und der verheißene Reichtum mit der tatsächlichen Macht und dem tatsächlichen Reichtum eines jeden Individuums nichts zu tun. Unsere innere Saturnkraft kennt jedoch genau unsere Begabungen, unsere Macht und unseren Reichtum. Sie kennt unser Bedürfnis nach bestimmten Formen der Herausforderung, um an diesen Herausforderungen jene Fähigkeiten entwickeln zu können, die uns fehlen und nach denen wir uns sehnen.

Vieles, was wir bestehen *könnten*, können wir nicht bestehen, weil *wir* uns aufgrund der Bedingungen unseres Lebens die zur Erkenntnis unserer Fähigkeiten benötigten Prüfungen vorenthalten. In einer überfürsorglichen Gesellschaft kann beispielsweise niemand merken, daß er oder sie sehr wohl in der Lage ist, sich erfolgreich selbst zu organisieren. Der sogenannte Wohlstand der entwickelten Länder produziert einen Rahmen, der für die tatsächlichen Fähigkeiten des einzelnen immer irgendwo zu eng ist. Im Sinne unserer persönlichen Entwicklung geht es uns, wenn es uns schlecht geht, häufig auch zu gut. Wir wagen Wendungen in unserem Leben nicht zu vollziehen, weil wir den Verlust von etwas, was der kollektiven Meinung nach wichtig ist, fürchten. Die Meinung der anderen über uns – die Integration in die gesellschaftliche Norm – ist uns dann meist wichtiger als die Befolgung unserer inneren Stimme.

In solchen Fällen erfahren wir Saturn als Begrenzer. Sein Wirken begrenzt jedoch letztendlich den zu engen, fremden Rahmen, dem wir Folge leisten. Er hält sozusagen den Rahmen im Rahmen, damit wir lernen, ihn eigenverantwortlich zu verlassen und in unsere wahrhaftige Form hineinwachsen zu können. Das Bild des Schleifsteins, welcher dem Rohdiamanten erst zu seinem Licht verhilft, illustriert dieses sicherlich oft unangenehme und schwierige Spektrum Saturns auf eine andere Weise. Die scheinbar schmerzhafte Begrenzung bringt uns letztendlich aber das, was wir erstreben: eine andere, lichtere Form der Existenz.

Nun mag die Frage auftauchen, weshalb man sich denn so sicher sein kann, daß die wahre Form weiter ist als der äußere, fremde Rahmen. Die Antwort ist prosaisch: Um sicher zu sein, muß das Gefühl der Enge genügen. Wir können uns nicht beengt fühlen, wenn nicht etwas zu Großes in etwas zu Kleinem festgehalten wird. So hat beispielsweise jede/r von uns eine oder mehrere «heimliche Lieben», die sich als Talente oder Interessen zeigen, welche wir gern entwickelt hätten, wenn «die Bedingungen nicht so ungünstig gewesen wären». Oder es sind Lebensweisen, die wir aus demselben Grund nicht gewählt haben; kurzum Dinge, an denen wir uns haben hindern *lassen*.

Saturn zu entwickeln bedeutet auch, zu erkennen, daß die Bedingungen vor allem deshalb so «ungünstig» waren, weil wir jenen *geglaubt* haben, die ein abwertendes Urteil über unsere Neigungen oder Eigenschaften gefällt haben. Je mehr dieses verinnerlichte Urteil schmerzt, um so sicherer können wir sein, daß wir auf dem betreffenden Gebiet über ungewöhnliche Talente verfügen. Um so sicherer ist, daß der fremde Rahmen zu eng ist und in uns etwas (nämlich unsere tatsächliche Lebensform) sehnlichst auf Erfüllung wartet. Mit der üblichen Vorstellung von Sicherheit hat das jedoch nur wenig zu tun.

Sicher im konventionellen Sinne sind wir, indem wir den fremden Rahmen annehmen und uns von ihm begrenzen lassen. Dadurch werden wir *relativ* sicher innerhalb der Gesellschaft, weil wir nicht aus der Reihe tanzen und glauben können, einst dafür belohnt zu werden. Diese Sicherheit ist jedoch illusorisch, weil sie nicht gewachsen, sondern konstruiert ist und von einem äußeren Wertsystem abhängt, das sich jederzeit ändern kann. Die Stiefschwestern Aschenputtels haben den Prinzen nicht gekriegt, trotz der blutenden Füße. Tatsächliche innere Sicherheit über unsere individuelle Beschaffenheit erlangen wir erst durch die eigenverantwortliche Erfahrung des Lebens. Hier geht es um Lebenssicherheit, um die Verwurzelung in sich selbst – jenseits von Belohnung und/oder Bestrafung durch die Außenwelt.

Um jedoch den ersten Schritt in diese Richtung zu wagen, brauchen wir vor allem ein starkes Rückgrat. Ein aufrichtiges Kreuz, das sich nicht mehr duckt vor Urteilen und Bewertungen, sondern prüft, ob manche Sünden nicht tatsächlich gesegnet sind. Das ist nicht einfach, denn es setzt uns zunehmend der moralisch riskanten Freiheit aus. Dazu benötigen wir vor allem die in diesem Kapitel beschriebenen Fähigkeiten Saturns, denn wir brauchen inneren Halt. Mit zunehmender Erfahrung erkennen wir die Paßgenauigkeit, Flexibilität und Weite unserer tatsächlichen Form und spüren die Tragfähigkeit unseres eigenen Kreuzes. Es liegt an uns. Wir müssen nur aufhören wollen, zu leiden.

4. Im Visier: Steinbock, Zwillinge und Löwe

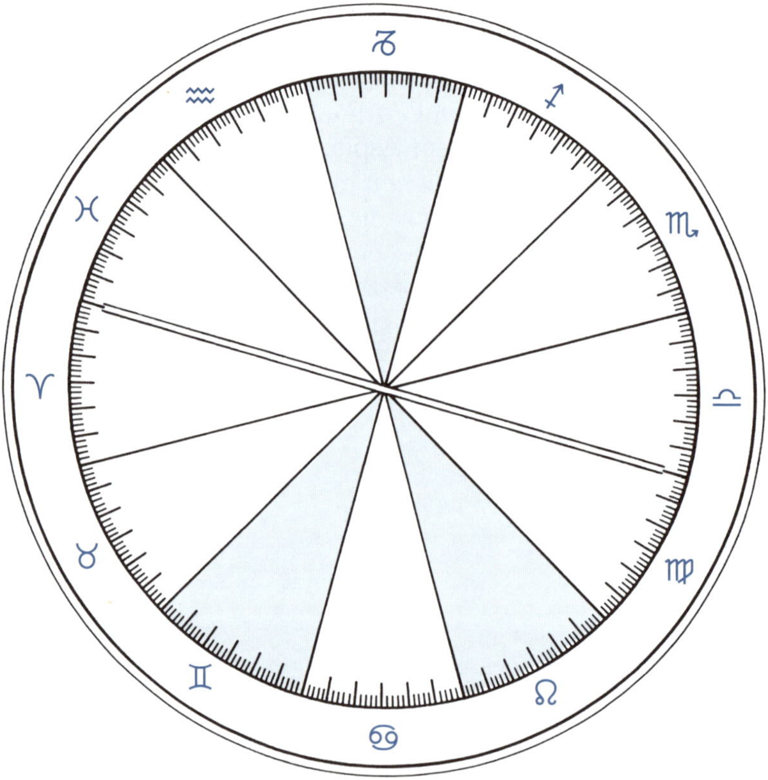

Das Verhältnis von Steinbock, Zwillinge und Löwe untereinander ist einer unauffälligen Reizbeziehung ähnlich. Die Verbindung dieser drei Qualitäten hat nicht die Intensität des kardinalen Kreuzes und auch nicht die Unausweichlichkeit einer Oppositionsachse. Saturns Heimat ist in der jetzigen Figuration eher passiv angesprochen – quasi als Zielscheibe der beiden Yang-Zeichen Zwillinge und Löwe. Doch nach soviel vorangehender saturnischer Präsenz und Notwendigkeit ist es wichtig, die 10. Energie auch als eine empfangende Qualität zweier «verbündeter» Tierkreisenergien wahrzunehmen.

Zwillinge und Löwe bilden im archetypischen Tierkreis ein Sextil zueinander, zudem bilden beide zum Steinbock einen 150° Aspekt, ein Quinkunx. Eine solche Aspektverbindung dreier Zeichen wird auch «Yod» oder «der Finger Gottes» genannt, und im Bild dieser Aspektkonstellation wird schnell deutlich, wer hier auf wen zeigt. Das Zeichen Steinbock ist nicht nur graphisch, sondern auch energetisch im Visier jener Kräfte des Tierkreises, die wir am ehesten mit den Qualitäten Beweglichkeit und Schöpfertum assoziieren.

So wie der Steinbock den Krebs als innere Nahrung, als inneren Auftraggeber der zu gestaltenden Form benötigt, so bedarf er auch der Anregungen zur Veränderung durch die nach außen gerichtete Neugier der Zwillinge, und er bedarf der Mitsprache des Lustfaktors durch den aus Freude handelnden Löwen. Schon in dieser Interpretation der Yod-Verbindung wird deutlich, daß Formalität, gesellschaftliche Etablierung, Autorität, Hierarchie und dergleichen saturnische Dinge auch Angelegenheiten der persönlichen Darstellung und des nach Ausdruck strebenden Ichs sind. Ohne diese Triebkräfte würde Saturn bald von den Bedürfnissen des Ichs abgekoppelt und als eine fremde Last empfunden.

Was macht nun den Charakter des Yod aus? Quinkunx-Aspekte wirken unterschwellig und unauffällig, wohingegen Quadrate, Oppositionen und Konjunktionen in ihrer psychischen Wirkweise meist viel «lärmender» und drängender sind und daher häufig die Aufmerksamkeit vom stillen Wirken des Visier-Aspektes abziehen. Der 150°-Aspekt gehört zu den Spannungsaspekten, wird jedoch eher wie eine stete leichte Unzufriedenheit empfunden. Diese Unzufriedenheit erreicht nicht eine solche Intensität, daß ihr dramatische Gesten, explosive Ausbrüche oder radikale Veränderungen folgen. Ebenso ist das Sextil eine stillschweigende, selbstverständliche und undramatische Übereinkunft, mit der auch keine Freudenausbrüche, Lachanfälle oder Liebeserklärungen einhergehen. Genau diese unauffällige Selbstverständlichkeit macht das Yod trotz seiner Unbehaglichkeit so wirksam und erfordert zur Bewußtwerdung dieser Energieverbindung meist einige Mühe.

a. Schicksal

Unauffällige Freundschaften, wie hier die zwischen Zwillinge und Löwe, sind angenehm und werden daher selten hinterfragt. Bleiben sie unbewußt, kann es allenfalls dazu führen, daß das Potential von Sextilverbindungen nicht erkannt und eine vorhandene Kraft nicht aktiv genutzt wird. Das Zeichen Steinbock steht nun in diesem Dreiecksverhältnis im Zielpunkt dieser beiden «Freunde». Beiden geht die zehnte Energie ein wenig «auf die Nerven», sie ist quasi ihr gemeinsames Feindbild, ohne daß jedoch die Notwendigkeit zum Kampf besteht. Und auch Saturn hat seine Mühe mit dem seiner Ansicht nach so oberflächlichen Zwillings- und so eitlen Löweprinzip. Somit ist eines klar: Bequem ist das Yod für keine der beteiligten Energien. Ihre gemeinsame Existenz im Kreis des Ganzen führt innerpsychisch zu einer hohen Sensibilität für das Unbehagen, welches durch die Einschränkung der Bewegungs- und Handlungsfreiheit und aus dem Verlust des inneren Rückhalts entsteht.

Da die Spannung eines Yod jedoch nicht als so stark empfunden wird, daß sie zu einer innerpsychischen Unterbrechung des Kontaktes führen kann (was bei Quadraten, Konjunktionen und Oppositionen z.B. mittels Projektion leichter geschehen kann), zugleich aber auch nicht so unauffällig ist, daß sie einfach ignoriert werden könnte, stellt das Yod vielleicht am ehesten die Qualität der schicksalhaften Verbindung im Tierkreis dar. Jedes Tierkreiszeichen ist zweimal als «Bündnispartner» und einmal als «Zielscheibe» in ein Yod eingebunden. Und jene Energie, welche als Zielscheibe fungiert, empfindet die beiden anderen beteiligten Energien am ehesten als Schicksal, als karmische Aufgabe oder einfach als jene Kräfte, mit denen man nie ganz fertig wird und die einem irgendwie immer wieder mit der Aufforderung zur Auseinandersetzung begegnen. Ein stark Krebs-betonter Mensch wird beispielsweise die Begegnung mit Wassermann- und Schütze-geprägten Menschen in dieser Art empfinden, oder eine ausgesprochene Waage die Begegnung mit Fischen und Stieren.

Letztendlich ist es aber immer unser eigenes, archetypisches inneres «Dreiecksverhältnis», welches auf diese Weise aktiviert wird. Zudem läßt sich, wie oben beschrieben, das Yod nur relativ schwer projizieren, hierzu fehlt ihm – wenn es als Aspektfigur im persönlichen Horoskop nicht mit stärkeren Spannungsaspekten einhergeht – in der Regel der Druck. Das Yod produziert «ja, aber –» oder «vielleicht –» Aussagen, Zustände, die nie endgültig sind oder einen Abschluß finden. In diesem Zusammenhang ist das Yod, in das der Steinbock eingebunden ist, ausgesprochen aufschlußreich und ein markantes Symbol für die Weisheit der Astrologie.

Daß er in dieses Yod eingebunden ist, sollte uns die Angst vor den dem Steinbock zugeschriebenen Qualitäten «Ende» oder «Stillstand» nehmen und diese Angst als einen Irrtum unserer einseitigen Denkweise erkennen lassen. Wir können diesem Yod entnehmen, daß keine noch so rigide Norm in der Lage ist, uns innerseelisch von den Qualitäten des Lernens und des Schöpfertums zu trennen. Wie im mythologischen Teil ausführlich dargestellt wurde, ist die Empfindung «Ende» *ohne* gleichzeitigen Anfang eher der menschlichen Entfremdung von zyklischer Wahrnehmung zuzuschreiben als der Realität. Das Yod läßt erkennen, daß der Energie des Steinbocks immer wieder und unausweichlich die Qualitäten der Zwillinge und des Löwen «zum Schicksal» werden.

Hieraus erklärt sich ein weiteres Mal der Charakter Saturns als *Schwellenenergie*. Schicksal ist das, dem wir nicht ausweichen können, auch durch alle möglichen Tricks nicht. Schicksal ist das, was außerhalb unserer Macht steht und einfach verändert, ob wir das wollen oder nicht. Die Energiequalität des Yod ist in diesem Sinne schicksalhaft, da sie keine seelischen

Gipfel oder Dramen produziert und auf diese Weise stets, still, immer ein wenig unbehaglich und vor allem unauffällig wirkt. Im archetypischen Tierkreis stellt das hier angesprochene Yod zwischen Steinbock, Zwillinge und Löwe das menschliche Schicksal dar, die Dynamik und Notwendigkeit unserer Bestrebungen, Integrität und Reife zu erlangen.

Inhaltlich wirkt diese Kombination auf eine Weise, daß unsere persönlichen Anstrengungen, Dauerhaftes im Sinne von Ewigem, Immergleichem und Unerschütterlichem zu erreichen, nie erfüllt werden *können*. Das heißt nichts anderes, als daß *Kompensationen* der Saturn-Energie, die immer Unveränderlichkeit als Motiv haben, scheitern müssen. Hierzu haben sich die Intelligenz (Zwillinge) und die Schöpferkraft (Löwe) in uns verbündet, aktive Yang-Zeichen, die dem Yin-Zeichen Steinbock ihre steten Impulse zukommen lassen und zugleich mit seinen Verkörperungen nie ganz zufrieden sind, *weil* sie eben Verkörperungen und somit fest, statisch oder gar starr sind bzw. diese Tendenz in sich tragen.

Das Leben geht immer weiter, bleibt immer in Bewegung, ist immer produktiv. Das Yod zwischen Zwillinge, Löwe und Steinbock ist beispielsweise ein tragender Grund dafür, daß Künstler mit Vollendung ihres Werks augenblicklich das schöpferische Interesse daran verlieren und das nächste Projekt zum Zentrum ihrer Handlungen wird. Ebenso gestalten wir im Grunde unser irdisches Leben, das dem «Herrn dieser Welt» Saturn unterstellt ist. Wenn ein Projekt, eine Idee, eine Absicht ausgeformt, konkret und manifest geworden ist, will unsere Seele nicht daran haften bleiben, sondern es verlassen oder verändern. Unser Schicksal auf dem Planeten Erde ist «Weitergehen», was jedoch nur über den Akt der ständigen Verkörperung, sprich der in die Sichtbarkeit getretenen Schöpfung vollzogen werden kann.

Schicksal wird immer dann unangenehm und unbequem, wenn wir den Wirkmechanismus des Yod nicht anerkennen und bejahen. Wenn wir glauben, uns vor der Entwicklung unserer seelischen Saturn-Energie drücken zu können (also lieber anderen die Verantwortung für unseren Lebenslauf überlassen) und auf einer bestimmten Stufe verharren wollen, verlassen uns bald unser Interesse und unsere Freude am Leben. Dieses Verlassen geschieht meist ebenso unauffällig und selbstverständlich, wie das Yod wirkt. Plötzlich stehen wir vor Lebensdiagnosen wie «Langeweile», «Lustlosigkeit» oder «Vergeblichkeit», ohne erklären zu können, wie das geschehen konnte. Das unentwickelte saturnische Bestreben, zum Denkmal zu werden, läßt das höchst kreative Potential des Yod in depressive Zustände umkippen, wenn es nicht gelebt wird.

Angestrengte Starrheit, die so oft unter saturnischen Vorzeichen zu finden ist, ist nicht notwendig, um unserem Leben eine Kontur zu geben, denn aufgrund unserer Erfahrungen erhält unser Leben von selbst im Laufe der Zeit ein eigenes Profil: Indem wir unsere Intelligenz und Beweglichkeit, unsere schöpferischen Fähigkeiten und die Lust am Leben einsetzen – ohne die verschiedenen Unbequemlichkeiten zu scheuen. Erst wenn wir – meist aufgrund eines Ideals – *jetzt* schon bestimmen wollen, welche Kontur herauskommen *soll*, wird Schicksal mühsame Last, da wir unsere formgebende Kraft von den bewegenden und schöpferischen Kräften trennen wollen. Dies jedoch kommt einem Verhalten gleich, bei dem man nicht eher mit etwas beginnt, bevor man sicher ist, für alle Probleme eine Lösung zu haben – also nie. Diese Haltung eines negativen Saturn ist jedoch zu einem großen Teil noch allgemein üblich.

«Nicht an die Möglichkeit einer Lösung zu glauben, das Problem aber dennoch aufgreifen zu wollen, gilt allgemein als blasphemisch, als ketzerisch, auf jeden Fall aber als unmoralisch und schwachsinnig, ja geradezu als absurd», formuliert beispielsweise die französische Schriftstellerin Viviane Forrester bei ihrer Suche nach Ursachen für die Lähmung der Politik gerade dort, wo Handlungen notwendig sind. «Natürlich ist es möglich, daß es keine Lösung gibt; allerdings bedeutet dies meist, daß das Problem nicht richtig gestellt worden ist, daß es nicht da liegt, wo man es vermutet. Wer bereits vor der Untersuchung eines Problems darauf besteht, *daß* es eine Lösung gibt, und sei es auch nur eine theoretische, behandelt das Problem als ein Postulat, entstellt es sozusagen und weicht damit allen möglicherweise nicht zu umgehenden Hindernissen und den entmutigenden Folgen nur aus. Umgangene Hindernisse sind aber noch lange nicht verschwunden, sondern werden nur größer, heimtückischer.»[1]

Eine spannungsreichere Verbindung zwischen den Energien Zwillinge, Löwe und Steinbock würde die Gefahr in sich bergen, daß ihre Trennung über verschiedene psychische Mechanismen (wie Verdrängung, Regression, Projektion, Somatisierung usw.) bis zu einem gewissen Grad tatsächlich gelänge, wir also das «Problem», unser Leben schöpferisch und lernend zu formen, tatsächlich umgehen könnten. Bei dem hohen Druck, den Verbindungen wie beispielsweise das kardinale Kreuz erzeugen können, haben die genannten seelischen Reaktionen oft einen – wenn auch vorübergehenden – notwendigen oder gar heilenden Charakter. Die Energiequalität eines Yod läßt unserer Seele diesen Ausweg nicht offen. Wo die schöpferische Bewegung nicht vollzogen wird, entsteht der unerträgliche Zustand der Lähmung und Depression.

Also können wir von unserem «Schicksal», auf diesem Planeten durch unsere Intelligenz und Kreativität eine sichtbare Spur zu ziehen, wohl nicht «geheilt» werden. Dazu sind, wie das Yod deutlich zeigt, die in uns wohnenden Fähigkeiten, das irdische Leben neugierig und lustvoll zu begehen, zu selbstverständlich miteinander verbunden. Und der Glaube an endgültige Lösungen kann hier mitunter ein größeres Hindernis sein als das Problem selbst.

Die Verbindung zwischen Steinbock, Zwillinge und Löwe stellt im Grunde drei Fragen dar, welche uns stets gestellt werden – sei es von anderen oder von uns selbst. Die erste Frage lautet: *Lebst* du dich?, die zweite: Lebst *Du* dich? und die dritte: Lebst du *Dich*? Obwohl uns diese Fragen immer unbehaglich sind, sind sie im Grunde ständig in unserer Seele präsent, ob uns das bewußt ist oder nicht. Ist die Verbindung des Yod in unserer Seele im Fluß und im Austausch mit unserem Bewußtsein, können die Antworten jeweils nur «ja» lauten, weil es letztendlich, wenn man genau hinsieht, gar nicht anders geht. Das ist unser Schicksal, wenn man so will. Dies zu erkennen, ist wiederum die Herausforderung Saturns an jene Energien, die ihn ins Visier nehmen.

b. Gewissen

Wir können aus den vorangegangenen Ausführungen schließen, daß Schicksal und Gewissen offensichtlich miteinander verbunden sind, daß wir uns also bei Ereignissen, die schicksalhaft zu sein scheinen, stets auch irgendwie persönlich gemeint, angesprochen, betroffen, verantwortlich oder gefordert fühlen. Was wir als ein Wirken «höherer Gewalt» empfinden, stellt uns zugleich immer auch persönlich in Frage, und die all diesen Ereignissen zugrunde liegende, uns schicksalhaft verfolgende Frage *«lebst du dich?»* hat einen eigenartigen Charakter: Wie auch immer wir sie beantworten, sie berührt unser Gewissen auf eine Weise, daß wir es nie beruhigen können.

Beantworten wir diese Frage mit «nein», fühlen wir uns schuldig, beantworten wir sie mit «ja», fühlen wir uns auch schuldig. Beide Formen des Sich-schuldig-Fühlens sind jedoch nicht identisch, sondern werden von uns unterschiedlich empfunden. Zwar (be-)drücken uns beide Empfindungen, die erste jedoch hernieder, die zweite hinauf. Im ersten Fall fühlen wir uns dem Leben, unserem Gott oder unserer inneren Wahrheit gegenüber schuldig, im zweiten Fall jenen gegenüber, über deren Beurteilungen und Beschränkungen wir hinausgewachsen sind und deren Regeln und Normen wir brechen.

Mit dem Gewissen ist es wie mit der schicksalhaften Aufforderung, weiterzugehen: Es ruht nie. In diesem Sinne gibt es kein schlechtes oder gutes Gewissen. Es gibt einfach ein Gewissen in uns – und das ist stets mehr oder weniger unbehaglich. Ein sogenanntes schlechtes Gewissen haben wir, wenn die Yod-Verbindung zwischen Steinbock, Zwillinge und Löwe in uns recht unbewußt ist. Dann orientieren wir uns mit unseren Handlungen nicht an unserem inneren Richtmaß, sondern folgen – in der Regel aus Schuldgefühlen – vorgegebenen, uns fremden Handlungsmustern oder handeln gar nicht. Ein sogenanntes gutes Gewissen folgt aus einem recht bewußten Umgang mit dem Yod. Dann nehmen wir in uns selbst die unbequeme Frage *«lebst du dich?»* wahr, wann immer sie auftaucht, und sind bestrebt, das «Ja» zur häufigsten Antwort werden zu lassen.

Die beiden Facetten des Gewissens sind jedoch im Grunde weder trennbar noch so genau unterscheidbar, wie es hier scheint. Haben wir bewußt ein gutes Gewissen, schlummert unter der Schwelle der Wahrnehmung unser schlechtes Gewissen und umgekehrt. Themen des Yod sind nie eindeutig zu entscheiden, und falls wir das im Falle des Gewissens dennoch tun wollen, führt uns das bald in die fruchtlose und erstarrende Selbstgerechtigkeit.

Durch einen steten inneren Dialog handeln wir schöpferisch aus unserer Mitte heraus und verändern auf diese Weise fortwährend die Strukturen unseres Lebens auf eine Weise, daß Innen und Außen sich mehr und mehr entsprechen. Da im Tierkreis alle Energien interagieren, kommt hier wieder die Krebs-Steinbock-Achse ins Spiel. Das Zeichen Krebs steht zwischen den beiden Bündnispartnern des Yod, und aufgrund der Nähe können wir folgern, daß seine beiden aktiven Nachbarn sich dem Steinbock gegenüber zum Anwalt dessen machen, was in uns wachsen will.

Diese vom archetypischen Tierkreis dargestellte Verbundenheit in unserer Psyche macht erkenntlich, daß letztendlich unser Wohlgefühl davon abhängt, inwieweit wir das Schicksal *Mensch* bejahen und unserem eigenen Gewissen folgen können.

Werfen wir einmal einen Blick auf den momentanen Zustand der Welt, so ist angesichts der wirtschaftlichen, ökologischen, politischen und sozialen Lage zu vermuten, daß sich die meisten Menschen nicht besonders wohl fühlen. Das oben Gesagte legt nun den Schluß nahe, daß die meisten Menschen weder das Schicksal Mensch bejahen noch ihrem Gewissen folgen können. Und in der Tat ist es so, daß die meisten Weltanschauungen auf die eine oder andere Weise das schlichte Menschsein und die darin enthaltene Ichbezogenheit verurteilen und von der Überwindung, Erhöhung oder Auflösung – in jedem Falle aber der notwendigen Verbesserung – des Menschen sprechen.

Der Mensch ist so, wie er ist, in keiner der institutionalisierten Weltanschauungen einfach in Ordnung. In verschiedene Kleider verpackt, wird der *bewußte* Umgang mit dem archetypischen Yod zwischen Steinbock, Zwillinge und Löwe durch alle gängigen Religionen verurteilt, um dann dem aus der Unbewußtheit resultierendem «schlechten» Gewissen zur Erleichterung die Rezepte der jeweiligen Institution anbieten zu können. Letztendlich funktionieren alle autoritären Strukturen auf diese Weise.

Hierdurch treten jedoch die Normen der jeweiligen Institution an die Stelle unserer eigenen inneren Autorität, und die saturnische Energie wird im doppelten Sinne veräußert. Der persönliche und ichbezogene Antrieb des einzelnen Menschen, seinem Leben die ihm passende Form und Struktur zu geben und es nach eigenem Urteil zu gestalten, unterscheidet und entfernt die Menschen zunächst voneinander und von der höchsten postulierten Autorität – und das ist in der abendländischen und auch der östlichen Weltsicht etwas Teuflisches oder Fehlerhaftes und Gott bzw. der Einheit/Leerheit untergeordnet.

Wir sollten uns darüber klarwerden, daß wir bisher noch keine Weltanschauung entwickelt haben, die dem einzelnen Menschen eine ihm innewohnende, für sich selbst kompetente und intelligente Autorität zugesteht und diesen Faktor bejaht. Die Philosophie des Existentialismus, die für das 20.

Jahrhundert so kennzeichnend ist, verlagerte bereits vieles, was vormals Gott oder einer zielgerichteten kosmischen Ordnung zugeschrieben wurde, in den menschlichen Geist. Die daraus entstehende Ungewißheit über die tatsächliche Existenz und Beschaffenheit der äußeren Welt hat uns bisher jedoch eher an den Rand von Depressionen und auf die haltlose Suche nach neuen Göttern gebracht.

Das beginnende Wassermannzeitalter verlangt von uns Partnerschaftlichkeit im Umgang mit den Polen, d.h., daß sowohl Unterscheidung als auch Einheit erlebbar sein wollen. Wir befolgen jedoch immer noch Konzepte des ausgehenden Fischezeitalters, das die Einheit und Erlösung idealisiert und ein Menschenbild postuliert, in dem der Mensch nur als oder durch Opfer seine a priori angenommene Schlechtigkeit (die Trennung) wiedergutmachen kann. Auch die heute modischen esoterischen Strömungen beinhalten noch sehr viel davon. Obwohl das Aufblühen der Esoterik fortschrittlich scheint, wird hier in der Regel etwas sehr Altes, Vergehendes und vor allem gegen das eigene, persönliche Gewissen Gerichtetes verkauft.

Solange Handlungen auf einem unrealistischen Menschenbild beruhen und vitale persönliche Triebe verurteilt werden, wirkt das Yod in Unbewußtheit. Das Schicksal Mensch wird auf diese Weise vom einzelnen nicht angenommen, da man lieber einem kollektiven Menschen- bzw. Gottesbild folgt, das den «besseren» (im Sinne der meisten Weltanschauungen: ichlosen, ungetrennten) Menschen konstruiert. Wen wundert es da, daß Saturn (hier auch in seiner Funktion als Repräsentant staatlicher Organisationen) Formen hervorbringt, die uns allen auf dem Gewissen liegen?

Das Gewissen ist eine sehr persönliche und oft unbequeme Eigenschaft. Es bedeutet aber im Grunde nichts anderes, als daß wir wahrnehmen, wer wir sind, und bemerken, wenn wir gegen dieses Wissen handeln. Somit ist das Gewissen nicht von der Wahrnehmung eines Ichs mit persönlichen Wünschen, Schwächen und Fähigkeiten zu trennen. Zu wissen, wer wir sind, bedeutet auch, daß wir uns im Laufe der Zeit immer mehr kennenlernen. Auf diese Weise werden wir uns jedoch ganz von selbst unserer Verbindung mit etwas Größerem bewußt und benötigen keine Institutionen, die vorgeben, uns diese Verbindung vermitteln zu können. Denn diese Institutionen verlangen – unausgesprochen – einen Preis dafür: unser persönliches Gewissen. Da auch dieses Thema des Yod unbequem und sperrig ist, zahlen wir unter Umständen recht gern diesen Preis. Doch wie es oben bereits angeführt wurde: Es funktioniert auch hier nicht, die Energien des Yod nach außen abzugeben.

So hart es klingen mag: Ichlose Menschen sind auch gewissenlose Menschen, und es drängt sich der Gedanke auf, daß viele den Aufrufen zur Überwindung des Ichs deshalb so gern folgen, weil sie glauben, damit ihr Gewissen loswerden zu können. In diesem geistigen Klima werden sicherlich viele über- (oder un-?) menschlich gute Taten vollbracht – aber auch ebenso viele un- (oder über-?) menschlich schlechte. Das Schicksal Mensch mit seinen «fatalen» Einrichtungen eines persönlichen Gewissens und persönlicher Ansprüche sind Themen, die jeden Saturn/Steinbock-Kontakt begleiten – ob er als Transit oder als Stellium im individuellen Horoskop zustandekommt.

Da uns das archetypisch wirksame Yod meist unbewußt ist, glauben wir, daß es möglich ist, absolute Leichtigkeit und Ent-Schuldigung zu erreichen, und empfinden Saturns Kontakte in der Regel als belastend, beengend oder blockierend. In Wahrheit stecken wir jedoch in einem Glauben fest, der die Realität des Menschseins ignoriert. Um uns bewußt dem sperrigen Yod von Steinbock, Zwillinge und Löwe stellen zu können, benötigen unsere Glaubenshaltungen eine gründliche Prüfung. Auf diese Weise führt uns die Bejahung der zehnten Energie in unserer Seele zwangsläufig und mit der ihr eigenen Konsequenz dorthin, wohin Zeus auch schon Kronos verbannt hat.

c. Einsamkeit

Wenn wir ein interessantes Leben führen und Freude daran haben wollen, können wir die Rechnung nicht ohne Saturn machen. Die 10. Energie gehört wesentlich zum Dasein, wenn sie auch für romantische Geister den Quell reiner Freude stets zu trüben scheint. Es ist somit auch unsere wäßrige psychische Ungeborgenheit mit ihrem Bedürfnis nach Verschmelzung, die vor allem eine Eigenschaft Saturns fürchtet: die aus dem Kontakt mit unserem Gewissen stammende Unnachgiebigkeit, welche uns immer wieder in die Einsamkeit führt.

Hier spricht jedoch vor allem unsere Krebs-Seite, die Kind bleiben will und durch Nachgiebigkeit die benötigte Nähe erzeugt. Um allerdings nicht in den Wassern unserer Gefühle zu versinken, muß uns eines klar sein: *Einsamkeit ist nicht vermeidbar*. Alle Energien, die wir aufwenden, um der Einsamkeit zu entgehen, sind letztendlich gegen unsere innere Autorität, unsere Reifung als Mensch und das Erreichen von Freiheit gerichtet.

Steinbock/Saturn wird oft als der einsame Rufer in der Wüste, als der seine eigenen Wege gehende Eigenbrötler oder als der von der Welt abgewendete Alte dargestellt. Diese Bilder wirken auf die wenigsten Menschen attraktiv, und daß wir die saturnische Einsamkeit nicht so freudig bejahen wie einen Lottogewinn, kann ebenfalls anhand des Yod zwischen Steinbock, Zwillinge und Löwe dargestellt werden. In Zeiten der Einsamkeit hat eine Yin-Energie Vorrang und stört damit zwei Yang-Energien auf die für das Yod so charakteristische subtile Weise.

Das eigentlich Schmerzliche an der Einsamkeit ist die Abwesenheit oder Reduzierung unseres geistig-intellektuellen Austauschs und die Abwesenheit oder Reduzierung von Situationen, in denen wir handelnd der Welt unseren Stempel aufdrücken können. Es ist vor allem die Abwesenheit unserer bisherigen Präsenz. Diese Form der Einsamkeit kann für uns sowohl inmitten vieler Menschen als auch in engen Beziehungen spürbar werden. Und sie ist eine direkte Folge der Stimme unseres Gewissens. Wenn wir wahrnehmen, wer wir sind, und unsere Handlungen danach ausrichten, verlassen wir die Herde, und zwar zunächst auf der geistig-seelischen Ebene, der die konkrete Welt früher oder später folgt.

Zwillinge und Löwe erleben durch das Auftreten saturnischer Einsamkeit ihre Grenzen, was natürlicherweise darauf beruht, daß sie sich für die Vielfalt interessieren und ein Publikum benötigen. Die Begrenzung dieser beiden Prinzipien ist weder gut noch schlecht, nur unvermeidbar und unbequem, denn jenseits der Herde werden diese beiden ihrer bisherigen Mechanismen, uns Präsenz zu verschaffen, beraubt. Wenn uns die Bejahung unserer Menschlichkeit und der Dialog mit unserem Gewissen haben reifen lassen, *erleben* wir plötzlich die Oberflächlichkeit und Begrenztheit intellektueller Aktivitäten, *erleben* wir plötzlich die Überschätzung und Ermüdung unseres Ichs.

Indem Saturn uns in die Einsamkeit führt, lehrt er uns jedoch, zwischen Information und Wissen und zwischen Ego und Ich zu unterscheiden. Dadurch wird unsere Welt subjektiviert, und wir erleben daraufhin die einfache Tatsache, daß niemand so ist wie wir, daß das nicht zu andern ist und daß uns das gefällt, obwohl es stets ein wenig weh tut. Vielleicht paßt der saturnische Begriff «Melancholie» am ehesten hierher – eine gewisse stete Trauer aufgrund der Bedingungen unseres Daseins: der existentiellen Einsamkeit des Menschen.

Nun könnten wir sagen, daß sich die Einsamkeit doch verhindern ließe, wenn wir der Stimme unseres Gewissens nur weniger Aufmerksamkeit schenken würden. Schmerzhafter jedoch als die Einsamkeit ist es, selbstverleugnende Handlungen wider besseres Wissen zu vollziehen, denn dies sind all die «Wenn..., dann hätte/könnte/würde ich...» – Geschichten, fragile Lügengebäude, die unter der ernsthaft gestellten Frage *«lebst du dich?»* schnell zerbrechen und in unserem Leben eine Menge Scherben hinterlassen können.

Die Flucht vor unserem Gewissen führt uns ebenso wie die Flucht vor unserem Ich genau dorthin, wo wir ohnehin ab und zu ankommen: in der Einsamkeit. Vielleicht trägt sie dann den Mantel einer psychischen oder körperlichen Erkrankung oder anderer schicksalhafter Umstände, deren Opfer wir dann werden. Auf jeden Fall entzieht sich diese aufgezwungene Form der Einsamkeit zunächst unserem bewußten Umgang mit ihr. Die Erfahrung des Unvermögens unserer Handlungskraft, und daß niemand so ist wie wir gehören jedoch ebenso dazu.

So unangenehm die Einsamkeit für manche auch sein mag, sie ist der einzige Zustand, in dem wir beginnen können, zu werden, was wir sind. In ihr erleben wir den Zustand, ein Same des Lebens zu sein. Ein Same zu sein ist Vorbedingung dafür, zu keimen, sich zu verwurzeln, sich zu entfalten, zu blühen, Früchte zu tragen, sich zurückzuziehen, zu welken und schließlich zu sterben, kurzum: den Fluß der Lebenskraft durch sich zu erfahren. Solange wir zur Einsamkeit nicht fähig sind, sind wir von der bewußten Teilnahme am Kreislauf des Lebendigen ausgeschlossen, lediglich Zuschauer, die in einer Haltung des «Wenn…, dann hätte/könnte/würde ich…» verharren.

Das Problem, das viele Menschen mit der Einsamkeit haben, besteht darin, daß sie lieber ein anderer Same wären als der, der sie sind. Sie wollen lieber der Same sein, der gerade «in» ist. In der Einsamkeit können wir den Kern, der wir jenseits aller vergänglichen Moden sind, erschauen – was unserem Denken und Handeln eine zielgerichtete und aufrichtige Klarheit verschafft und es konkret macht. Mit diesem Erschauen sterben jedoch auch alle *Vorstellungen*, die wir uns bis dahin von uns gemacht haben. Das ist der unangenehmere Teil, denn er beinhaltet die Erkenntnis der Anmaßung unseres Denkens und unseres Ichs.

Wenn Einsamkeit nicht vermeidbar ist, stellen sich zwangsläufig die Fragen, wozu sie da ist und wie wir ganz konkret am besten mit ihr umgehen können. Hierfür gibt es zwar keine Patentrezepte, aber Hinweise aus der archetypischen Dynamik des Tierkreises: Wenn uns Saturn in seinem Gesicht der

Einsamkeit innen oder außen begegnet, können wir das als ein sicheres Zeichen dafür verstehen, daß wir mit unserem Denken und Handeln an einer Grenze angekommen sind. Die Situation, in der wir uns in diesem Fall befinden, läßt sich weder mit vermehrtem Nachdenken, größerer Rationalität, umfassenden Gesprächen, Zeitungsinseraten, Ablenkungen, Informationen usw. noch mit erhöhter Aktivität, Stolz, Demonstration von Kraft, Produktivität, Einforderung von Aufmerksamkeit, Eigenwilligkeit, dramatischen Auftritten usw. lösen. Unser Gewissen will zu uns sprechen, uns etwas darüber mitteilen, wer oder wie wir wirklich sind. Es will unsere selbstschädigenden Handlungs- und Denkweisen beenden und uns schließlich über veraltete Grenzen hinausführen.

Interessanterweise zeigt das zu der Konstellation Zwillinge, Löwe und Steinbock umgekehrt verschränkte Yod auf das Zeichen Krebs, welches seinerseits wiederum der innere Auftraggeber Saturns ist. In diesem Yod liegt auch das Potential enthalten, daß sich Wassermann und Schütze dem Krebszeichen gegenüber zum Anwalt Saturns machen. Wenn unser Beharren auf dem Kindsein dazu führt, daß wir unserem Gewissen nicht mehr zuhören, erscheint uns früher oder später die Welt sinnlos und unberechenbar. Folglich geben wir bald das Kommunizieren und Handeln auf, und dann geht gar nichts mehr. Einsamkeit wider Willen erreicht uns immer dann, wenn uns in unseren lärmenden, nach außen gerichteten Aktivitäten die Stille verlorengegangen ist.

Auch jene Einsamkeit, die aufgrund der Anerkennung unseres authentischen Gewissens entsteht, fällt uns zunächst nicht leicht, denn wir spüren und fürchten die Unausweichlichkeit der anstehenden Begegnung mit uns selbst. Die Bejahung von Phasen der Einsamkeit führt uns jedoch *mit unserer Zustimmung* von der Herde weg, um uns unseren eigenen Weg zu weisen, und das macht sie trotz allem dynamisch. In jedem Fall ist sie aber eine Tür in eine neue Dimension der Erfahrung. In der Stille der Einsamkeit können wir lernen, zu horchen.

d. Anspruch

Niemand kommt mit der Absicht, wirkungslos zu sein, auf die Welt. Das Betreten der irdischen Dimension von Raum und Zeit impliziert, daß wir uns über den Spiegel der Reaktion erkennen, daß wir also lernen, uns selbst über den Dialog zu definieren. Um uns selbst zu erkennen und zu entfalten, benötigen wir somit unsere Wirkung auf die Außenwelt und das daraus resultierende Echo. Die Zeichen Zwillinge und Löwe als Repräsentanten für unsere Begabung, uns darzustellen und im Mittelpunkt zu stehen, spielen bei diesem Prozeß eine Hauptrolle. Sie wirken aktiv und in Erwartung eines Echos auf die Außenwelt ein.

Diese Seiten unserer Selbst sind nicht losgelöst von unserer Gesamtheit, sondern sind Instrumente unseres Weges. Daß wir andere ansprechen wollen und von ihnen als Echo ebenfalls angesprochen (also wahrgenommen) werden wollen, verwebt uns mit dem Ganzen und dient der Bestimmung unseres aktuellen Platzes in der Welt. Da wir Wesen sind, die wachsen, wächst auch die Art und Weise, wie wir auf die Welt zugehen. Es ist selbstredend, daß sich damit auch unsere Haltung dem Echo aus der Welt gegenüber verändert. Unser Anspruch wächst, und zwar sowohl der aktive als auch der passive. Das ist eine natürliche Begleiterscheinung der Reifung. Hierbei gehen wir jedoch häufig zunächst auf eine Weise vor, die Qualität mit Quantität verwechselt oder zu ersetzen versucht.

Viele Konflikte, die wir innerlich oder äußerlich unter saturnischen Vorzeichen erleben, haben ihre Begründung in der schlichten Tatsache, daß ein äußeres Prinzip ein oder mehrere persönliche Prinzipien berührt. Hier treffen zwei verschiedene Ausrichtungen aufeinander, welche wir gelernt haben, zu trennen, die jedoch lediglich zwei Seiten einer Medaille sind.

Zwillinge und Löwe benötigen aufgrund ihrer Eigenart den vielfältigen Anspruch. Die Doppeldeutigkeit des Wortes *Anspruch* ist hierbei nicht uninteressant, denn um die Vielfalt bzw. die Menge der Aufmerksamkeit, Kommunikation und des Austausches zu gewährleisten, verzichten diese beiden Energien mitunter auf die Qualität. Zwillinge ist neugierig, will wissen und lernen – das hat bei dieser Energie Vorrang vor der Tiefe. Löwe liebt die Position im Mittelpunkt, den Applaus, und interessiert sich zunächst weniger für die Köpfe, die zu den applaudierenden Händen gehören. Saturn jedoch, als der Dritte im Bunde dieses sperrigen Yod, ist sich stets unserer persönlichen Bestimmung bewußt. Wie jede Zelle unseres Körpers sind auch wir zu uns selbst bestimmt. Und wie jede Zelle unseres Körpers besteht diese Bestimmung nicht nur aus Selbstzweck, sondern auch im Zusammenhang eines größeren Ganzen.

Es macht beispielsweise einer Zelle der Lungenschleimhaut vielleicht großen Spaß, einfach so zu sein, wie sie ist, wenn sie jedoch ihrer Aufgabe innerhalb des Körpers – nämlich für den Gasaustausch zu sorgen, *wovon sie primär erst einmal nichts hat* –, nicht nachkommt, wird es ihr nicht mehr lange gut ergehen. Unser Immunsystem ist da recht rigide und gnadenlos. Nach einer gewissen Zeit der Geduld wird diese Zelle vom Körper angegriffen und eliminiert. Ihr Irrtum bestand einfach darin, daß sie zum «So-sein-wie-ich-bin» ihre Funktion im größeren Ganzen nicht dazugerechnet hat. Ehe sich aus ihr womöglich eine Krebszelle entwickelt, die dem Gesamtverbund schadet, wird sie zum Schutz des Ganzen geopfert, wenn sie dem «offiziellen Teil» ihres Wesens nicht nachkommt.[2]

Diese Dynamik können wir als Metapher auch auf unser individuelles Leben übertragen. Wir wollen so sein, wie wir sind, und da wir soziale Wesen sind, wollen wir die Nähe zu anderen nicht verlieren. Wir wollen auf andere ansprechend wirken und angesprochen werden. Solange wir uns damit jedoch lediglich um unsere persönlichen Bedürfnisse und kurzfristigen Befriedigungen drehen, leugnen wir, daß mit uns auch das uns umgebende größere Ganze wächst, daß dieses größere Ganze uns ebenso braucht wie wir es.

Durch die Leugnung können wir jedoch nicht realisieren, daß ein «So-sein-wie-ich-bin» auch Aufgaben beinhaltet, die wachsen, daß unsere Funktion im größeren Ganzen zu diesen Aufgaben gehört und somit ebenfalls wächst. Und wir können dadurch nicht realisieren, daß unsere Seele diese wachsenden Aufgaben braucht, sucht und will. Jedes Wachstum verursacht hin und wieder Krisen, da sich auch die bisherige Form der Nähe verändert. Sind wir dazu nicht bereit und verharren auf dem Krebs-Pol unserer Seele, opfern wir womöglich die Qualität zugunsten der Quantität.

Das Leben erhebt Anspruch auf uns, und es meldet sich in der Regel durch die innere Stimme Saturns. Jenseits von Beliebtheitsskalen will Saturn uns dazu bringen, uns unsere wahren Ansprüche ehrlich einzugestehen. Im Anschluß an die Auseinandersetzung mit unserem Gewissen und der Einsamkeit kann uns klar werden, welche Ansprüche wir an uns selbst und an die anderen stellen. In diesem diagnostischen Prozeß wird uns zudem klar, inwiefern wir zugunsten unserer Eitelkeit und Oberflächlichkeit unsere Ansprüche verraten haben.

Die zehnte Energie kann uns in der Stille der Einsamkeit ein paar unangenehme Fragen aufdrängen: Haben wir das, was uns innerlich anspricht, wirklich durch unsere Interessen und Taten nach außen sichtbar gemacht? Sind wir auf den Gebieten, die uns innerlich ansprechen, im Austausch mit der Welt? Oder verharren wir bei jenen Gebieten bzw. Verhaltensweisen, die uns zwar Applaus und viele Kontakte versprechen, uns innerlich aber nicht (mehr) berühren? Führen wir ein Leben, daß uns im Kern unseres Wesens anspricht? Ist der Kern unseres Wesens wirksam? Oder richten wir uns bei allem, was wir tun, nach den «Quoten»?

Als Bestandteil des Yod stellt uns Saturn solche und ähnliche Fragen immer wieder, denn sie sind nie endgültig zu beantworten. Eine endgültige Antwort würde ihre Existenz aufheben und die Formkraft Saturns von den verändernden Kräften des Lebens trennen. Das jedoch ist irreal. Da diese Fragen immer bestehen, hat unser persönlicher Anspruch an bzw. auf das Leben den gleichen unbehaglich-treibenden Charakter wie die Einsamkeit, das Gewissen und das Schicksal Mensch schlechthin. Es hat also wenig Sinn, keine Ansprüche an das Leben zu stellen bzw. seinen wahren Anspruch zu verleugnen, um der Unbehaglichkeit zu entgehen. Das funktioniert ebensowenig, wie der Einsamkeit zu entfliehen, sein Gewissen abzustellen oder die eigene Menschlichkeit abzulegen. Es hat nur die Wirkung, daß die Ansprüche nun von außen an uns gestellt werden, mit allen Begleiterscheinungen, die ein veräußerter Saturn so mit sich bringt.

Wenn eingangs dieses Abschnittes gesagt wurde, daß niemand von uns die Absicht hat, auf dieser Welt wirkungslos zu sein, so bedeutet das nichts anderes, als daß jede/r von uns einen Anspruch in sich verspürt, den er oder sie an die *Welt* hat. Und das bedeutet nichts anderes, als daß jede/r von uns der Welt etwas mitzuteilen hat, oder anders, daß jede/r von uns eine Mitteilung an die Welt *ist*. Nun ändert sich jedoch unsere Vorstellung von der Welt mit unserem Wachstum und unserer Reife. War anfangs unseres Lebens unsere Mutter die ganze Welt, so hatten wir ihr gegenüber bestimmte Ansprüche und eine bestimmte Form der Mitteilung. Je komplexer und differenzierter die uns umgebende Welt in unserer Wahrnehmung wird, um so komplexer und differenzierter muß unser Anspruch und unsere Art, uns mitzuteilen, werden, wenn wir aus der Welt ein klares Echo erhalten wollen. Auf diese Weise werden bzw. bleiben wir auch dann wirksam, wenn der uns umgebende Kontext mit der Zeit Gesellschaft oder Öffentlichkeit heißt.

Niemand ist anspruchslos. Wenn wir das Wort «Anspruch» wörtlich nehmen, erkennen wir, daß wir alle füreinander Information sind und daß diese gegenseitige Information für das größere Ganze notwendig ist. Somit hat *jeder* Mensch einen gesellschaftlichen Auftrag, der darin besteht, so zu sein, wie er ist, und den «Blick der Welt» nicht zu scheuen, sondern eine geeignete Form der Mitteilung zu erschaffen, die über das Private hinausführt. Diese Forderung ist eine unserem inneren Zwillinge- und Löweprinzip unangenehme Eigenschaft des 10. Prinzips, denn sie verlangt von uns das Bemühen, unsere

Äußerungen in eine ausgereifte Form zu bringen. Das schmälert zwangsläufig zunächst die Unverbindlichkeit und den Lustfaktor.

Alle anderen inneren Energien können mit unserem saturnischen Anspruch leichter (was nicht unbedingt auch «besser» bedeutet) umgehen, weil sie eben nicht in der Zwickmühle des Yod stecken. Jedoch können alle anderen inneren Energien bei der Verwirklichung unserer Ansprüche auch nicht so effektiv sein wie Zwillinge und Löwe. Saturn befähigt uns zur Diagnose unserer Ansprüche, zu deren realistischer Bewertung und zu der zu ihrer Verwirklichung notwendigen Disziplin. Hierdurch führt er Persönliches zum Kollektiven, aus der Gewißheit heraus, daß es für das Ganze wichtig ist, was jeder einzelne Mensch denkt und tut. Stellen wir uns selbst nicht in dieses Visier, erschöpfen sich unsere Intelligenz und unsere Kreativität früher oder später in der Wirkungslosigkeit des Unwesentlichen.

5. Wege zum Wesentlichen: Steinbock, Fische und Skorpion

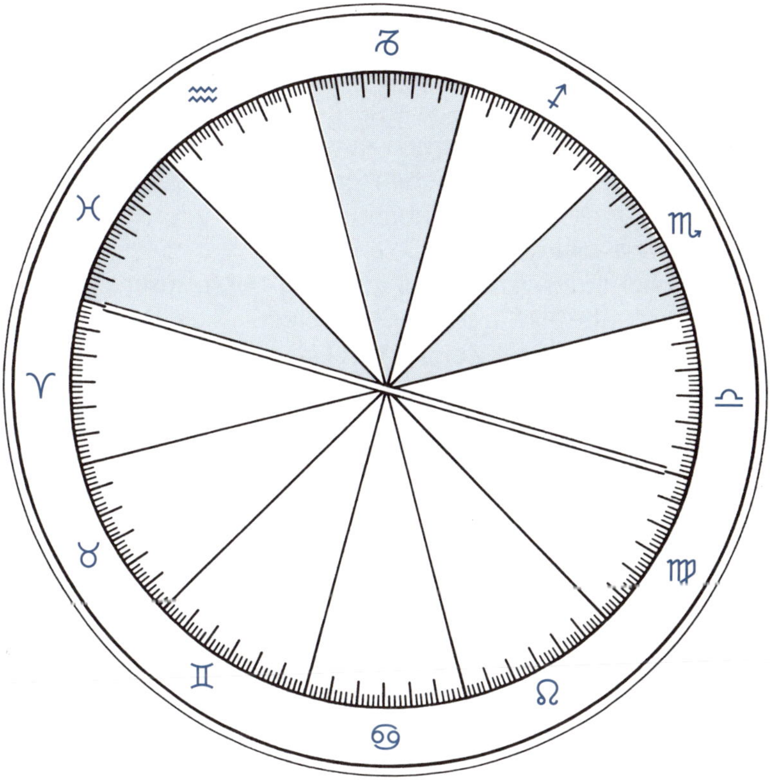

Die bisher behandelten Beziehungen des Steinbocks im archetypischen Tierkreis haben vor allem eines gemeinsam: Sie sind alle von Spannungen geprägt, die einen mehr, die anderen weniger. Somit mag daher auch das Empfinden kommen, daß die entsprechenden Begriffe, Lernschritte oder psychischen Zustände uns nicht leichtfallen oder oft sogar ziemlich unangenehm sind. Die durch die Spannungsbeziehungen des Steinbocks abgeleiteten Qualitäten stellen sozusagen unser inneres Orchester vor einen Konflikt, welcher einer bewußten und schöpferischen Lösung bedarf, damit es in uns wieder harmonischer klingt.

Daß uns die betreffenden Themen so schwerfallen, liegt auch daran, daß wir die physischen, psychischen oder intellektuellen Fähigkeiten erst erlernen müssen, um unserem inneren Saturn zum Ausdruck zu verhelfen. Die zehnte Energie baut auf den persönlichen Energien auf und entwickelt sich im Grunde in jenen Situationen, in denen sie uns einen Reifeprozeß abverlangt, zugleich selbst.

Wie alle anderen Begabungen sind auch unsere eigenen Steinbockkräfte als Same in uns angelegt, als ein Potential, das sich erst im Laufe der Zeit verwirklichen läßt. Daher füllt sich unsere Seele mit den saturnischen Bedeutungen anderer Menschen, die schon länger als wir auf diesem Planeten weilen und die uns zunächst mit ihren Erfahrungen als Wegweiser dienen.

Es wäre nicht klug, hier von einem Irrtum zu sprechen, denn die menschliche Existenz ist so angelegt, daß wir immer auf den Schultern unserer Vorfahren stehen. Wenn die Zeit gekommen ist, sind wir jedoch aufgerufen, deren Regeln und Strukturen zu überprüfen und gegebenenfalls durch solche zu ersetzen, die unserer Entwicklung und dem Wachstum unserer Seele besser dienen.

Die Qualität des Steinbocks hat in der astrologischen Interpretation zwar die Dauer als Analogie, will jedoch die Veränderung bewirken. Hier wird wieder der Schwellencharakter ersichtlich und die Zweideutigkeit dieses inneren Archetyps: Er strebt nach Beständigkeit und Ewigem, hat jedoch die Wandlung als ständigen Auftrag. Unserem Verstand erscheint das möglicherweise paradox, ein Blick in den Tierkreis zeigt uns jedoch, daß die Wandlung des Bestehenden im Grunde von sanfter Harmonie begleitet wird und archetypisch als selbstverständlich gilt.

Demnach scheint es viel schwieriger zu sein, alles zur Struktur Geronnene *nicht* zu verändern, denn Fische und Skorpion, *die* Wandlungszeichen des Tierkreises, stehen beide in einem 60°-Winkel zum Steinbock. Diese zwei Sextile zum 10. Zeichen sprechen von seiner freundschaftlichen Verbrüderung mit den beiden mächtigen Wasserzeichen, zusätzlich noch unterstützt durch ein Trigon zwischen Skorpion und Fische. Eine ganz und gar harmonische Sache also?

a. Ja und Nein

Wenn wir danach fragen, welchen Sinn es haben könnte, daß ausgerechnet das Zeichen der Umpolung (Skorpion) und das der Auflösung (Fische) in so selbstverständlicher Harmonie mit dem Zeichen der Polarität stehen, kommen wir nicht umhin zu erkennen, daß unsere sogenannten Fehler und Irrtümer sowie die Fehler und Irrtümer unserer Eltern, Lehrer und anderer Autoritätspersonen innerhalb der Dynamik des Lebensganzen *beabsichtigt* sind. Oder um es anders auszudrücken: Es *ist* kein Fehler, Fehler zu machen oder sich zu irren. Und es ist kein Fehler, etwas zu verändern, auch und gerade wenn dieses etwas doch bisher «immer so war». Das, was bisher immer war, ist nichts anderes als die eine Seite. Und das, wonach Saturn aufgrund seines Schwellencharakters strebt, ist die andere Seite. Wo immer diese Seiten getrennt oder verleugnet werden, ist unser inneres Steinbock-Prinzip nicht intakt, nicht unser eigen und kann uns auf unserem eigenen Weg nicht leiten.

Solange wir uns nicht wesentlich verändern und mit den Regeln, denen wir bewußt oder unbewußt folgen, gut leben können, sagen wir «ja» zu dem, was Saturn in unserer Seele repräsentiert. Und wir kämen nicht im Traum darauf, bei der Organisation und Strukturierung unseres Lebens von einem Fehler oder einem Irrtum zu sprechen. Solange ein Mensch beispielsweise noch nicht die Pubertät erreicht hat, gilt gemeinhin die Regel, keine sexuellen Ansprüche an ihn zu stellen. Diese Regel ist sinnvoll und dient dem Schutz und der Entwicklung des heranwachsenden Menschen.

Niemand käme jedoch gesunderweise darauf, nach Durchleben der Pubertät zu sagen, daß Sexualität ein Irrtum oder Fehler ist. Zwischen diesen beiden Haltungen unterscheidet eine wesentliche und konkrete Veränderung des Menschen, welche durch die irdischen Gesetze der Biologie bewirkt wurde. Als Ergebnis davon ist nun die materielle Struktur eine andere, und diese wesentliche Veränderung macht aus einem vorherigen Nein ein Ja. Nun gelten andere Regeln.

Diese Umpolung von Nein nach Ja mit einhergehender Auflösung des Bisherigen (in diesem Beispiel: der Kindheit, der körperlichen Erscheinung und Funktion, der seelischen Ausrichtung usw.) wirkt zurück auf all die Themen, die bisher besprochen wurden. Unser Gewissen sieht durch die Veränderung anders aus, unsere Form der Einsamkeit ist eine andere, unsere Ansprüche sind anders, unser Rahmen ist anders usw. Initiiert wurde diese Umpolung und Auflösung durch einen *wesentlichen* Prozeß des Wachstums, d.h. einen Prozeß der Veränderung, *der aus unserem Wesen kommt und zu unserem Wesen gehört*.

Solange wir uns noch in unserer körperlichen Entwicklung befinden, findet sich für unsere Saturnkraft hier ein geeignetes Feld, auf der sie eingebracht wird. Während wir auf der einen Seite zu einem großen Teil von außen an uns herangetragene Regeln befolgen und verinnerlichen, entwickeln wir uns auf der anderen Seite nach unserem eigenen Gesetz. Mit Abschluß unserer körperlichen Entwicklung hören die wesentlichen Veränderungen jedoch nicht auf, ihre Erscheinung und Umsetzung wird lediglich auf eine andere, weniger offensichtliche Ebene verlagert.

Jede grundlegende Veränderung entsteht aus einem Zusammenschluß von Ja und Nein. Wir sagen ja zu dem Neuen und somit unausweichlich nein zu dem Bisherigen. Was hier so absolut klingt, wird in unserer seelischen Entwicklung bei grundlegenden Veränderungen auch als so absolut empfunden und gefordert. Um bei dem Beispiel der Pubertät zu bleiben, so können und wollen wir in dieser Phase nicht «ein Kind bleiben». Das innere Befinden in dieser Entwicklungsphase *ist* absolut, auch wenn es häufig zwischen Ja und Nein schwankt. Aber es fühlt sich nie wie «vielleicht» oder «ja, aber» an. Erst das absolute Ja bringt uns weiter, und erst dann können wir erleben, daß in unserer neuen Lebensform die alte mitenthalten ist – nur eben transformiert.

In diesem Beispiel ist unsere Kindheit nach Durchleben der Pubertät eine Erinnerung, unsere *Kindlichkeit* jedoch etwas, was wir in die neue Stufe des Lebens mitnehmen konnten – und in jede weitere mitnehmen können. Auf diese Weise fallen Saturns Themen der Dauer und des ständigen Strebens nach einer anderen Seite zusammen. In unserem inneren Erleben bedeutet das nichts anderes, als daß wir in dem Steinbock-Bereich unserer Seele stets auf einer Schwelle stehen und daß sich hier und hierdurch unser Wesen entfaltet.

Nach den Gesetzen der Logik kann Ja nicht Nein sein, und die menschliche Kultur hat diesem Gesetz sehr viel Gewicht beigemessen. In Saturns seelischer Realität ist jedoch Nein gleich Ja. Wenn wir auf einer Türschwelle stehen, bedeutet jeder Schritt in den neuen Raum das Verlassen des alten Raumes. Im alten Raum ist das Bekannte, im neuen Raum das Unbekannte zu finden. Ist die Energie des Steinbocks aus der Dynamik des Ganzen abgekoppelt, entsteht hier, auf der Schwelle, der berüchtigte saturnische Stillstand, die starre Blockade. Das sind Situationen, in denen nichts mehr geht, in denen jede Entscheidung falsch erscheint und in denen man gequält und voller Angst den gegebenen Zustand einfach aushält.

In solchen Situationen empfinden wir kein absolutes Ja und kein absolutes Nein – aus Gründen, die individuell unterschiedlich sind und denen meist eine Trennung und generelle Verurteilung von Ja und Nein innewohnt. Daher sind Ja und Nein in ein graues Warten zusammengefallen; und das daraus resultierende Patt ist zur Dauer geworden. Dieser Zustand kann immer dann entstehen, wenn sich in uns etwas Wesentliches entfalten will, um dessen willen wir etwas Bestehendes (später heißt es dann: das Alte) verlassen *müssen*. Das sind Situationen jenseits unserer Wahlfreiheit, und je länger wir glauben, die Entfaltung unseres Wesens unterdrücken, aufhalten oder nach eigenen Berechnungen bestimmen zu können, um so quälender und angstvoller wird dieser Zustand. Um hier herauszufinden, sind die Sextilverbindungen des Steinbocks angesprochen, denn nur diese Qualitäten haben die dazu nötige Wirksamkeit.

Interessanterweise sind die beiden «Freundschaftszeichen» des Steinbocks von Planeten beherrscht, die sich jenseits von Saturn aufhalten und als transpersonale Kräfte bezeichnet werden. Pluto und Neptun sind Energien, die sich um die Befürchtungen unseres Ichs wenig kümmern. Sie wirken eher aus der Perspektive der Menschheit oder des kosmischen Organismus. Im Gegensatz dazu stärkt Saturn die Ich-Kräfte, damit wir unsere Grenzen und unsere Integrität im Zusammenleben mit anderen auf der Erde bewahren können. Seiner Qualität entsprechend, formt er uns aus und verhindert durch «Verdichtung» jeder Art, daß Fremdes von uns Besitz ergreift und sich unserer Lebenskräfte bemächtigt. Auf diese Weise setzt Saturn Grenzen und stärkt durch Konzentration.

Jedoch braucht auch eine grenzsetzende und verdichtende Energie etwas, das ihr selbst Grenzen setzt. Saturn stärkt unser Ich, indem er uns vor allem zum Nein befähigt. Das liegt in der Natur der Sache, da vor der Entwicklung unserer eigenen Saturnkraft andere ihre Vorstellungen davon in uns einpflanzen. Saturn selbst zu entwickeln (also zu uns auf eigene Verantwortung ja zu sagen) heißt dann zunächst zwangsläufig, zu allem, was dem widerspricht, nein sagen zu können. In vielen Phasen und Situationen des Lebens ist das sinnvoll und unentbehrlich. Wenn wir das übertreiben, kann es jedoch dazu führen, daß wir ein steinernes Ego entwickeln, daß sich unserem Wesen gegenüber verschließt und einen Machtkampf mit dem Leben selbst ausfechten will. Was verhindert aber, daß wir zu Stein werden?

Daß diese Gefahr gar nicht so groß ist, zeigt uns wiederum ein Blick in den archetypischen Tierkreis. Pluto/Skorpion und Neptun/Fische sind zum einen überpersönliche Energien, haben zur Energie des Steinbocks durch die Sextilverbindung einen «offenen Zugang» und wirken zudem verdeckt. So können wir annehmen, daß unterhalb von äußerlich wahrnehmbaren Verhärtungen oder Stockungen stets die gegenpolige Energie des Skorpions und die lösende Energie Neptuns wirksam sind.

Wenn wir uns so fühlen, als drohten wir auf einer Schwelle zu versteinern, führt uns in unserem Unterbewußtsein Pluto an den Umschlagpunkt, an dem aus dem bisherigen Ja ein Nein und aus dem bisherigen Nein ein Ja wird. Dieser Umschlag ist absolut und wird von ebensolchen Gefühlen begleitet. Trotz oder wegen ihrer Intensität schaffen sie jedoch eine neue Klarheit, in der sich auch Neptuns Gesicht der Verwirrung in Sehnsucht, Vertrauen und Hingabe an unser Wesen wandelt. Die Basis für wesentliche Veränderungen befindet sich in den tiefen Schichten unserer seelischen Wasserwelt, auf einer Ebene, in der wir alle eins sind. Hier findet vom Bewußtsein unbemerkt eine Befruchtung der Gefühle statt, welche in den bisher gebauten (den alten) Kanälen Saturns nun nicht mehr fließen können.

Wenn diese Veränderungen in unser Bewußtsein aufsteigen, müssen wir dieser veränderten inneren Realität durch konkrete Veränderungen in unserer Lebensstruktur Rechnung tragen. Hier kann unser innerer Saturn erneut seine formenden Kräfte einsetzen, denn die nun heranstürmenden Gefühle, Bilder und Träume machen genau das notwendig. Doch alles, was geformt wird, ist letztendlich wiederum eine Schwelle, die zunächst neu ist, aber ebenfalls altern wird. Das Ja zur neuen Schwelle impliziert zwar das Nein zur alten, das Prinzip der Schwelle selbst ist jedoch von Dauer.

Aufgrund der beteiligten Energien ist der hier beschriebene innere Prozeß unserem Verstand jedoch nicht recht geheuer, denn hier übernimmt eine irrationale Dimension die Führung. Wir erleben den Verlauf dieses Prozesses in langsamen

Phasen, in denen erst Platz gemacht werden muß, um einer klareren Ausformung unseres Wesens Raum zu geben. Bevor wir also im Zuge eines Wandlungsprozesses auf dem Weg zur Verkörperung unseres wahren Wesens die 10. Qualität wieder als integrierend und stärkend erleben, als das Gefühl, daß die Schwelle uns trägt, müssen wir zuvor Saturn in ein anderes Antlitz schauen.

b. Sterben

Der Tod ist ein zutiefst menschliches, aber auch überpersönliches Ereignis, dem wir machtlos gegenüberstehen, das einfach geschieht und zu unseren existentiellen Gegebenheiten dazugehört. Als endgültiger Umschlagpunkt ist der Tod eher Plutos Domäne. Das Sterben gehört jedoch zu Saturn, denn es ist ein in der Zeit persönlich zu vollziehender Akt, den unser irdisches Bewußtsein durchaus erfassen kann.

Für unsere dem Sterben so achtlos begegnende Gesellschaft ist es leider typisch, das Ziel zu wollen, ohne den Weg zu gehen, d.h. weniger das Ziel als den Weg zu fürchten. Die meisten Menschen fürchten sich vor dem Sterben mehr als vor dem Tod. In dem hiesigen Zusammenhang zeigt ein solche Haltung aber deutlich, daß wir uns nicht entwickeln können, wenn wir nicht sterben können. In der Dimension von Raum und Zeit macht es nicht einfach «Peng!» und schon sind wir gewandelt. Unter der Herrschaft des Herrn dieser Welt wird Wandlung in Raum und Zeit umgesetzt und als ein Prozeß erfahrbar gemacht.

Das Beispiel des Verlassens der alten Hülle, um zum Schmetterling werden zu können, ist oft bemüht worden, um Sterbeprozesse zu beschreiben. Hierbei wird jedoch selten darauf hingewiesen, daß es sich auch um einen Wechsel der Form handelt. Natürlich ist das Bild von Raupe und Schmetterling eine als positiv und ermutigend empfundene Metapher, die dennoch schwierige seelische Prozesse beschreibt, da uns im

Prozeß des Sterbens tatsächlich ganz physisch etwas genommen wird.

Diese Tatsache wird gern übersehen, ist aber in der Tat ein wesentlicher Grund für unsere Befangenheit dem Sterben gegenüber. Denn das, was wir dabei erleben, ist von körperlichem oder materiellem Verlust, Verzicht und Verfall geprägt und erfordert eine innere Haltung, die wir in der Regel in unserer auf Mehrung und Anhäufung ausgerichteten Kultur nicht oder nur unzureichend entwickelt haben. So erscheint beispielsweise die Aufforderung, die «sieben mageren Jahre» freudig zu begrüßen, da sie uns von dem Ballast befreien, der uns bei der Verkörperung unseres wahren Wesens mittlerweile nur hinderlich ist, vielen absurd oder ist zumindest einer masochistischen Einstellung verdächtig.

Alle Wandlungsprozesse gehen mit durchgreifenden Veränderungen einher, und diese Veränderungen *müssen* auch die physische Ebene betreffen. Wenn wir die Welt der Formen davon aussparen wollen, versuchen wir, unsere Vielschichtigkeit zu reduzieren und zu dissoziieren. Zwar legen uns die Regeln unserer Kultur eine solche Vorgehensweise immer noch nahe, auf diese Weise entstünde jedoch eine Diskrepanz zwischen innen und außen oder Inhalt und Form, die uns auf eine fundamentale Weise ins Ungleichgewicht bringen würde. Wenn *wesentlichen* Wandlungsprozessen ihr Ausdruck versagt wird, geschehen sie unter Zwang, denn unser Ungleichgewicht würde sich in diesem Falle auf einer tiefen Ebene auf alle auswirken. Wo Pluto und Neptun am Werk sind, haben wir keine Wahl, denn hier wirken Energien, die zuvorderst dem größeren Ganzen dienen. Unsere innerseelische Saturnfunktion – beauftragt, dem Wesentlichen die Form zu verleihen – wird bei unserer Weigerung, alte Formen gehen zu lassen, vornehmlich als nehmend, versagend, verhindernd oder todbringend empfunden.

Dieses Sterben ist quälend und aufgezwungen und konfrontiert unser Ich mit unserer Zugehörigkeit zur Menschheit, zur Schöpfung oder zu einem irrational scheinenden Universum. Die Macht der Ganzheit ist wirksamer als die unseres Ichs. Bei umfassenden Wandlungen – ob persönlich oder kollektiv – muß auch die Struktur vergehen, und dieses Vergehen beginnt genau in dem Moment, in dem die Struktur vollendet wurde.

Persönlich können wir das beispielsweise dergestalt erleben, daß in dem Augenblick, in dem wir unsere gesellschaftliche Rolle perfektioniert haben, die Probleme beginnen – oder immer dann, wenn wir uns «gerade an etwas gewöhnt» haben. Auf dem Gipfel beginnt Saturn, sich nach der anderen Seite zu sehnen. Das Verzichtenkönnen auf das Ausgereifte, das Vollendete ist notwendig, um weiterleben zu können. So wie ein Apfelbaum die Äpfel losläßt, müssen wir die Früchte unserer Bemühungen loslassen können, damit wir im nächsten Zyklus erneut zur Blüte kommen können. Dabei kommen wir mit einem So-tun-als-ob nicht davon, sondern nur mit bewußten, konkreten und eigenverantwortlichen Taten, denn auch das Sterben will sichtbar werden.

Die Verbindungen zwischen Steinbock, Fische und Skorpion zeigen uns deutlich, daß wir über den Akt des Sterbens an sich keine Macht haben. Wir können ihn lediglich bewußt erfahren. Wenn eine Form sterben muß, dann stirbt sie. Das heißt, daß *wir* nicht diejenigen sind, die darüber urteilen können, ob die erreichte Form vollendet, ausgereift, amtlich und offiziell ist oder nicht. Wir können uns lediglich bewußt machen, daß sie, wenn sie beginnt zu sterben, wohl vollendet gewesen sein muß. Unsere Saturnkraft kann Form verleihen und Form reduzieren, der Tod und die Auflösung der Formen unterstehen jedoch überpersönlichen Energien.

Solange wir uns diesem kosmischen Geschehen nicht beugen können, quält uns nichts anderes als unser eigener Widerstand. Und je besser wir innerhalb der Menschenwelt gelernt haben, nein zu sagen, um so schwerer könnte uns das nun geforderte Nein zum Nein fallen, denn es beinhaltet die Erkenntnis der *Grenzen* unserer Autorität und Verantwortung. Und um so schwerer machen wir uns dann die unvermeidlichen

Sterbephasen. Zum Wesentlichen aber führt uns nur das Ja zu unserer Machtlosigkeit.

Im Laufe eines Lebens haben wir immer wieder die Gelegenheit zum Sterben, das heißt, immer wieder von der Raupe zum Schmetterling zu werden. Der Wechsel der Formen, das Schreiten von einer Schwelle zur nächsten und unser Hineinwachsen in immer neue Zusammenhänge ist uns zumeist nicht bewußt, auch wenn wir über ein gutes Gedächtnis verfügen und glauben, uns an das Zurückliegende gut erinnern zu können. Ein großer Schmetterling erinnert sich jedoch nur an einen kleinen Schmetterling – und nicht an eine Raupe. Veränderungen der Form bringen diese Absolutheit mit sich. Auch unsere Gefühle und Gedanken verändern sich, und zwar auf eine Weise, als wären sie nie anders gewesen. Erkennen wir also die konkreten Ergebnisse unserer irdischen Bemühungen nicht als eine ständig wechselnde Hülle für tieferliegende, kollektive Prozesse des Menschenwesens an sich, können wir weder sterben noch leben.

Unsere Furcht vor dem Sterben kommt sicherlich auch daher, daß wir unseren Umgang mit dieser Seite unserer Existenz nur wenig kultiviert haben. Dennoch bleiben uns die Beobachtung und das Erleben des Sterbens nicht erspart, denn Verdrängung funktioniert auch hier nicht. Es sterben Menschen, die uns nahestehen, Projekte, die uns etwas bedeuten, Wünsche, die wir hatten, Gefühle, Interessen, Gewohnheiten, Umstände und Zustände und am Ende unseres Lebens schließlich wir selbst. Der Tod ist immer allgegenwärtig, und zwar *unabhängig* von kulturellen Strukturen und wechselnden Zivilisationen. Wie das Leben ist der Tod eine Gegebenheit. Die zehnte Energie bringt in ihrer Verbindung zum Skorpion dessen Anliegen in Zeit und Raum, sie macht also aus dem Archetyp «Tod» einen materiell und zeitlich erfahrbaren Prozeß.

Was diesen Prozeß für uns so schwierig macht ist der Zustand, nicht die geringste Ahnung zu haben, wie und ob es überhaupt weitergehen wird. Wir sterben *innerhalb* der Zeit, sind zur Projektion unseres Bewußtseins in die zeitliche Dimension «Zukunft» also noch fähig, nur empfinden wir die Gegenwart als so ausweglos und absolut, daß uns die Zukunft wie ein Nichts, ein leerer Fleck oder eine irrtümliche Annahme erscheint. In Sterbesituationen hilft uns all unsere Erfahrung nicht weiter, denn keine Raupe kann sich einen Schmetterling vorstellen und in die Zukunft projizieren. So erleben wir dieses Gesicht Saturns zunächst ausschließlich als ein Beenden.

Wenn Steinbock jedoch hier als Exekutive für Skorpion fungiert, können wir davon ausgehen, daß durch die unergründliche Tiefe dieses Prozesses etwas Kostbares für uns zu bergen ist. Und wenn das Sterben uns zum Wesentlichen führen kann, muß es ein Schatz sein, der zum menschlichen Wesen gehört. In echten Sterbephasen geht es nicht mehr um nur persönliche Belange, auch wenn diese intensiv und oft schmerzlich davon betroffen sind. Saturn als die Schwelle zwischen inneren und äußeren Planeten weist mit solchen Erfahrungen immer über sich und die bisher verstandene Welt hinaus.

Sein Verweis auf das unbekannte Niemandsland ist also offensichtlich auch etwas Wesentliches. Wie der Steinbock das Anliegen des Skorpions in die Sichtbarkeit bringt, so unterliegt er auch dem Anliegen der Fische. Wie das Sterben auf der einen Seite die Unterwelt erfahrbar macht, so verbindet es uns auf der anderen Seite mit dem Universum. Auch hier fungiert Saturn als Exekutive überpersönlicher Energien und macht letztendlich Neptuns Welt für uns erfahrbar.

c. Kosmos

Paradoxerweise trägt die neptunische Energie zur Reifung Saturns und seiner Integration in das Ganze wesentlich bei. Denn wenn Pluto in unserem Bewußtsein die Dinge zum Tod führt, wird damit Raum für eine Dimension geschaffen, die wir uns willentlich nicht bewußt machen können. Saturns Integrität und Strukturiertheit befähigt uns dazu, unser Erdenleben in einem immer komplexeren Umfang zu beherrschen. Dabei greifen wir auf Erfahrungen zurück, die uns das Gefühl von «das funktioniert so» vermitteln. In uns entsteht durch unsere Erfahrungen der Eindruck von Gesetzmäßigkeiten, die sich dann, nach deren Erkenntnis, auch für uns selbst nutzbar machen lassen. Letztendlich fußen unsere Erfahrungen und die daraus abgeleiteten Gesetzmäßigkeiten jedoch auf kausalen Verknüpfungen unseres Verstandes und nicht auf dem Beweis, daß es tatsächlich «so funktioniert».

Wir kommen im normalen Alltagsleben in der von uns selbst geschaffenen Welt mit diesen Gesetzmäßigkeiten auch durchaus zurecht. Ihre Anwendbarkeit verläßt uns jedoch, wenn wir Veränderungsprozessen ausgesetzt sind, die der Schöpfung selbst immanent sind. Dann ist selbst Saturn, selbst die innere oder äußere Autorität mit ihrem Latein am Ende. Die Schwelle zwischen Mensch und Kosmos offenbart auf oft beängstigende Weise die Unterschiede zwischen kosmischer Ordnung und dem, was wir davon begriffen haben.

Als Erdzeichen orientiert sich die zehnte Energie an der sinnlich wahrnehmbaren Ordnung. Wir erleben diese Ordnung als zyklische Dynamik und nehmen in unserem kurzen Erdenleben zuvorderst die Wiederkehr des Gleichen wahr, ob das die Jahreszeiten, der stete Wechsel zwischen Tag und Nacht oder die geordnete Funktion unseres Körpers ist. Je mehr wir jedoch unseren Horizont ausdehnen, um so schwieriger wird es, die zyklische Wiederkehr des Gleichen zu erkennen, um so mehr offenbaren sich trotz aller Ähnlichkeiten die Unterschiede. Dehnen wir unsere Wahrnehmung bis auf den Kosmos aus, so erkennen wir dort zwar eine geordnete Bewegung, jedoch niemals eine vollständige Wiederholung.[1]

Das stellt uns auf die Schwelle zwischen Vertrautheit und Fremdheit, zwischen alt und neu oder zwischen Ordnung und Chaos. Das uns Bekannte reicht in diesem Falle nicht aus, die wahrgenommenen Phänomene «einzusortieren», um sie beherrschbar zu machen oder innerhalb dieser Phänomene unseren Platz zu bestimmen. Bei Begegnungen mit Neptun wird uns im wahrsten Sinne des Wortes der Boden entzogen.

Alles, was uns den Eindruck von Stabilität, Dauer, Struktur und Kompetenz vermittelte, erweist sich nun als unfähig, mit der Situation «fertig zu werden». Die innere oder äußere Begegnung mit der neptunischen Qualität stellt Grundlegendes in Frage, sie erweicht den Boden, auf dem wir gehen und den wir bisher selbstverständlich und völlig unbewußt als fest angenommen hatten.

In Wandlungssituationen zeigen sich unsere Erfahrungen und Kompetenzen als wirkungslos. Dieser Verlust schafft jedoch Leere und somit die Möglichkeit zur Wahrnehmung des «Nicht»[2], indem uns nichts anderes übrig bleibt, als unsere Intuition ernst zu nehmen, auch wenn ihre Wirksamkeit das Gebäude unserer Gesetzmäßigkeiten zusammenbrechen läßt. Häufig finden wir in solchen Situationen keine Lösungen, weil eine bestimmte Lösung oder Erklärung nicht sein *darf*. Wir scheuen uns vor der Erkenntnis ihrer Wahrheit und Gültigkeit, davor, *daß* sie «funktioniert», denn das stellte all unsere Mühe und unser bisheriges Bewußtsein völlig in Frage. Im Zusammenhang mit Neptun lernt Saturn Verzweiflung, Demut und Humor.

Solche Situationen verlangen von uns nicht weniger, als unsere Auflösung zu ertragen, als unsere Nichtigkeit und die Verkleinerung unseres Ichs angesichts der Erweiterung unseres Horizonts auszuhalten. Hier ist eine stabile Saturnfunktion zwar unabdingbar, aber nicht die Lösung. Mit ihr treten wir lediglich zurück aus unseren Ich-Ansprüchen und werden ein staunender Zeuge dessen, woran wir tatsächlich teilhaben. Unsere persönliche Leistungsfähigkeit und Zuständigkeit endet hier, alle saturnischen Fähigkeiten lassen uns im Stich – aber auch das ist eine Erfahrung, die uns zum Wesentlichen führt. Als bewußter Zeuge müssen wir lernen, wirken zu lassen und die Verflechtung der Dimension von Raum und Zeit mit dem sie umgebenden «Nicht» zu respektieren.

Das ist für unser heutiges Bewußtsein nicht einfach, denn unsere Entwicklung ging im Laufe vieler Jahrhunderte in die Richtung, uns selbst und der Welt jegliche Irrationalität, Subjektivität und Unberechenbarkeit auszutreiben. Demzufolge haben wir in der Regel verlernt, die irdische Dimension auch als ein Gleichnis zu betrachten, sie mit den Augen von Künstlern und Poeten wahrzunehmen und so auf eine zwar subjektive, aber tiefgehende Weise zu begreifen. Der Boden, der uns hier entzogen wird, ist die Beweisbarkeit, also die Möglichkeit, diese Wahrnehmungen an andere weiterzugeben mit der Maßgabe, daß sie «das Richtige» darstellen. Das ist Saturns Schicksal: In dem Moment, in dem diese Energie in uns stark und reif genug ist, um die Wahrnehmung kosmischer Größe und Geheimnisse zu ertragen, wird sie durch diese Wahrnehmung jedoch auf eine Weise verändert, die ihr die Autorität *über* andere verunmöglicht. Der Kosmos befindet sich im Ich, die eigene Struktur gleicht der Schöpfungsstruktur, das Allgemeine ist im Einzelnen – doch diese Wahrnehmungen sind weder beweisbar noch vermittelbar noch nachprüfbar noch beliebig wiederholbar.

Dem modernen Bewußtsein macht die Wahrnehmung von Neptuns Dimension auch deshalb so Schwierigkeiten, weil sie ihm keine Führung ermöglicht. Sie bringt nicht die zuvor meist erhoffte endgültige Klarstellung von richtig und falsch, sondern hebt die allgemeine Gültigkeit der Polarität auf, indem sie deren eigentliche Lokalisation im Individuum offenbart. Dadurch wird uns das moralische Recht entzogen, über andere zu richten, ohne daß jedoch das Urteil an sich nichtig wird. In einer auf Hierarchie und der Herrschaft von Menschen über Menschen ausgerichteten Gesellschaft darf genau das nicht sein, denn es macht uns alle gleich und relativiert jegliche Kompetenz.

Jeder Herrschafts- oder Führungsanspruch über etwas anderes verhindert jedoch unsere Entwicklung zu einem sich seiner Ganzheit bewußten Wesen. Unsere Neigung, die Lösung von Problemen in der Außenwelt zu suchen, entzieht unserer Seele die zu ihrer Verwirklichung und inneren Reifung benötigte Energie des Steinbocks. Zwischen Mensch und Kosmos stehen die verschiedenen gesellschaftlichen Institutionen mit ihren Möglichkeiten zur Ausübung gesellschaftlicher Autorität. Die Beziehung des Steinbocks zu Skorpion und Fische zeigt jedoch, daß die zehnte Energie sich *archetypisch* immer wieder wandeln will. Pluto und Neptun sorgen für die zunehmende Machtlosigkeit und Subjektivierung unserer saturnischen Kraft. Wenn sich das lediglich unbewußt über die Außenwelt vollzieht, finden wir hier am Ende den senilen Greis, der machtlos geworden ist, weil ihn aufgrund seiner offensichtlichen Subjektivität niemand mehr ernst nimmt.

Indem wir unsere innere Autorität aufbauen, verlieren wir aufgrund der Dynamik seelischer Entwicklung an sich zwangsläufig unser Interesse an äußerer Autorität. Das Aspektdreieck zwischen Steinbock, Skorpion und Fische symbolisiert diese Dynamik. Was wir verlieren, ist der Glaube an die Allgemeingültigkeit unserer Unterscheidungen. Dadurch verschwindet der Antrieb, «es da draußen schon zu richten». In Begegnungen mit neptunischen Gefilden erkennen wir unsere Urteile und Unterscheidungen zwar als richtig, jedoch auch als ausschließlich für uns selbst zutreffend. Das kommt mitunter Gefühlen der Gnade und Erlösung nahe und kann die Wahrnehmung der Perfektion der kosmischen Ordnung beinhalten. Es löst jedoch zugleich unsere überlebte Saturnqualität auf und macht aus der an sich gesellschaftlich orientierten Energie zunehmend eine persönliche.

Umgekehrt dazu beginnen wir indes, uns immer weniger als ein persönlicher Mensch, sondern mehr und mehr als ein kosmischer Mensch zu fühlen, als ein Geschöpf des Universums. Hier entwickelt Saturn in uns eine Fähigkeit zum Gehorsam, die «adelt» und uns Würde gibt anstatt nimmt. In bezug auf unser altes System kommt das unserem Tod gleich. Innerhalb eines neuen Bezugsrahmens stehen wir jedoch wieder auf. Da «Sein» und «Nicht» einander auch inhaltlich bedingen, geht es bei unserer Begegnung mit dem «anderen Universum» jedoch nicht prinzipiell um Spiritualität, wie die Beteiligung Neptuns nahelegen könnte. Saturn führt uns auch durch seine Unterlegenheit immer zu der Ganzheit unseres Wesens – und das heißt zunächst erst einmal mitten in die Angst.

d. Schuld und Schatten

Wenn Saturn zur Exekutive Neptuns wird, wird das, was uns zum Ganzen fehlt, durch ihn manifest. Er präsentiert uns durch konkrete Ereignisse unseren Schatten, denn er reagiert auf die transpersonalen Kräfte von Skorpion und Fische immer pragmatisch. In der Jahreszeit des Steinbocks ist der Ballast des Vergangenen abgeworfen, da die Lebenskraft nicht mehr der Tendenz zu «Ver-Äußerungen» folgt, sondern sich umgekehrt hat. Schattenintegration ist demnach eigentlich nichts anderes, als von Veräußerungen abzusehen, also die Lebenskraft in sich zu konzentrieren und als dem eigenen Wesen zugehörig anzuerkennen. Wie der Verlauf der Jahreszeiten uns zeigt, hat auch diese Phase natürlicherweise einen Anspruch auf ihre Zeit. Im Verlauf der Jahreszeiten wissen wir, daß der Frühling wieder kommen wird. In bezug auf uns selbst sind wir da jedoch selten so sicher.

Diesem Bild folgend, werden wir durch die Integration von Ausgesondertem, von Schatten und Schuld, *leichter*. Reduziert auf das Wesentliche, tragen wir keinen Schmuck, keine Früchte und kein undurchsichtiges Blätterwerk mehr, sondern sind in aller Deutlichkeit zu erkennen. Zumeist halten wir jedoch lieber an überlebten Vorstellungen und Idealen fest, weil wir mit dem Ultimatum, das der Tod bzw. die Wandlungsphase uns zu setzen scheint, nicht umgehen können und weil uns das Vertrauen fehlt, das Vergehen geschehen zu *lassen*. Lieber töten wir selbst, befangen in dem grausigen Irrtum, uns auf diese Weise Prozesse untertan machen zu können, die wir nicht verstehen. Saturn kann uns jedoch lehren, daß wir ständig sterben, um ständig zu leben. Seine Jahreszeit verdeutlicht uns zum einen die Signatur des Wesentlichen und zum anderen die gleichzeitige und nunmehr umgekehrte Anwesenheit der polaren Kräfte.

Leben wir die saturnische Energie ohne Respekt vor dem, was wir nicht verstehen, entstehen sowohl innen als auch außen lebens- und entwicklungsfeindliche Zustände. Psychologisch gesehen, produzieren wir auf diese Weise unseren Schatten, jene seelischen Anteile, von denen wir aus welchem Grund auch immer glauben, sie nicht respektieren zu dürfen oder zu wollen. Dieses «Nicht» ist meist verurteilt und nimmt demzufolge dem «Sein» etwas weg – der Schatten übt also eine destruktive Wirkung aus. Archetypisch respektiert Saturn Neptuns Dimension, daher ist er willens, fähig und beauftragt, unseren Schatten zu manifestieren und uns jenseits unseres Willens Zustände und Begegnungen zu bescheren, die uns das Fehlende liefern.

Das Phänomen der Projektion ist die psychologische Entsprechung des Fische-Steinbock-Sextils. In diesem Falle wird der Respekt vor dem «Nicht» lediglich unbewußt ausgelebt und die dynamische Verbundenheit zwischen Bewußtsein und Schatten nicht erkannt. Statt bestimmte Eigenschaften bewußt selbst zu verkörpern, lassen wir sie unbewußt von anderen verkörpern – in der Hoffnung, auf diese Weise verhindern zu können, die abgelehnten Teile unseres Wesens mit unserer eigenen Lebenskraft zu füllen. Schattenbildung und Projektion kosten jedoch in Wahrheit eine enorme Kraft, da aus den abgelehnten Anteilen unseres Wesens auf diese Weise keine Kraft zurückfließen kann. Im Gegenteil werden wir immer kraftloser und abhängiger von der Lebenskraft jener, auf die wir unseren Schatten projizieren bzw. deren Projektionen wir tragen.

Zum Teil kommen auch unsere Schuldgefühle hierher, denn durch Projektion zehren wir im Grunde von einer Lebensenergie, die uns nicht zusteht. Das Phänomen der Projektion wird meist als ein persönlicher und von einer Person ausgehender Akt dargestellt, was jedoch nicht zutrifft. Projektion ist ein unterschwelliger Dialog, dessen Thema die Verschiebung seelischer Last ist. Wir verschieben das, was uns als seelische Last scheint, gern auf jene, die den Eindruck machen, als würde ihnen das, was uns schwerfällt, eben nicht schwerfallen.

In diesem Akt sind sich alle Beteiligten des Projektionsprozesses einig, nur fällt dem einen beispielsweise das Tun schwer und der anderen das Lassen. Die Gesamtsituation wird hierdurch entspannt, denn in stillschweigender Vereinbarung hilft man einander und stabilisiert das jeweilige System. Leben wir dieses saturnische Streben nach Struktur jedoch unabhängig von der individuellen Entwicklung der Beteiligten, erstarrt diese Aufteilung. Dann respektieren wir weder die der Struktur implizite Wandlung noch ihre Unterlegenheit gegenüber lebendigen Prozessen. Nun halten wir an unseren Rollen fest, mit dem Ergebnis, daß uns der Projektionspartner zunehmend unerträglich wird. Wir tragen, wenn man so will, die falsche Energie, die uns gerade darum zur Last wird – und fühlen uns belästigt.

Abgesehen davon, daß uns Projektion im Endeffekt mit der Welt entzweit, bleiben wir, spirituell gesehen, auf diese Weise der Schöpfung etwas von uns selbst schuldig. Denn es bedeutet, daß wir unsere Vorstellung vom Leben mehr lieben als das Leben selbst und daß wir unsere Unfähigkeit, das irdische Leben zu lieben, auch auf unsere jeweiligen Götter projizieren. Das rechtfertigt dann «von höchster Stelle» unsere Lebensart, selbst wenn alle Ereignisse und sogenannten Zufälle unseres Lebens regelrecht nach einer tiefgreifenden Wandlung schreien und unsere geliebten Vorstellungen mehr und mehr Unheil anrichten.

Das Problem ist, daß wir Menschen den Sinn unserer Existenz innerhalb des Ganzen in der Regel nicht kennen – ein weit größeres Problem ist aber, daß wir deshalb nicht darauf vertrauen können und zu bizarren Umkehrschlüssen kommen. Da wir den Sinn des Ganzen nicht erkennen, halten wir die Schöpfung für weniger intelligent als uns selbst. Diesen fehlenden Respekt vor dem «Nicht» offenbaren wir sowohl im Großen als auch im Kleinen. Nachdem wir die Erde mittels unserer sogenannten Intelligenz halbwegs verwüstet haben und unseren Schatten und unsere Schuld nicht mehr so einfach übersehen können, beginnen wir langsam umzudenken und fangen an, von der Schöpfung zu lernen. Auch persönlich beginnen wir erst dann, unser Leben wesentlich zu verändern, wenn uns der persönliche «Supergau» droht. Erst dann fangen wir an, von den Instinkten unserer Seele und der Stimme in unserem Inneren zu lernen.

Was sich global abspielt, ist also zugleich ein Spiegel dessen, wie wir mit uns selbst umgehen. Im Grunde glauben wir zu wissen, wie wir idealerweise geschaffen sein müßten, ohne daß wir uns überhaupt kennen. Wir erschaffen unseren Schatten und somit das, was wir persönlich unserer Seele schuldig bleiben wollen, weil wir uns nicht vorstellen können, daß das, was uns hat entstehen lassen, dazu intelligent genug ist und uns voll und ganz so gemeint haben könnte, wie wir sind. Was uns fehlt, ist Vertrauen. In einem Klima des Mißtrauens unterminiert Neptun auf leichte Weise alles, was unserer Meinung nach dauern soll. In einem Klima des Vertrauens sind wir fähig, Schmuck, Früchte und Blätterwerk zur rechten Zeit loszulassen und Wirkungen zuzulassen, die uns nicht erklärbar sind.

Unserem Ich ist selten klar, daß das Erdelement es *anstrebt*, sich in Zyklen vollständig zu regenerieren. Der Energie des Steinbocks ist das Bewußtsein über diesen Prozeß und das Vertrauen darin grundsätzlich inne. Dieses Vertrauen will angewendet werden. Wo immer die Energie des Steinbocks aus ihrer Beziehung zu den Fischen gelöst wird, wird sie rigide und lebensfeindlich, so daß der Untergang dessen, was sie hervorgebracht hat, erzwungen werden muß. In das Unsichtbare zu vertrauen, ist uns lediglich von unserer kulturellen Prägung her fremd, nicht von der archetypischen Struktur unserer Seele.

Die Wandlung Saturns ist nie beendet, sondern ein fortwährender Prozeß. Das bedeutet zugleich, daß Schatten und Schuld weniger ein Versehen sind, sondern eher Pfänder, die wir dem Leben gegeben haben und deren Einlösung von Zeit zu Zeit ansteht. Der archetypische Tierkreis zeigt uns, daß die Qualität des Steinbocks stets dem Einfluß verwandelnder und übergeordneter Kräfte *unterliegt* und sie gleichzeitig zum Ausdruck bringt. Das führt zu der Erfahrung, daß transpersonale, unserem Willen nicht unterliegende Kräfte gerade dann sehr machtvoll in unser Leben eingreifen, wenn wir mal wieder einen Gipfel erklommen haben. Wir können uns dann über unsere Unterlegenheit ärgern und sie ohne Aussicht auf einen Sieg über die Schöpfung bekämpfen. Oder wir können es als zu unserem Wesen gehörend bejahen, in einem abenteuerlichen Rätsel zu existieren. Und erst dann wagen wir uns wirklich, unserem authentischen Wesen Ausdruck zu verleihen.

6. Nadelöhr: Steinbock zwischen Schütze und Wassermann

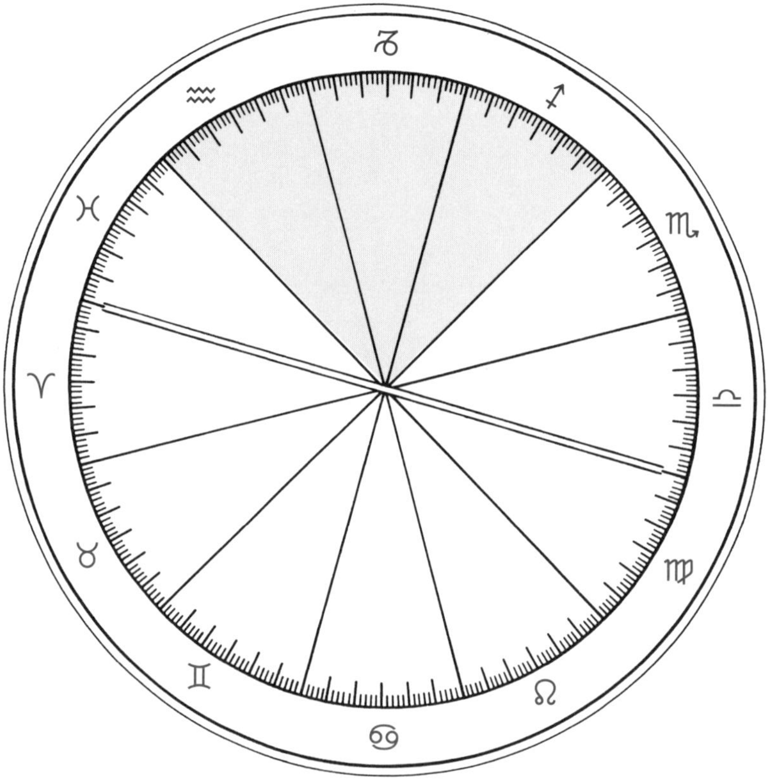

Die allem Lebenden zugrunde liegende Struktur hat archetypisch eine enge Verbindung zu den Energien der Transformation und Auflösung. Die vielbeschriebene Wandlung Saturns ist somit etwas, das dem ordnenden Prinzip des Steinbocks aufgrund seiner Position im Tierkreis innewohnt. Das bedeutet, daß die unsichtbaren Muster und geistigen Regeln, nach denen etwas geschieht, sich ändern können, wollen und müssen. Das bedeutet wiederum, daß sich auch sogenannte eherne Gesetze ändern können, daß selbst das dem Wandel unterliegt, von dem wir glauben, daß es ewig sei. In diesem Sinne gibt es keine endgültigen Lösungen und auch keine Ewigkeit – außer vielleicht jener, daß alles zu seiner Zeit vergeht.

Die Veränderung grundlegender Strukturen ist jedoch kein Kinderspiel. Sie ist nicht etwas, das wir leichtfertig vornehmen können, so wie wir etwa eine andere Haarfarbe ausprobieren. In der Regel ist es eher so, daß wir sie nicht wollen, denn Strukturveränderungen haben weitreichende Konsequenzen, die wir *nicht mehr rückgängig* machen können, mit denen wir uns also als einer neuen Struktur auseinandersetzen müssen. Ein aktuelles Beispiel hierfür sind die Experimente in der Gentechnologie. Hier greift der Mensch in das ordnende Muster der Materie ein, ohne die Konsequenzen zu erkennen (Schütze unerlöst). Das bedeutet nicht, daß dort keine sind. Die, welche wir nicht kennen, kommen später als sogenannte, meist unangenehme Überraschungen (Wassermann unerlöst) auf uns zu und bestimmen dann die Nöte der Gegenwart (Steinbock unerlöst).

Es ist jedoch auch der Steinbock-Anteil in unserer Seele, der solch massive Eingriffe fordert, und diese Erkenntnis kann uns etwas von den Gefühlen der Schuld, Zwanghaftigkeit und Angst nehmen, aus denen heraus wir nicht selten erst solche Dinge tun. Die Erkenntnis kann uns auch dazu befähigen, in der zunehmend ihre schädliche Seite offenbarenden Technologiegläubigkeit den Faktor der Projektion zu erkennen. Im Prinzip versuchen wir, das Geheimnis des Todes mittels wissenschaftlicher Forschung über die Außenwelt zu lösen. Es ist jedoch stets unser persönlicher Tod, der uns keine Ruhe läßt, und somit gehört dieses Thema eigentlich in unsere Innenwelt. Fasziniert von den äußeren Ereignissen, können wir damit jedoch innerlich nicht Schritt halten. Auf diese Weise konfrontieren wir uns mit einer Technik, zu deren Anwendung wir erst noch heranreifen müssen. Und was auf dem Spiel steht, ist unsere Zukunft.

Die Position des Zeichens Steinbock zwischen Schütze und Wassermann kennzeichnet eine seiner undankbarsten, aber auch effektivsten Aufgaben. Im Dienst des Lebens will er seinen Wandlungsauftrag vollziehen, kann das aber nur mit der *bewußten Zustimmung des Ichs*. Stellt das Dreieck zwischen Steinbock, Skorpion und Fische noch eine Art «kosmische Abmachung» zur Wandlung dar, so zieht sich in der Folge Schütze-Steinbock-Wassermann «die Schlinge zu», wodurch das Individuum ein aktiver, bewußter und teilnehmender Zeuge dieses Prozesses wird. Die Janushaftigkeit des Steinbocks kommt zwischen seinen direkten Nachbarn wohl am ehesten zum Ausdruck. Auf unserem Entwicklungsweg zum bewußten Menschen stellt er eine Schleuse dar, eine Prüfung, eine Wächterfunktion und eine streng beschneidende Energie.

Betrachten wir die aktuelle gesellschaftliche Entwicklung zugleich als Metapher für Prozesse, die sich in unserer Seele manifestieren wollen, müssen wir uns fragen, inwieweit wir es für uns persönlich zulassen können, daß sich die Strukturen, nach denen wir unser Leben ausrichten, grundlegend wandeln. Wandeln bedeutet, daß wir etwas sterben lassen können, *ohne* zu wissen, ob etwas und wenn ja, was wann wiederaufersteht – ohne also mit unserem Willen die Zukunft kontrollieren zu können. Inwieweit können wir das? Inwieweit können wir Vergangenes als solches erkennen und tatsächlich hinter uns lassen? Inwieweit können wir die Leere ertragen, welche notwendig ist, damit sich ein neuer Impuls bilden und entfalten kann? Inwieweit bestehen wir ihn – den Winter in unserer Seele?

a. Tunnel

Im Übergang von Schütze zu Steinbock finden wir die längste Nacht des Jahres, die Wintersonnenwende. Die dem Schützen zugeordneten Eigenschaften wie Toleranz, Verständnis, Optimismus und Weitsicht sind somit auch eine *Reaktion* auf das Erlebnis von zunehmender Dunkelheit. Im Schützen ist Advent in unserer Seele, und wir lernen, an das Licht am Ende des Tunnels zu *glauben*. Im Steinbock passieren wir den Tunnel. Die Frage ist: Wozu muß es überhaupt einen Tunnel geben?

Wandlungen haben die Eigenschaft, daß sie nichts vom alten Zustand übriglassen, außer den Keim für neues Leben. Wenn wir in einer Phase stecken, die von Steinbock geprägt ist, wirkt im Hintergrund immer die Absicht, allem Alten und Überlebten ein Ende zu bereiten. Für unsere Schütze-Seite sind die nun auftretenden Verluste beschwerlich, und wenn wir nicht über genügend Weitsicht verfügen, zumindest an ein Licht am Ende des Tunnels zu glauben, kann hier ein erbitterter Kampf zwischen diesen beiden Energien entbrennen. Je mehr sich die Realität unseren Ansprüchen und Hoffnungen verweigert, um so fanatischer können wir dann in unseren Überzeugungen werden.

In seiner energetischen Ausrichtung bildet das Zeichen Steinbock vermeintlich einen Gegensatz zum Schützen. Schütze will mehr, Steinbock wenig, Schütze will Weite, Steinbock Enge, Schütze will Visionen, Steinbock Realität. Die Wandlung Saturns ist jedoch abhängig von der Wandlung unserer Überzeugungen. Wenn wir also zu mehr Autorität über unser Leben gelangen wollen, müssen wir Glaubenshaltungen aufgeben, die uns davon abhalten wollen – ob bewußt oder unbewußt. Tragischerweise haben diese Glaubenshaltungen jedoch meistens dazu geführt oder sind daraus entstanden, daß wir innerhalb eines bestimmtes Kontextes erfolgreich waren.

Um heil durch den Tunnel zu kommen, müssen also unser bisheriger Erfolg und unsere Errungenschaften hinter uns zurückbleiben. Das ist leichter gesagt als getan, denn unser Erfolg ist ein Ausdruck dafür, *daß unser Wille wirksam ist*. Wir müssen also nicht weniger hinter uns lassen als den Glauben an die Effektivität unseres Willens. Im Augenblick gehört er – bis auf eine winzige Kleinigkeit – zu unserer Vergangenheit.

Unsere Entwicklung zur Unabhängigkeit von äußeren Autoritäten, zur Bildung der eigenen Urteilskraft und zu einer selbstverantwortlichen Lebensführung verändert uns auf eine umfassende Weise. All unseren bisherigen Möglichkeiten wird ein dauerhaftes Ende gesetzt, und wir werden innerlich auf das absolut Notwendige begrenzt, um die Passage durch den Tunnel zu überstehen. Wie bei einer Geburt ist diese Phase nicht ungefährlich, erscheint uns manchmal lebensbedrohlich und preßt uns auf die minimale Größe zusammen.

Das Wesentliche übersteht diese Phase. Wenn Saturn uns «in der Zange» hat, bleibt womöglich irgendwann nichts mehr übrig außer der Wille, zu (über–) leben. Er scheint das einzige zu sein, das wir in unsere Zukunft mitnehmen können. Er ist die Kleinigkeit, die saturnische Phasen übersteht, ja, mehr noch: Die Bewußtwerdung der Lebenskraft ist Ursprung und Ziel des Steinbocks. Ohne diesen Prozeß würden wir nicht wahrnehmen können, daß mehr als unser bewußtes Ich in uns wirkt.

Indem Steinbock uns Möglichkeiten nimmt, Erfolge beschneidet, Überzeugungen verwehrt und unseren Gott zum Schweigen bringt, führt er uns vom Werden zum Sein. Wir werden als das (neu-) geboren, was wir *sind,* und erfahren unser Wesen als etwas, das auch jenseits raumzeitlicher oder polarer Dimensionen existiert. Diese neue Wahrnehmung ist Ergebnis einer Vergangenheit und Ausdruck ihrer Komprimierung. Durch die Enge, den Druck, die Dunkelheit und die Kargheit ist aus allem, was wir einst waren, etwas vollkommen anderes entstanden. Wie ein Diamant einst ein Baum mit allen Möglichkeiten seiner Gattung war und zum Stein und zugleich Symbol wurde, wechseln auch wir durch die Begegnung mit Saturn unwiderruflich die Seinsform, der wir angehören.

Im Wandlungsprozeß der Volljährigkeit läßt sich das noch am ehesten nachvollziehen. Auch hier wechseln wir unsere Seinsform auf eine unumkehrbare Weise. Zwar interpretieren wir diese Phasen in der Regel eher auf eine Weise, daß wir mehr werden (endlich erwachsen...), wir verlieren jedoch den Schutz der Unschuld und den Anspruch auf permanente Fürsorge. Mit Saturns Rückkehr auf seine Geburtskonstellation nach ca. 28-30 Jahren beginnen wir, auch innerlich seinen Anspruch zu spüren, gepaart mit der Forderung des Verzichts auf unsere bisherigen Möglichkeiten – und sei es auch nur die Möglichkeit der Flucht. Von innen oder außen wird uns angetragen, ernst mit uns zu machen.

Indem unseren Möglichkeiten und Visionen Grenzen gesetzt werden, wird unser Wesen immer dichter. Das bedeutet jedoch auch, daß wir durch die Verwirklichung unserer selbst von den Möglichkeiten, die außerhalb unseres Wesens liegen, Abschied nehmen müssen. In der Regel ist uns am Anfang unseres Weges nicht bewußt, daß unsere tatsächlichen Möglichkeiten selten mit den angenommenen übereinstimmen. Im Prinzip wissen wir zu Beginn des Weges nicht, was wir wirklich wollen, sondern lediglich, was wir gern wollen *würden*. Die Unterscheidung findet in der Passage durch den Tunnel statt, denn Saturn kann nur dem Form verleihen, was die Kraft des echten Willens in sich hat.

Durch die Konfrontation mit Verneinung und Ablehnung werden wir fähig, diese innere Wahrheit, den echten Willen zu erkennen. In Phasen des sogenannten Mißerfolges offenbart sich das Überflüssige, das der Schütze so liebt. Das Überflüssige hat nicht die Kraft, die Passage durch den Tunnel zu überstehen, ihm fehlt die Seelenenergie, jener entscheidende Funke Leben. Was nicht wahrhaftig ist, dessen Manifestation will uns dann nicht gelingen, selbst wenn der Versuch dazu uns und andere an den Rand der Erschöpfung bringt. Die Offenbarung und der Tod des Überflüssigen führen jedoch auch zur Offenbarung und der Geburt des Wesentlichen.[1] Durch den konkreten oder symbolischen Akt der Reduktion und Verdichtung kann die Essenz des «Ausgangsmaterials» sichtbar werden. Diese Essenz ist unser innerster Kern, unser wahres Wesen, unser Selbst und was es noch alles an Begriffen dafür gibt. Diese Essenz ist jedoch im Grunde immer Licht.

b. Stillstand und Gipfel

In seinem Dialog mit der Energie des Schützen fängt Steinbock nur das *Feuer* des Schützen ein, jene geistig-seelische Energie, mit der wir unserem Platz im Ganzen und daraus ableitend unsere Taten erklären. Letztendlich ist es nur unser Glaube, der den Tunnel betritt. Da wir durch unseren Glauben unsere Lebenskraft organisieren, ist er es auch, der einer Prüfung unterzogen wird. Den Fähigkeiten der Schütze-Energie entspringt der Glaube an den Sinn, an die Wirksamkeit des menschlichen Willens, an einen guten Gott oder eine gute Göttin. Diesen Glauben gilt es zu erkennen, zu definieren und zu bewerten, denn wenn sich unser Glaube nicht wandelt, kann sich auch unsere Realität nicht wandeln. Das Sextil zwischen Skorpion und Steinbock wird hier zu einem Prozeß, in dem das Ich seine eigene Beteiligung erkennen und bewußt wahrnehmen kann.

An diesem Punkt stellt Saturn uns in Frage und lenkt unsere Aufmerksamkeit zugleich auf zwei Dinge: auf den Unterschied zwischen Glauben und Realität und auf deren Wechselwirkung miteinander. Nichts kann sich ändern, wenn wir nicht zur Einsicht kommen, und in bezug auf unsere Überzeugungen fragt Saturn: Was tust oder läßt Du *dann*? Was tust oder läßt Du *damit*? Was tust oder läßt Du *deswegen*? *Wozu* hast Du Deinen Glauben? Wozu befähigt er Dich? Und seine ketzerische Frage stellt er meist erst zum Schluß: Woran hindert Dich Dein Gott, Deine Göttin, Deine Überzeugung? Was fehlt Dir *wegen* ihnen?

Die Prüfung unserer Überzeugungen ist nicht einfach, denn sie machen aus uns mehr als die Summe der Teile. Unsere Überzeugungen machen uns groß, ihre Untersuchung macht uns erst einmal wieder klein. Auf unserem Weg zu einem selbstbestimmten Individuum kommen wir daran jedoch nicht vorbei. Gerade in den Mißerfolgen, die uns unsere Realität beschert, können wir jene Vorstellungen von Zusammenhängen erkennen, die einer Wandlung bedürfen. Das ist ein erster Schritt zu innerer Integrität, ob er uns gelingt, hängt jedoch wesentlich davon ab, wie wir den größeren Zusammenhang interpretieren. Das gilt es zu prüfen, denn je mehr wir uns Eigenautorität verweigern, um so richtender wird unser Gott sein. Je richtender unser Gott ist, um so mühsamer gestaltet sich unser Aufstieg zu unserem persönlichen Gipfel. Und die Mühe, die wir glauben, ertragen zu müssen, ist ein Indiz für die Qualität unseres jeweiligen Gottes.

Steinbock ist nicht umsonst die Projektionsfläche für den Teufel. Die Energie des Steinbocks negiert den Glauben des Schützen, denn so lange er ungeprüft existiert, versuchen wir unbewußt auch, mit den Göttern zu handeln. Diese Götter sind in der Regel draußen, weit weg, sehr groß, und sie stellen Bedingungen. Es sind jedoch Bedingungen, die wir uns aus unseren eigenen Erfahrungen von Erfolg und Versagen gestrickt haben. Es sind Bedingungen, die wir uns durch unsere menschliche Erklärung der Welt und unserer und des Göttlichen Rolle darin geschaffen haben.

Die Existenz äußerer Götter verhindert unser Weitergehen, unsere Entwicklung zu eigener Verantwortung. Ihre Existenz veranlaßt uns, Veränderungen von ihnen zu erbitten, anstatt sie selbst zu vollziehen. Ihre Existenz bewirkt, daß wir auf ihre Erlaubnis warten, so werden zu dürfen, wie wir sind. Solange wir in dieser Einstellung verharren, geschieht jedoch konkret nichts. Die Last des Lebens liegt auf uns wie ein Stein. Alles steht auf bedrückende Weise still, denn diese Götter antworten nicht: «Das Hinterhältige an der Beziehung zu dir war, daß die Unmöglichkeit, dich zu erreichen, [...] zu *meinen* Lasten ging.».[2]

Ein äußerer Gott bleibt den Beweis immer schuldig. Dies ist eine der langwierigsten, schmerzhaftesten und deprimierendsten Lektionen, die uns Saturns Energie zufügen kann. Sein einziges Instrument, das er hierzu benötigt, ist die Zeit. Die Erfahrung, die uns bei diesem Prozeß begleitet, ist der Stillstand. Nach dem Handel mit unseren Göttern warten wir auf Ereignisse. Erst voller Überzeugung, dann voller Hoffnung, dann voller Eifer (von dem andere selten verschont bleiben), dann voller Überheblichkeit, dann voller Neid, dann voller Eifersucht, dann voller Zorn und schließlich (endlich) voller Empörung. Im Sich-empören (emporheben) schließt sich in unserer Seele Schütze mit Wassermann kurz. Das archetypische Sextil wird aktiviert, und der Schalter hierzu war Saturn mit seinem ewigen und sturen Nein. Wie bei einer Glühbirne ist es auch in unserer Seele der Widerstand, der das Licht bewirkt.

Wenn Götter sterben, finden wir uns mit klarem Kopf und befreit von ihren Forderungen und Versprechungen auf einem Höhepunkt unseres Bewußtseins wieder. Erst durch das Wagnis, Götter und Überzeugungen in uns in Frage zu stellen, können sie sterben und den Blick auf die Realität freigeben. Erst dann können wir auf dem Gipfel die neue und überraschende Aussicht genießen. Wir können nicht eher unsere Menschenrechte in Anspruch nehmen, ehe unser Gott gestorben ist. Wenn sich die Realität lange genug ihrer Erklärung durch unsere Überzeugungen verweigert hat, beginnen wir schließlich, die Überzeugungen selbst anzugreifen. In den Augen kirchlicher Institutionen ist das Teufelswerk, und auch die westliche Ersatzreligion der Wissenschaft verfährt ähnlich unbarmherzig mit ihren Ketzern. Diese Verweigerung des Glaubens ist das Werk Saturns, denn erst durch Widerstand wird Prometheus auf den Plan gerufen.

Doch das Wie erklärt noch nicht das Warum. Warum sind saturnische Prüfungen unseres Glaubens notwendig? Warum muß das, von dem wir überzeugt sind, erst sterben, bevor wir frei werden? Warum müssen wir erst zur Einsicht kommen, um ein selbstbestimmtes Individuum zu werden? Warum streben wir überhaupt nach der Dimension des Wassermanns? Die Antwort mag profan klingen: Weil wir Menschen sind. Sie ist jedoch nicht profan, denn das einzige, was uns Menschen wirklich von anderen Lebensformen unterscheidet, ist die Freiheit unseres Geistes. Diese geistige Freiheit ist notwendig, um zu überleben und um Mensch zu werden und zu bleiben.

Jede Überzeugung bindet den Geist und enthält ihn somit der Evolution vor.[3]

Geistige Freiheit offenbart, was die wirksame Realität in uns ist: *der* Lebenswille, von dem wir ein Teil sind und der durch uns, durch die Materie wirkt. Dieser Wille unterscheidet sich in seiner Qualität vollkommen von unserem persönlichen Willen, welchem wir im Handel mit unseren Göttern mehr Nachdruck verleihen wollten. Der Lebenswille beansprucht keine Macht, weil er Macht ist. Er stellt keine Bedingungen, weil er Bedingung *ist*. Und er braucht keine Versprechen, weil er dessen Einlösung ist. Das Selbst-Verständliche in uns hält der Verneinung immer stand. Wie alles Selbstverständliche ist es uns zunächst nicht bewußt. Es fällt uns gar nicht auf, eine individuelle Variation über das Leben zu sein.

Steinbock setzt uns unserer persönlichen Not aus, nämlich jenen Überzeugungen, mit denen wir uns selbst an der bewußten Teilnahme am Lebenswillen hindern. Sein Ziel ist es, uns auf die Spitze zu treiben, uns auf den Punkt zu verdichten, der wir wahrhaft sind. Um diesen Punkt zu erreichen, muß auch die letzte unserer äußeren Autoritäten sterben, die letzte Möglichkeit für die Projektion von Strafe und Lohn. «Dann dachte ich, ich kann nicht glücklich sein, wenn mich Menschen an leitender Stelle in diesen Institutionen ablehnen, und es überfiel mich etwas von jenem alten Gefühl der Verworfenheit. Manchmal fürchte ich, du könntest mich soweit gebrochen haben, daß ich im Ernstfall [...] nicht fähig wäre, den absoluten Zorn oder die Ungnade des Mächtigen zu ertragen. Ich fürchte, du hast mich korrupt gemacht, weil ich auf deine Zustimmung und Gnade nicht verzichten konnte.»[4]

Durch das Verlassen der Götter wird in uns erst das *Bewußtsein* darüber geboren, wer und *was* wir sind, was es bedeutet, lebendig und ein einmaliger Mensch zu sein. Im individuellen Horoskop ist es häufig das Zeichen am MC, dessen Kernfunktion für unsere Seele wir nicht erkennen dürfen, da sie unsere Götter gefährdet. Gerade die Eigenschaften dieses Zeichens erweisen sich jedoch in Notsituationen als Anker und Gipfelkreuz zugleich.

Aus der Sicht des inneren Schützen bringen diese Qualitäten Not. Unsere Schütze-Seite lehnt Saturns Qualitäten zunächst ab, weil sie uns die Grenzen unseres persönlichen Willens aufzeigen. Der vierte Quadrant beinhaltet jedoch nicht umsonst kein Feuerzeichen. Aus der Sicht des Wassermanns in unserer Seele ist das Verneinen der Götter ein Akt der Befreiung von Ballast und Übergewicht. In diesem Sinne macht Saturn uns den Weg zum Aufstand frei. Doch es wäre nicht Saturn, wenn dieser Weg keine zwei Seiten hätte: Zwar verweigert uns die Realität in saturnischen Phasen die Bestätigung unserer Überzeugungen oder unseres Glaubens, sie zwingt uns aber auch zu deren Beachtung. Und das ist der Schlüssel. «Die Götter wollen geehrt werden, und wenn wir ihnen diesen Wunsch nicht erfüllen, können sie sehr zerstörerisch sein.»[5]

c. Noch einmal: Janus

Saturns Qualität tendiert somit dahin, daß wir uns bewußt erste Schritte in uranische Gefilde wagen. Die Abwendung von Göttern, Überzeugungen oder übergeordneten Autoritäten birgt jedoch auch ein moralisches Risiko in sich. Daher kann unser Ich nur so viel Freiheit wahrnehmen, wie es reif dazu ist. Wenn sich aufgrund der archetypischen Dynamik Strukturen stets grundlegend wandeln wollen, muß es ein Ich geben, das als Zeuge und handelndes Element wirkt. Die archetypische Wandlungsdynamik wird durch das Dreieck Skorpion-Steinbock-Fische dargestellt. Die bewußte Bewältigung dieses Prozesses zeigt jedoch die Folge Schütze-Steinbock-Wassermann. Das bedeutet, daß der Mensch auch bei kollektiven Prozessen bewußt «mitgehen» kann, indem er fähig ist, seine Überzeugungen in Frage zu stellen und reif genug ist, das Risiko des Neuen zu erkennen und zu tragen.

Das Interesse saturnischer Energie ist die Konsequenz, also auch die Konsequenz ihrer selbst. Und die Konsequenz einer inneren Haltung, die auf Eigenverantwortung und Eigenautorität beruht, ist letztendlich die Freiheit des Individuums. Daß sich dieser Prozeß hoch oben, am Dach des Tierkreises abspielt, verweist auf seine kollektive und gesellschaftliche Relevanz. Folglich ist es eher weise als ärgerlich, daß unser Weg zur Individualität Zeit braucht und von Prüfungen begleitet wird.

Wann immer die Steinbock-Energie die Tür zum Wassermann freigibt, sind wir fähig, die *qualitativen* Aspekte von Raum und Zeit wahrzunehmen. Wir dürfen dann einen flüchtigen Blick darauf erhaschen, daß das, was wir schon zu kennen glauben, noch eine andere Seite hat. Diese andere Seite drückt sich heute in unsichtbaren Rhythmen, Frequenzen und Mustern aus[6], die unerkannt als Wirkungen von Willkür, Zufall oder Gott erscheinen und die *das bewegende Element der Materie selbst* sind. Bei jedem Blick durch diese Tür kommen wir dem Geheimnis der Schöpfung ein Stückchen näher.

Saturn verlangt für den Eintritt in diese Welt einen Preis: die Anbetung des Willens und der Getrenntheit des Ichs.[7] Wie wir nur sehen können, wenn wir die Augen öffnen und die entsprechenden Wellen in uns hineinlassen, so können wir uns einer neuen Dimension der Existenz nur dann bewußt werden, wenn wir unser Ich in ein wirksameres Größeres stellen. Für diesen Akt kennen wir die Begriffe Disziplin und Demut, und er will bewußt vollzogen werden. Die Barrieren, die das Zeichen Steinbock vor den Zutritt zum vierten Quadranten legt, dienen in erster Linie unserem Schutz. Die geistige Dynamik wird von weit intensiveren und stärkeren Kräften bewirkt, als wir es uns vor der Schwelle vorstellen können. Uranischen Dimensionen müssen wir uns reif bzw. bewußt nähern – sonst werden wir womöglich tatsächlich verrückt und verbrennen im irrationalen Feuer der widersprüchlichen Ereignisse, Erkenntnisse und Befindlichkeiten.

Wenn wir glauben, daß einzig unser Wille unser Leben steuert, kann uns eine geballte Ladung Uranus gehörig aus der Bahn werfen, denn wir haben dann den Eindruck, als ob uns unser inneres und äußeres Leben entgleitet.

Mit der kausalen Interpretationsweise des Schützen versuchen wir dann, Situationen zu erklären (notfalls war es dann der Wille Gottes), die aus der Perspektive von Synchronizität und Analogie zwar einleuchtend sind, ansonsten jedoch chaotisch erscheinen. Für jede Annäherung an Schöpfungs- und Selbsterkenntnis verlangt Saturn einen Gott, eine Göttin, eine Überzeugung oder einen Glauben als Preis. Wenn wir berücksichtigen, daß uns selbst die teilweise Erkenntnis der Welt ungeheure Macht ermöglicht, ist der Preis dafür nicht zu hoch.

Uranische Freiheit kennt keine Götter, im Gegenteil: Der Menschengeist ist evolutionär darauf ausgerichtet, sie zu stürzen, wo immer sie sind. Damit entbindet uns die Energie des Wassermanns der Verantwortung für die *Bedingungen* der Schöpfung und offenbart uns unsere Geschöpflichkeit. Erst eine menschliche Integrität, die Autorität nicht mit Macht und Herrschaft von Geschöpfen über Geschöpfe verwechselt, erfüllt Saturns Bedingungen für den seelischen Sprung in diese andere Dimension. Vorher bleibt die Tür geschlossen, und unsere scheinbar uranischen Erlebnisse sind nur ein nervöses Echo auf eine irritierende Ebene des Seins.

Ein unreifes Ich leitet aus den persönlichen Zufällen ein allgemeines Regelwerk ab, macht aus der persönlich benötigten Nahrung allgemeine Rechte, aus der Dynamik der persönlichen Zufälle allgemeine Erklärungen und aus den persönlichen Hindernissen zur Konzentration auf das eigene Ziel allgemeine Pflichten. Ein solcher Umgang mit der Saturnqualität macht sich die innere Wassermannseite als einen Rebellen zum Feind, weil er ihr das Existenzrecht abspricht. Er hebt Menschliches auf den Himmelsthron, sperrt es damit letztendlich ein und provoziert auf diese Weise den eigenen dramatischen Sturz.

Ein reifes Ich wächst zu dem Bewußtsein heran, daß wir auch eine Qualität benötigen, die uns vor uns selbst schützt. Innerhalb eines vernetzten und von der Gesundheit seiner Teile abhängigen Systems muß die Vielfalt koordiniert werden, damit das Ganze in einem lebensfähigen Gleichgewicht bleibt. Das gilt sowohl für das System unseres Planeten als auch das System unserer Seele. Gleichgültig welcher Teil der Vielfalt eine Sonderbehandlung beanspruchen oder sich zum dauerhaften Maß der Dinge machen will – dies gefährdet früher oder später das Ziel des Ganzen. Dieses Ziel hat Saturn bei seinen regulierenden Maßnahmen stets im Blick.

Die Energie des Wassermanns entzieht sich dieser Regulierung nicht, sondern fördert sie durch stets ausschließlich auf die gegenwärtige Situation bezogene Wirkungen. Uranus ist flüchtig, seine Regeln ändern sich so häufig wie die Qualität des Moments. Um aber wirksam werden zu können, benötigt er eine beurteilte Zustandsbeschreibung, welche ihm nur Saturn liefern kann. Dabei hängt es von der Starrheit unserer Überzeugungen ab, ob Uranus zum Bombenleger wird oder nicht. Werden die Götter betoniert, kann der Wandlungsprozeß nicht fortschreiten und Saturn seine Tür zur Individualität nicht öffnen. Dann muß sie gesprengt werden.

Begreifen wir hingegen die Verneinungen unserer Wachstums-, Größen- und Bedeutungsansprüche als eine Aufforderung, unsere geistige Haltung in Frage zu stellen, treten wir in den Reifungsprozeß ein, der uns letztendlich zu individueller Freiheit befähigt. Saturns höchstes Gesetz lautet: Solange unsere Freiheit dem Ganzen schadet, werden wir nicht ihr Nutznießer, sondern ihr Opfer. Das gilt für alles, was uns die uranische Qualität bringt und im Lauf der Geschichte gebracht hat. Am kritischen Berührungspunkt zwischen Steinbock und Wassermann wartet auf uns das heikle Thema der Moral. Es kann jedoch ebensowenig umgangen werden wie die Wandlung des Bestehenden selbst.

Vor allem hierdurch befähigt Saturn uns, vom quantitativen zum qualitativen Menschen zu werden. Er verhilft uns zu dem Bewußtsein, daß Raum und Zeit stets augenblicklicher Ausdruck eines wirkenden Geistes sind, der mit unserer Seele in direkter Verbindung steht. Somit wandeln wir uns vom unbewußten Naturwesen zum bewußten Geistwesen. Die Seinsform, der wir angehören, heißt dann nicht mehr lediglich Ich, Frau, Mann, Mensch oder Erdling. Zugleich sind wir dann ein unvergleichliches und einheitliches, vergängliches und ewiges Symbol für das Leben. Wenn wir aufhören, unser Schicksal persönlich zu nehmen, kann uns das am tiefsten Punkt saturnischer Versagungen wie ein Blitz treffen.

d. Licht

Die Schwelle zwischen Wassermann und Schütze ist keine einfache Position. Durch unser eigenes Verhalten wird hier mitentschieden, in welcher Qualität wir die transpersonalen Energien erfahren. Nimmt die Prüfung des Glaubens überhand, ersterben schließlich jeglicher Optimismus und jegliche Motivation, weiterzuschreiten. Dann empfinden wir die uranische Energie als zwingend und störend, als destruktiv und anarchisch. Das gleiche kann uns jedoch passieren, wenn wir unsere Überzeugungen für das Maß der Dinge und als über allem stehend betrachten, als unangreifbares, heiliges Wort. Es ist ein schmaler Grat, auf dem wir mit Saturn wandeln. Ignorieren wir jedoch generell die Existenz eines solchen Grates, erfahren wir unser Leben stets zwischen Hybris und Sturz und jenseits unserer eigenen Beteiligung daran.

Im Verlauf von lebendigen Prozessen kommen unweigerlich Momente, in dem die Energie des Steinbocks für das weitere Gelingen nicht mehr zuständig ist. Steinbock befähigt uns dazu, auf eine Art und Weise vorzugehen, deren Konsequenzen absehbar sind. Daraus resultiert unsere Fähigkeit, für uns geradezustehen und Verantwortung zu tragen. Aus diesem Grund baut die zehnte Energie auch alle Übertreibungen und Überheblichkeiten ab. Wenn das jedoch weitgehend vollzogen ist, ist es nötig, sich von der alten Form zu trennen und den Kokon zu verlassen. Saturn kann nicht trennen, er kann lediglich unterscheiden und zusammenhalten (hierzu Ausführlicheres im nächsten Kapitel). Folglich muß hier ein Akt des Vertrauens geschehen, wie es das Sextil zu den Fischen ja bereits nahelegt. Steinbock regiert über die Formen und hat den Wandlungsimpuls in sich. Den individuellen Vollzug der Wandlung muß diese Energie jedoch dem Wassermann überlassen, denn er kann trennen und die Verbindung zu dem Vergangenen abbrechen.

Die alte Herrschaft Saturns über das Zeichen Wassermann zeigt noch etwas von der Verbundenheit der beiden Energien. Alle Formen, die Saturn herausbildet, sind letztendlich Zwischenformen innerhalb eines organischen Wachstums. So wie er stets strukturiert, bedarf es jedoch auch des steten Bruches, um die übergeordnete Form manifestieren zu können. Ansonsten säße er in seinem eigenen Prinzip wie in einem Gefängnis fest. Saturn ist das Samenkorn, Uranus jene Kraft, die es aufsprengt. Letztendlich entstehen hierdurch wieder Samenkörner, doch *das wissen wir in diesen Augenblicken nicht!*

Diese Unwissenheit ist mit ein Grund dafür, daß wir der Energie des Steinbocks ihre Qualität übelnehmen. Wir sehen solange keinen Sinn in der Enge, der Dunkelheit und Kargheit, der schwierigen Situation an sich, bis wir sie bestanden haben. Erst nach der Geburt erkennen wir, daß die Passage durch den Geburtskanal hierzu notwendig war und uns einem neuen Licht zuführen wollte. Erst im Wassermann löst sich die Projektion des «Bösen» auf Saturn und damit auf die Welt und Materie schlechthin auf – und erst dann hört das sogenannte Böse auf, zu existieren.

Das ist zwar erleichternd, kann zugleich jedoch auch beschämend, peinlich, demütigend oder einfach voller Komik sein, denn wir erkennen plötzlich unsere eigenen Irrtümer, Dummheiten und abstrusen Interpretationen. Aus diesem Grund scheut etwas in uns den «Wachwechsel», wehren wir uns gegen uranische Lösungen und halten an bestehenden Einstellungen fest. Lieber schimpfen wir mit unserem großen, alten Ich über die schreckliche Situation, anstatt unseren Führungsanspruch aufzugeben und uns dem Prozeß hinzugeben. Mit dem Loslassen und der Übergabe der Zuständigkeit an «den Zufall» trennen wir uns zugleich von unserem alten Ich. Das neue Ich ist kleiner, obgleich der neue Mensch an Größe gewonnen hat.

Ob wir jedoch die Abgabe der Führung wagen, hängt von unserem Glauben und unserer Einsicht in die Dynamik des Lebens ab. Solange wir glauben, daß ohne unsere Kontrolle das Chaos droht, erkennen wir nicht, daß wir uns in einem übergeordneten Prozeß befinden. Dieser übergeordnete Prozeß vermittelt uns jedoch nichts anderes, als daß es ab einem bestimmten Punkt nicht mehr in unserer Zuständigkeit, Kompetenz und Verantwortung steht, wann was geschieht. Hier geschieht mit und durch uns, und uns bleibt nur das bewußte Vertrauen darin. Diesen bestimmten Punkt wahrzunehmen bedeutet, auf dem Grat balancieren zu können, auf dem Seil zu tanzen, bis unser Ziel, der neue Boden unter den Füßen erreicht ist.

Die Enge will die Freiheit hervorbringen. Das ist die *archetypische Dynamik von Erneuerungsprozessen* und nichts, was wir beurteilen können. Hinter der Schwelle erkennen wir, daß unser altes Ich genau das jedoch getan hat, und zudem noch aus einer völlig verzerrten Perspektive. Im Wassermann findet die Rehabilitation der zehnten Energie statt. Von einer neuen Warte aus werden unsere Beurteilungen aufgehoben. Der von der kollektiven Seele ausgehende Impuls zur Wandlung der Form (Skorpion-Steinbock) findet seine Zustimmung und Mitwirkung durch den individuellen Geist (Steinbock-Wassermann). Das ist das Licht. Mag uns die Passage durch den Tunnel saturnischer Zustände auch als vernichtend und unsere Existenz verneinend erscheinen, so ist sie jedoch vielmehr ein *Symptom* dafür, daß wir gerade geboren werden.

Saturn führt uns zur Ent-Bindung aus der Masse.[8] Es ist ein Kennzeichen des Menschseins, daß diese Entbindung vor allem ein geistiger Prozeß in unserem Bewußtsein ist. Das

Licht, das wir ersehnen, ist die Klarheit in unserem Bewußtsein, die Über-Sicht über unser Sein. Was uns nach Bolks Theorie an Instinktsicherheit fehlt und uns somit den Eindruck vermitteln kann, von der Natur und vom Ganzen getrennt zu sein, ist unser Bewußtsein fähig, zu ergänzen. Dies ist jedoch nicht eine reine Angelegenheit des Verstandes. Wie die Position des Steinbocks zu Beginn des vierten Quadranten zeigt, umfaßt das Bewußtsein mehr als das Denken. Vielmehr ist es direkt an das Element der Erde gekoppelt und von überpolaren (Wassermann) und irrationalen (Fische) Faktoren bestimmt.

Daher verwundert es nicht, wenn wir am Beginn des Wassermann-Zeitalters eine Situation vorfinden, in der uns Saturn – die irdische Realität – auf unbarmherzige Weise die Konsequenzen und Grenzen unserer vergehenden Weltanschauung aufzeigt, welche auf dem Eindruck der Trennung von der Natur beruhte. Entsprechend dramatisch sind die Signale von jenseits der Schwelle, aus der Dimension, in die uns unsere Zeit entbinden will. Wir müssen wissenschaftliche Erkenntnisse verdauen, die von einer Interaktion zwischen Erkennendem und Erkanntem sprechen, davon, daß «...die Welt dazu (neigt), die Struktur des Blicks, der sich auf sie richtet, zu bestätigen und sich ihm entsprechend zu öffnen.»[9] Physiker entdecken Beweise dafür, daß «...es letztlich das Sonnenlicht (ist), das Ordnung schafft [...], daß das Licht bei seiner Ankunft auf der Erde nicht sofort in Wärme umgewandelt [..] wird, sondern Strukturen aufbaut und stabilisiert.»[10] Zugleich wird nachgewiesen, daß das DNS-Molekül «...die Fähigkeit hat, durch die Veränderungen seiner räumlichen Struktur Licht zu speichern und auch wieder abzugeben.»[11]

Es ist längst nicht mehr nur eine Idee, ein psychologisches Symbol oder eine poetische Metapher. Die Hinwendung an die Materie hat ihre überraschende Botschaft offenbart: Wir sind Lichtwesen.

7. In seinem Element: Steinbock im Erddreieck

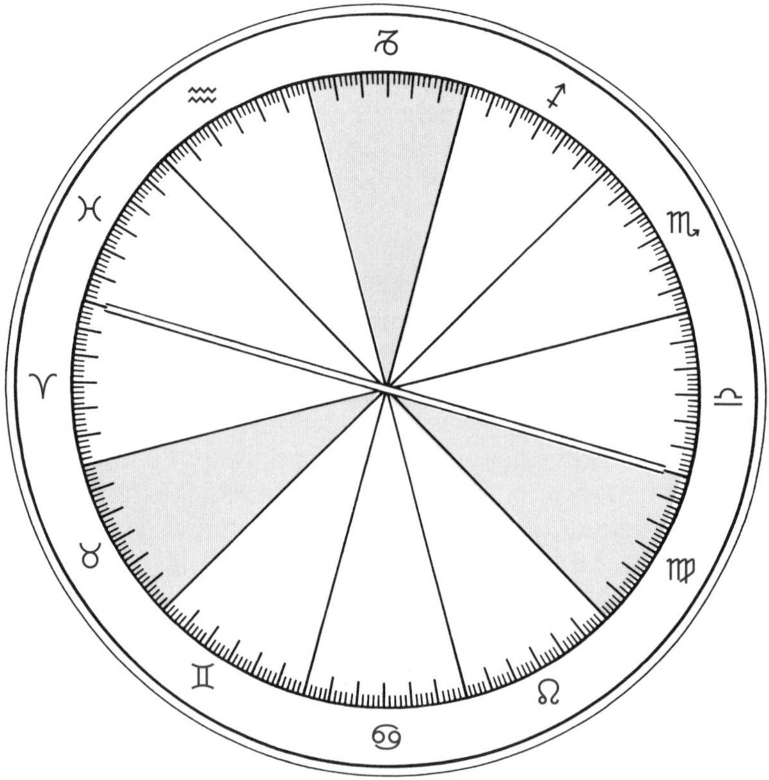

Am Ende unserer Betrachtungen der zehnten Energie innerhalb des Tierkreises fehlt nun noch ihre Beziehung zu den Zeichen ihres eigenen Elements. Die Stellung des Steinbocks in bezug zu den anderen beiden Erdzeichen Stier und Jungfrau kann uns etwas darüber mitteilen, was das Element der Materie für uns bedeutet, von uns verlangt und für uns bewirkt. Die

Erdzeichen setzen unsere inneren Impulse in die Sichtbarkeit um, daher sind es meist diese Energien, mit denen wir ringen. Als erstes und kardinales Erdzeichen finden wir im Steinbock nun jene Energie, die uns etwas über das der Materie grundsätzlich innewohnende Prinzip vermitteln kann.

Alle Zeichen eines Elementes bilden zueinander einen Winkel von 120°. Trigone stehen für einen intensiven, harmonischen und die betreffenden Qualitäten fördernden Kraftstrom. Dieser Kraftstrom wirkt, ob wir uns dessen bewußt sind oder nicht. Im Falle von umlaufenden Trigonen kann daraus eine energiereiche Kreisbewegung entstehen, die einen Selbstlaufmechanismus entwickelt. Ob aus dieser Kreisbewegung eine Spirale der Entwicklung oder ein letztendlich ermüdender Kreislauf des Immergleichen entsteht, hängt davon ab, wie offen wir für verändernde Einflüsse sind.

Wie jedes andere Elemente-Dreieck besteht auch das Erddreieck aus einer dreiphasigen Variation über sein Thema. Es gibt immer ein kardinales, ein fixes und ein bewegliches Zeichen für jedes Element. Das Kardinalzeichen präsentiert das betreffende Element und hat aktionistische Qualität. Das fixe Zeichen bindet das betreffende Element und das veränderliche Zeichen modifiziert es. Das Kardinalzeichen stellt also sein Element zunächst erst einmal vor und sagt uns, womit wir es bei diesem Element überhaupt zu tun haben. Im archetypischen Tierkreis bildet Steinbock die Pforte zum Quadranten des Bewußtseins und steht auf der Basis von Stier und Jungfrau. Am Dach des archetypischen Tierkreises finden wir das Element Erde, jedoch ansässig in dem «jenseitigsten» der vier Quadranten.

Jenes Zeichen also, das uns sagt, womit wir es auf der Erde überhaupt zu tun haben, finden wir erst zu Beginn des letzten Quadranten. Das mag um so irritierender sein, als das wir es gewohnt sind, im Widder den Anfang zu sehen und somit den Steinbock meist an das Ende der Erdelemente setzen. Sein Charakter als Endpunkt und Grenze mag diese Sichtweise noch unterstreichen. Die Position des kardinalen Erdzeichens

Steinbock im archetypischen Tierkreis deckt jedoch schon eine Ursache für unsere Schwierigkeiten mit diesem Prinzip auf und wirft zugleich ein erhellendes Licht auf unser Erbe aus dem Fischezeitalter.

a. Die verbotene Frucht

«Nenne das Runde rund und das Eckige eckig» (Adrienne Rich). Dieser Satz beschreibt treffend die Essenz saturnischer Qualität. Wir können ihn weiterführen und sagen: Nenne das Helle hell und das Dunkle dunkel, das Harte hart und das Weiche weich, das Gute gut und das Böse böse – oder, um ein biblisches Wort sinngemäß zu bemühen: Sei heiß oder kalt, aber nicht lau.

Saturnische Klarheit hat etwas mit Diagnose zu tun, und das diesem Wort zugrunde liegende griechische Verb bedeutet «durch und durch erkennen, beurteilen».[1] Zum Urteil gehört Bewußtsein, und zum Bewußtsein die Polarität – eben jener Seins-Zustand, an dem wir durch unsere Geburt auf der Erde teilnehmen. Unser Dasein in der Polarität befähigt uns zur Erkenntnis von Gut und Böse, und jeder Mensch, der geboren wird, hat in den Apfel gebissen, den Eva, das Leben, ihm reicht.

Die Begriffe Bewußtsein, Erde, Polarität und Urteil gehören alle zur Analogie des Steinbocks und beschreiben im Grunde das Wesentliche seiner Qualität. Die 10. Energie befähigt uns zur Erkenntnis der Pole, wozu auch die Pole «Gut und Böse» gehören. Würden wir die Pole nicht erkennen, wären wir nicht in der Lage, auf diesem Planeten zu überleben und uns mit ihm auszutauschen. Erde-Sein *erfordert* das Erkennen der Pole, und das lernen wir im Laufe unserer Entwicklung mehr oder weniger mühsam.

Eine weitaus interessantere Überlegung entsteht jedoch aus der Frage, warum die Bibel vom göttlichen Verbot der Erkenntnis von Gut und Böse berichtet und warum der Ungehorsam der Menschen sie aus dem Paradies vertrieben hat.

Das abendländische Denken ist über Jahrhunderte vom Christentum geprägt worden, und somit möchte ich unsere Probleme mit dem Steinbock-Zeichen im Zusammenhang mit dem biblischen Sündenfall etwas näher betrachten.

Was ist so bedrohlich daran, das Gute gut und das Böse böse nennen zu können? Es wird schnell übersehen, daß es bei dem biblischen Verbot nicht um die *Erschaffung*, sondern lediglich um die *Erkenntnis* von Gut und Böse, um die Erkenntnis der Pole ging.[2]

Der Sündenfall im katholischen Glauben ist ähnlich verschrien wie die Energie des Steinbocks in der Astrologie. Das bedeutet, daß in unserer Seele ein Mythos wirkt, der uns vermittelt, daß es schlecht ist, Gut und Böse oder genereller die Polarität zu erkennen. Durch dieses Vor-Urteil ist also die Energie des Steinbocks – welche uns dazu befähigt, zu ur-teilen – schlecht. Das erinnert an den Rückfall Saturns auf sich selbst, wie es im ersten Teil dieses Buches anhand des Kronos-Mythos dargestellt wurde. Von seinen Eltern wird Kronos prophezeit, daß das, was er getan hat, auch ihm selbst widerfährt. Jene Energie, die das Urteil bringt, fällt ihm auch zum Opfer, wenn man so will. Jede Energie wirkt auch auf sich selbst zurück und wird auf sich selbst angewendet. Sobald wir urteilen können, wirkt diese Fähigkeit nach außen, also über das andere, und nach innen – über uns selbst.

Um zu der Steinbock-Energie in unserer Seele vordringen zu können, müssen wir also erst einmal das ererbte Vor-Urteil über unsere Urteilsfähigkeit wahrnehmen. Grundsätzlich bedeutet das, uns zu vergeben oder es einfach nicht mehr als schlecht oder als ein bedauerliches spirituelles Versehen anzusehen, inkarniert zu sein.[3] Abgesehen davon, daß uns das von dem Gefühl der «Schande unserer Existenz» erlösen könnte, würden wir die Erde auch nicht mehr so grausam behandeln (die uns das ja schließlich eingebrockt hat...). Das Gefühl der Schlechtigkeit *aufgrund* der eigenen Existenz geht jedoch zunächst mit der Steinbock-Energie einher und ist der Preis, den wir für unsere Eigenständigkeit zu zahlen haben.

Unsere Haltung gegenüber dem Urteil ist durch den weltanschaulichen Wandel ebenso im Sinne eines Urteils über das Urteil verändert worden.[4] Das Fischezeitalter stand im Geist der Transzendierung der Materie, der Auflösung, der Hingabe an etwas «Höheres» oder an Gott und der Sehnsucht nach dem Einen, Vereinenden. Von ihm übernehmen wir eine tiefsitzende Abneigung gegen alles, was dem entgegensteht, selbst wenn die ehemals bevorzugte Energie inzwischen aufgrund ihrer unbewußten Intensität schädliche Wirkungen zeigt (Kriminalität, Drogen und andere Süchte, Realitätsverlust durch virtuelle Welten aller Art, Täuschungen, Korruption, Weltvergiftung usw.).

Hätten wir einen Menschen vor uns, der uns verbieten würde, Gut und Böse zu erkennen, würden wir uns das erstens nicht bieten lassen (wie Adam und Eva auch nicht) und würden zweitens irgendwann fragen: Warum will er das nicht? Wieso hat er ein Interesse daran, daß wir das Gute und vor allem das Böse nicht erkennen? Wer verbietet denn da? Was hat er zu verbergen? Das Böse etwa?

Wenn wir diese Fragen aber dem betreffenden Gott stellen, führen sie unweigerlich zum Sturz des Gottes, das heißt zum Ende seiner Vorherrschaft in unserem Bewußtsein. Jeder Gott hat etwas «Böses» zu verbergen, und sein Böses ist gemeinhin das Verteufelte – und somit unbewußt Wirkende – seines Vorgängers. Das Verbot, ihn in Frage zu stellen (was wir mit der Fähigkeit zur Erkenntnis von Gut und Böse könnten), gepaart mit dem Zorn, der Rachsucht, der patriarchalen Ordnung und dem umfassenden Anspruch des alttestamentarischen Gottes erinnert eher an die Schattenseiten Jupiters: Überheblichkeit, Ignoranz, Eifersucht, Besserwisserei, Größenwahn, bedrohliche Verheißungen und eine Art großzügige Ungenauigkeit den eigenen Fehlern gegenüber.

Im Grunde geht es bei diesen Überlegungen jedoch nicht um Menschen oder einen alleinigen Gott, sondern um die Wirkung seelischer Archetypen. Es geht um die vielen Götter in uns, von denen wir uns je nach Ära die Erlösung und Sinngebung erhoffen. Als das Fischezeitalter begann, war Jupiter sein Herrscher und führte somit die überwiegende Zeit der Fische-Ära Regie im Bewußtsein der Menschen. Neptun wurde erst vor etwas mehr als 150 Jahren entdeckt, und interessanterweise ist in seinem Entdeckungshoroskop Jupiter – verborgen oder abgelöst – an der Spitze des 12. Hauses zu finden.[5] Wir stehen also eher mit dem Erbe eines Jupiter-Übergewichts mit Neptun-Schleier als mit spirituellen Einheitserfahrungen am Ende des Fische-Zeitalters, und unsere innere Saturn-Energie hat vor allem erst einmal damit zu kämpfen.

Was denken wir über die Existenz von gut und böse, über die Polarität? Bejahen wir sie, gestehen wir ihr ein Existenzrecht und einen Sinn zu? Ist unser Bewußtsein willens und klar genug, das Runde rund und das Eckige eckig nennen zu können? Die Esoterikwelle, welche eher einer scheintoleranten Realitätsflucht gleicht und einen Guru-Jahrmarkt hervorgebracht hat, die stete Aufforderung zur «Überwindung» der Polarität begleitet vom Angebot diverser Methoden zur Ignoranz der Unterschiede, die Mißhandlung der Erde und die Mißachtung der Bedingungen unserer Existenz gepaart mit Größen-, Jugendlichkeits- und Wachstumswahn erzählen immer noch die Geschichte von Kronos' Verbannung durch Zeus in den Tartaros – nun allerdings mit kirchlichem Segen und der Androhung von Heulen und Zähneknirschen, falls wir ihn da herausholen wollen.

Wenn wir bisher geglaubt haben, die Herrschaftsverhältnisse der antiken Götterwelt seien in unserer Seele passé, so fällt uns dieser Irrtum spätestens dann auf, wenn wir versuchen, die Energie Saturns seelisch zu integrieren. Jupiters Herrschaft ist durch die Vergöttlichung und Abstraktion des männlichen *Prinzips* lediglich verschleiert worden, was jedoch nichts daran ändert, daß Prometheus (Wassermann) *Zeus* das Feuer stiehlt. Die eifersüchtige Allgegenwart des über allem thronenden Gottvaters macht es uns nun durch seine Ungreifbarkeit ähnlich schwer, eigenverantwortlich und erwachsen zu werden wie der verschlingende Aspekt der großen Mutter. Aufgrund unseres weltanschaulichen Erbes ist uns die saturnische Energie, der schmale Weg zum Licht, die Geburt ins Bewußtsein und die Entbindung aus der Masse immer noch verboten.

Das hat Folgen, die sich gerade in unserer Zeitenwende offenbaren. Laut Robert Bly gleicht der Zustand westlicher Gesellschaften eher Heranwachsenden (Schütze) und nicht Erwachsenen (Steinbock). «In gewisser Hinsicht sagen wir in dieser Kultur zu allem ja, nur nicht zum erwachsenen Menschen. Zu ihm sagen wir oft nein», schreibt er am Ende seiner kritischen Analyse «Die kindliche Gesellschaft»: «Viele plagen Sorgen und Furcht angesichts der jüngsten Entwicklungen, doch wir wissen auch, daß die heutigen Ereignisse nur die Fortsetzung einer allgemeinen Nivellierung sind, die mit der Französischen Revolution begonnen hat».[6]

Sein Buch beschreibt scharfsichtig das verwirrende Durcheinander von geistig-seelischen Haltungen, mit denen wir Heutigen zum größten Teil aufgewachsen sind und aufwachsen: eine unbewußte Mischung aus Jupiter und Neptun (grenzenlose Jugend), eine auf Uranus gerichtete Erlösungshoffnung (die Zukunft wird besser) und eine überhebliche oder verzweifelte Ablehnung Saturns (no rules – fun! oder die Vermarktung esoterischer Disziplin im Weichspülformat). Seine Frucht ist uns unbewußt immer noch verboten, was ihn jedoch nicht daran hindert, in unserer Seele zu existieren und Verkörperung zu fordern.

Dieser neuerliche Exkurs in die unser Denken prägenden Mythen soll aufzeigen, welche tatsächlichen Hindernisse vor dem vermeintlichen Hindernis stehen. Wenn Saturn in unserem Leben und in unserer Seele spürbar wird, so will er bewußt gelebt werden. Wir wissen jedoch oft nicht, was diese Energie in uns will, und obwohl wir uns auf die Suche nach einer Antwort machen und uns alle Mühe geben, manifestiert er sich schließlich doch auf unbewußte Weise über die Außenwelt oder Somatisierungen. Hier bremst uns die zehnte Energie dann auf unangenehme Weise, sie blockiert, verhindert, beengt oder beendet. In jedem Fall gibt sie den Weg zum Licht nicht frei.

In der Regel suchen wir an der falschen Stelle nach Saturn und versuchen, ihm «nach Jupiter- oder Fische-Art» gerecht zu werden. Wir fürchten uns vor der Vertreibung aus dem Paradies – wir müssen aber im Tartaros suchen, in unserer Unterwelt der verbotenen Gelüste. Dort unten wissen wir, daß es notwendig ist, gut und böse erkennen zu können. Dort unten sind wir auch bereit, die schwierige Bürde der Moral auf uns zu nehmen, auch wenn sie (heute) altmodisch scheint.

Aufgrund unseres seelischen Erbes ist in uns allen die typisch joviale Schattenseite, unliebsame Dinge durch Ignoranz oder Versprechungen zum Verschwinden bringen zu wollen, sehr mächtig. Bleibt die Erkenntnis von Gut und Böse aus, so verschwinden aber nicht Gut und Böse selbst, *sondern nur unser Bewußtsein darüber*. Die Energie des Steinbocks versinkt in unserem Unbewußten, was ihre Wirkung jedoch nicht aufhebt, sondern eher verzerrt und verstärkt. Die einen bilden sich kein Urteil mehr und halten sich daher für besonders tolerant, verständnisvoll, weltoffen oder mitfühlend. Unbewußt halten sie sich deshalb jedoch nicht einmal mehr einfach nur für gut, sondern für die *besseren* Menschen (Schütze).

Die andern bilden sich kein Urteil mehr und empfinden nur noch Gleichgültigkeit, Hilflosigkeit, Sinnlosigkeit, Machtlosigkeit und andere «-losigkeiten» (Fische). Sie halten sich deshalb unbewußt oft nicht nur einfach für böse bzw. schlecht, sondern für die *schlechteren* Menschen, was jedoch schnell in eine Haltung umkippen kann, daß sie eigentlich nur Opfer der sogenannten Besseren sind und damit die «richtigeren» Besseren (weil Leidenden) sind. Sie sind die zu Rettenden, während die Erstgenannten die Retter sind. Und unbewußt hält sich jeder für besser als den anderen. Die Jupiter/Fische-Qualität ist unübersehbar – und die paarige Existenz der Widersprüche und Pole im Grunde ebenfalls.

Das Böse oder Schlechte ist durch solche Haltungen jedoch automatisch außen lokalisiert, und wir tun dann nach allen Kräften unser Bestes, um die Welt zu verbessern – jeder mit einem Verhalten, von dem er glaubt, daß es dazu führt. Das Verbot der Erkenntnis von Gut und Böse bewirkt, daß wir uns mit der Außenwelt in einen endlosen Kampf für das Richtige und gegen das Falsche verstricken, was immer das aus unserer Sicht sein mag. Außerdem bewirkt es, das wir daran glauben, daß Gut und Böse voneinander getrennt sind und daß es etwas gibt, das tatsächlich nur gut bzw. böse ist.

Das Verbot der Erkenntnis von Gut *und* Böse, Schwarz *und* Weiß, Oben *und* Unten usw. führt zum unbewußten und zwanghaften Erleben von Gut *oder* Böse, Schwarz *oder* Weiß, Oben *oder* Unten. Wir trennen das Unterschiedene und dividieren die Welt immer wieder durch zwei. Die ordnende Kraft Saturns ist dadurch jedoch außen und kann uns nicht mehr als Wegführer in unserer eigenen Seele dienen. Das Ergebnis hiervon ist aber nicht Reifung, sondern nackte Angst in einem zersplitterten Universum.

Im mythologischen Teil ist mehrfach auf die Doppelseitigkeit Saturns als Charakteristikum für die 10. Energie hingewiesen worden. Ob es Kronos mit der Mondsichel in der Hand ist, ob es die Schlange ist, ob es der Januskopf ist oder Juno, die Göttin der Pforte – all diesen Bildern ist gemeinsam, daß sie als Symbol für die Gegensatzpaare dienen. Die ursprüngliche Qualität des Steinbocks wird auch durch seine alte Bezeichnung «Ziegenfisch» noch deutlich dargestellt. Das entsprechende Symbol dafür zeigt einen Ziegenbock mit einem Fischschwanz. Durch das Verbot, Gut und Böse zu erkennen, können wir vor allem die *Paare* nicht mehr erkennen und zerreißen, was zusammengehört.

Die Position des kardinalen Erdzeichens an der Höhe des archetypischen Tierkreises symbolisiert die prinzipielle Qualität des irdischen Daseins: Alles hat zwei Seiten. Gegensätze existieren und beeinflussen sich wechselseitig. Diese Prämisse der Materie will uns die Energie des Steinbocks zu Bewußtsein bringen, denn sie stellt den einzelnen Menschen in eine eigenverantwortliche Beziehung zur Welt. Hierfür allerdings vertreibt uns der Große Vater aus seinem Paradies und jagt uns in den Tartaros. Hierfür verlassen wir und uns die Götter.

b. Separatio

Das Prinzip der Paarigkeit als bestimmende Qualität unserer Existenz findet seinen manifesten Ausdruck in der Natur, wie sie uns beispielsweise das System des Planeten Erde präsentiert. Als zweites, dem Steinbock folgendes Erdzeichen finden wir im archetypischen Tierkreis das Zeichen Stier, dessen Herrscherin die Venus ist. Das Natürliche symbolisiert somit die harmonische Beziehung der Gegensätze, und die Natur ist insofern gerecht, als daß sie ein Gleichgewicht zwischen Gegensätzen ist. Indem sich der Mensch über die vorgefundene Polarität ein Urteil bildet und die Pole getrennt bewertet, zerstört er jedoch das Gleichgewicht. Das Unterschiedene zu teilen ist zwar ein Schritt fort von der ursprünglichen Energie Saturns, jedoch zugleich – da alles paarig ist – auch ein Schritt auf ihn zu.

Die Trennung der Pole beschreibt der alchemistische Prozeß als Separatio. Zur Symbolik der Separatio gehören Schwerter, Schneiden und Messer aller Art (Kronos' Mondsichel, die Sense des Todes), so daß Vermengtes voneinander geschieden und separat geläutert werden konnte. Als schärfstes Werkzeug der Separatio galt der Logos bzw. der Verstand. Die Separatio hatte durch fortwährende Unterscheidung und Reinigung letztendlich das Erreichen des Unteilbaren zum Ziel, das In-dividuum. Das Individuum ist ein sich seiner selbst bewußtes Wesen und dadurch fähig zur Erkenntnis seiner Wechselbeziehung mit der Welt.

Die Ausführungen des amerikanischen Psychotherapeuten und Jungianers Edward F. Edinger beschreiben prägnant das *Empfinden*, das uns bei dem Prozeß der Bewußtwerdung begleitet: «...aber das Werden des Bewußtseins reißt die Gegensätze auseinander und ist, so die Mythen, ein Verbrechen. (...) Mit anderen Worten, die Trennung der Gegensätze ist das

Urverbrechen, und Gerechtigkeit kann nur durch Versöhnung entstehen. Dies wird durch den Tod, oder vielleicht, im anderen Falle, durch Individuation erreicht».[7]

Dieses Verbrechen (gegen Gott), dessen wir uns alle – bewußt oder unbewußt – aufgrund unserer Existenz schuldig fühlen, ist die Trennung vom Anderen oder die Tatsache, ein Ur-Teil geworden zu sein. Das bedeutet, daß wir uns für jeden Akt der Bewußtwerdung noch schuldiger fühlen, denn er führt uns immer mehr von der ursprünglichen Verbundenheit fort in die (Gott-) Verlassenheit. Verständlicherweise fürchten wir uns davor, denn wir haben in der Regel keine Ahnung, was uns dort erwartet. Wenn wir dem Unbewußten Bewußtheit abringen, schrumpfen unsere alten Götter. Wir gewinnen zwar an Bewußtsein, verlieren aber die Gegenwart des Numinosen und die Welt wird zunächst entzaubert.

Wir können Bewußtwerdung und Erwachsenwerden gleichsetzen, denn beides ist ein Prozeß fortschreitender Trennung. Unsere erste eigenständige Begegnung mit der Polarität ist unser erster Atemzug, bei dem ein «Draußen» (Luft) auf ein «Drinnen» (Schleimhaut) trifft und eine wechselseitige Veränderung beginnt. Später beginnt sich die emotionale Verbundenheit mit der Mutter aufzulösen, und noch später beginnt die intellektuelle Separierung von den anderen (Jungfrau). Hier schwingen wir das scharfe Schwert der Trennung im Dienste der Reinigung von Geist und Seele. In der Jungfrau erreicht die Energie des Steinbocks ihren Gipfel. Das Erdendasein zwingt uns diesen Prozeß auf, ob wir wollen oder nicht. Saturn als Prinzip der Polarität verlangt von uns auf allen Ebenen, das eine vom anderen zu scheiden, und treibt uns dadurch in die Einsamkeit.

Wenn wir uns dagegen wehren, ändert das nichts an der Wirksamkeit und Absicht der zehnten Energie. So hart es klingen mag, aber es ist die Wahl unseres Ichs, wie die von Edinger beschriebene Versöhnung geschieht: durch den Tod oder durch Individuation. Dabei schließt Individuation den (symbolischen) Tod mit ein, denn sie ist letztendlich ein Weg, auf dem wir sterben lernen müssen.

Die *Trennung* der Gegensätze ist ein Akt des Bewußtseins und entspricht der Verurteilung der Polarität an sich. Die Trennung ist aber keine Tatsache – wie uns beispielsweise unsere physische, seelische und geistige Verwobenheit mit der «Welt da draußen» tagtäglich zeigen könnte –, sondern eher eine Absicht. Ob wir in unserem Bewußtsein die Gegensätze trennen oder als mit einem «Und» verbunden wahrnehmen, entscheidet über unser Existenzgefühl: Im ersten Fall fühlen wir uns schuldig *oder* unschuldig, im zweiten schuldig *und* unschuldig.

Was den Kontakt mit Saturn unangenehm macht, ist zumeist die *Illusion* der Trennung. Trennung findet nur in unserem Bewußtsein statt und wird durch nichts anderes bewiesen. Wäre uns das voll und ganz klar, hätten wir keine Probleme, jene Urteile zu fällen, die uns körperlich und seelisch im Gleichgewicht halten. Im Prinzip ist dies das Ziel saturnischer Energie, denn sie fließt in den Stier und von dort in die Jungfrau. In der Jungfrau findet das Prinzip der Zweiseitigkeit durch den physischen Ausdruck der individuellen Seele seine Erfüllung und führt zu Fruchtbarkeit und Reinheit.[8] Dies befähigt uns im zweiten Venuszeichen Waage zum Gleichgewicht mit der Außenwelt *und zur Begegnung mit dem Fehlenden*.

Das Jungfrau-Zeichen hat die Fische als Gegenpol, und das bedeutet, daß dort, wo Separation ist, die Illusion auch nicht weit ist. Sie ist ebenso nah wie andere Fische-Entsprechungen: Vertrauen, Erlösung, Sehnsucht und Vereinigung.[9] Der äußerste Schritt fort von der ursprünglichen Steinbock-Energie bringt uns zugleich wiederum in seine Nähe. In diesem Kontext ist das Ziel aller Arbeit (Jungfrau) die Wechselbeziehung mit der Welt (Folgezeichen Waage). Deren Einflüsse erweitern unser Bewußtsein und erfordern letztendlich wiederum dessen Korrektur (Trigon Steinbock).

Da die Gegensätze de facto nicht getrennt sind, hat auch unser ererbtes Vor-Urteil über die Steinbock-Energie eine fatale (schicksalhafte) Wirkung. Der Gegenpol zur Polarität ist die Einheit, wir könnten sie nicht einmal denken, wenn wir nicht in einer polaren Welt existieren würden. Zweiseitigkeit und Einheit sind ebenso verbunden wie alle anderen Pole. Beurteilen wir die Polarität als schlecht, wehren wir uns innerlich gegen ihr Erleben und versagen uns damit selbst das Erleben von Einheit. Mit anderen Worten: Wo kein Urteil ist, ist auch keine Gnade. Wenn der Mensch sich nicht separiert, findet er auch keinen Weg zu seiner inneren Ganzheit, seinem Selbst oder seinem göttlichen Kern. In dieser Dynamik liegt das luziferische Element des Steinbocks.

Die Alchemie war vordergründig der Versuch, aus Blei Gold zu machen. Ihre esoterische Seite spricht jedoch von einem Einweihungsweg wie auch das System des Tarots oder der Astrologie. Der Weg der Einweihung oder die mythische Heldenreise beschreiben die menschliche Entwicklung vom unbewußten Kind zum bewußten Menschen, zur Selbsterkenntnis. In der Symbolik der Alchemie zeigt die potentielle Einheit von Blei und Gold noch am deutlichsten den dunklen und lichten Aspekt Saturns im Sinne seiner zum Licht führenden Funktion.

In allen drei Systemen finden wir jedoch die 10. Energie als zum Anfang gehörig: In der Alchemie als das Ausgangsmaterial Blei, welches wegen seiner Dichte und Schwere zum Steinbock gehört. Die Große Arkana des Tarots beginnt zwar mit dem Narren, verweist auf dessen Karte durch das Bild der schneebedeckten Berge jedoch auf die Verbindung zur Saturn-Karte des Eremiten. Im Crowley-Tarot spricht der gehörnte Narr eine noch deutlichere Sprache, während Crowley den Eremiten der Jungfrau zuordnet. In der Astrologie ist Steinbock das erste Erdzeichen. All diese Gemeinsamkeiten sagen: Wenn es um die Bewußtwerdung geht, fängt es hier an.

Demnach ist die Erde jener Ort, an dem wir das Opus vollbringen können, das große Werk unseres Lebens. Dieses Opus besteht darin, die Gegensätze bewußt zu vereinigen.

Um das tun zu können, müssen wir sie jedoch erkennen und voneinander unterscheiden können. Jedes Aufscheinen der 10. Energie in unserem Leben ist eine Erinnerung daran und eine Aufforderung dazu. In der konkreten Erfahrung unseres Lebens heißt diese Aufforderung immer erst: Unterscheide! Scheide das, was du machst, denkst, fühlst, womit du dich umgibst, worauf du zielst usw. in gut und böse, in richtig und falsch, in deines und anderes, in seine zwei Seiten. Finde dein Urteil und handle danach.

Das führt zwangsläufig zur Stierqualität, zur Abgrenzung vom anderen und zur Ansammlung des Eigenen. Das Bewußtsein erhält Gewicht, wir sagen: Das ist meines. In der Jungfrau fließt auch die Welt der Gefühle mit ein, wir identifizieren uns. Dadurch wird das, was wir als «mein» bezeichnen, beseelt, und Seele und konkreter Ausdruck werden eins – wir sagen: Das bin ich. Durch die Gegenwart der Gefühle wird der konkrete Ausdruck jedoch auch veränderlich, instabil und vom Identitätsgefühl des Individuums bestimmt. Hier sind Urteile und Differenzierungen höchst subjektiv, wenn auch für das Subjekt höchst passend. Die Separatio ist erreicht, der größte Abstand zum anderen, den wir ertragen können – und die größte Nähe zu dem, was uns von uns selbst bewußt ist.

In diesen Zustand haben uns unsere eigenen Urteile geführt, und er ist auch im erlösten Zustand alles andere als «behaglich und sauber», denn er treibt und verändert. In der Regel haben wir jedoch – da «böse» und «falsch» ja auch einem Urteil unterliegen – die so benannten Gefühle, Gedanken, Bedürfnisse, Umstände usw. mehr oder weniger gründlich aus unserem Leben und unserer Wahrnehmung von uns selbst entfernt. Doch Saturn hält weiterhin zusammen, was zusammengehört, und liefert uns das Fehlende (wozu ihn Venus, die Hüterin des Gleichgewichts, beauftragt) über die Außenwelt.

Solange wir nicht erkennen können, daß als Gegebenheit unserer Existenz die Pole miteinander verbunden sind, führt uns dieser Weg geradewegs in die Hölle der Neurose (Jungfrau), denn dann zementieren wir unseren Konflikt mit der Welt. Indem unsere Eitelkeit und unser Stolz regieren, kann die Energie der Jungfrau nicht verändernd wirken, denn dann klären wir nicht, wer wir sind, sondern basteln uns eine schein-heilige Vorstellung davon. Bildlich gesprochen, fließt auf diese Weise die Energie im Erddreieck unverändert im Kreis. Unser Lebensgefühl ist dann dem eines Hamsters ähnlich, der unentwegt im Rad läuft. Wenn wir jedoch erkennen können, daß die Pole miteinander verbunden sind, führt unser Weg geradewegs in den fruchtbaren Zustand der Jungfrau: die Krise.

Am Gipfel der Separatio kann sich unser ererbtes Vorurteil aufheben, denn ebenso wie gut und böse nicht getrennt sind, sind es auch Trennung und Verbundenheit nicht. Dies zu erkennen, erfordert jedoch einige Anstrengung und so Jungfrau-typische Eigenschaften wie Fleiß, Bescheidenheit, Selbstkritik, Dienen, Genauigkeit, Übung und wache Beobachtung. Es ist der Weg von der Jungfrau zum Steinbock, somit ein Akt des Aufstiegs, der Erhöhung und des Neubeginns. Dieser Weg «wider die Schwerkraft» führt durch Luft, Wasser und Feuer, was bedeutet, daß man konkret, d.h. im Sichtbaren nichts mehr tun kann. Und erst in solchen Momenten, wo wir konkret nichts mehr tun können, was helfen würde oder Frucht trägt, wagen wir uns, unsere selbstgeschaffene Hölle zu erkennen, um die Krise des Wachstums zu erleben.

c. Umkehr und Aufstieg

In Kapitel 5 wurde der «freundschaftliche» Verbund des Zeichens Steinbock mit der Energie des Skorpions und der Fische dargestellt. Die von Skorpion initiierte Wandlung wird durch Steinbock in einen Prozeß des Sterbens umgesetzt, welcher in einer Auflösung der bisherigen Verhältnisse mündet. Im Fluß der Energie durch das Erddreieck können wir diesen Prozeß des Sterbens beobachten. Hierbei dürfen wir jedoch nicht aus dem Blick verlieren, daß unter Saturns Regie jedes

Ding zwei Seiten hat und es letztendlich immer um ein einfaches Wechselspiel zwischen zwei Polen geht. Die andere Seite des Sterbens ist immer das Leben.

Steinbock ist eine Kraft, die das Ich aufbaut und abbaut. Das geschieht stets in einem lebendigen Dialog mit der das Ich umgebenden Welt. Die zehnte Energie befähigt uns zwar zur Polarisierung von Ich und Welt und kann uns somit das Gefühl geben, daß die Welt beherrschbar, steuerbar und unserer Macht verfügbar ist. Sie steht jedoch weder auf der Seite des Ichs noch auf der Seite der Welt, sondern als archetypische Kraft im Auftrag der Erde und in Beziehung zum Ganzen. Polarität ist eine Angelegenheit der *irdischen Dimension*, zu der wir Menschen mit den für unsere Spezies typischen Eigenschaften den Zugang finden.[10] Doch alles andere Leben auf der Erde tut das auch, und zwar auf seine eigene Weise, die uns zumeist verschlossen und nur beobachtbar bleibt.

Wir können davon ausgehen, daß der Gipfel der Separatio erreicht ist, wenn die Polarisierung von Ich und Welt beginnt, das Leben *an sich* zu gefährden. In diesem Moment verschiebt sich der Schwerpunkt saturnischer Energie darauf, das Ich, das Kleine, das Detail zugunsten des Ganzen abzubauen, da dieses Ich, dieses Kleine oder dieses Detail sich für größer, wichtiger oder bedeutsamer hält, als es im Kontext des Gesamten tatsächlich ist. Das Kreisen im eigenen Mikrokosmos beginnt, schädlich zu werden, und ist dem Überleben des Ganzen nicht mehr dienlich.

Wir können die Dynamik des Steinbocks sowohl in unserer eigenen Psyche beobachten als auch als regulierendes Prinzip der irdischen Dimension schlechthin. Seine Doppelköpfigkeit fördert und blockiert die Umsetzung unseres Willens, und es gehört mit zur Kunst des Lebens, herauszufinden und zu spüren, wann was wo und wie wirksam ist. Die Erkenntnis der Gegensätze ist das zentrale Instrument des Steinbocks, und er bedient sich auch der Polarität, um uns dorthin zu führen.

Wie es eine horizontale Erlebnisebene gibt, so gibt es auch eine vertikale. Die horizontale Ebene wird polarisiert in Ich und Welt, die vertikale in Vergangenheit und Zukunft. Im

Schnittpunkt dieser zwei Achsen findet das Leben statt. Die gemeinsame Existenz von Raum und Zeit führt dazu, daß alle Polarisierungen vergänglich sind, und ein in das Ganze eingebundener Saturn kann damit gut leben. Der Zyklus Saturns bestimmt unsere «gewöhnlichen» – weil allgemein-menschlichen – Wachstumskrisen. In solchen Phasen behindert die saturnische Energie das neurotisch spezialisierte Ich – zu dessen Aufbau sie jedoch gleichzeitig beigetragen hat – aus dem einfachen Grunde, weil dessen Zeit vorbei ist und seine unveränderte Existenz schädlich zu werden beginnt. Eine einstmals notwendige Unterscheidung hat sich überlebt, sie muß geprüft und verworfen oder verändert werden.

Diese Dynamik impliziert den Faktor der Entwicklung. So lange unsere Wachstumskrisen lediglich unser physisches Wachstum betreffen, ist die Prüfung und Veränderung von Unterscheidungen relativ leicht und unserem willentlichen Zugriff ohnehin entzogen. Steinbock ist jedoch ein Archetyp, der Erde *und* Bewußtsein repräsentiert. Somit verlangt er von uns eine Entwicklung gemäß unserer Art – ob als Lebewesen, Mensch, Individuum oder anderes. Im Krisenzeichen Jungfrau haben wir zur Diagnose unserer Art das komplizierteste Raster verwendet und damit das einfachste Raster aus dem Blick verloren. Das heißt, daß wir durch unsere Ichbildung das Bewußtsein über eine wesentlichen Beschaffenheit unserer selbst verloren haben. Das Verlorene gehört aber zu unserer lebendigen Struktur und muß nun – da es an der Zeit ist – als *zu uns gehörig* bewußt gemacht werden und leben dürfen.

Da Ich und Welt zwar unterschieden, aber nicht getrennt sind und unsere innere Steinbock-Energie die Pole zusammenhält, finden wir das Verlorene zwangsläufig in der uns umgebenden Welt. Wir erleben Saturn dann als die Kraft, die uns unseren Schatten präsentiert. Es wurde bereits mehrfach über Saturns Beziehung zum Schatten gesprochen und erläutert, daß wir in solchen Situationen nur weiterkommen, indem wir unseren Schatten integrieren, unsere Projektionen erkennen und zurücknehmen. Diesen Schatten wirft jedoch unser Ich und nicht unser Selbst, und diese Unterscheidung ist fundamental.

Der Aufstieg von Jungfrau zu Steinbock führt über den Quadranten der Begegnung und Partnerschaft. Wir können also davon ausgehen, daß wir immer dann unserem Schatten begegnen, wenn wir intellektuell oder emotional angesprochen werden – ob unangenehm oder angenehm. Das von C.G. Jung geprägte Wort «Schatten» ist zwar zutreffend, aber auch abschreckend, denn es suggeriert Dunkelheit und Bedrohung und fixiert unsere Beschäftigung mit dem Schatten auf die Angst unseres Ichs vor ihm. In Phasen der Umkehr wird indes jener Teil unserer Seele, der sich nach dem Schatten sehnt, immer mächtiger. Und dieser Teil sehnt sich eigentlich nach dem Licht und will geboren werden.

Da Saturns Energie vom Aufbau des Ichs erst dann zu dessen Abbau übergeht, wenn das aktuelle Ich sich überlebt hat, hat unser Schatten vor allem eine erlösende Funktion, denn er erlöst uns von unserer Neurose und kann den Zustand beenden, in dem wir uns, salopp gesagt, «selbst auf die Nerven gehen». Da unser Schatten polar zu unserem höchst subjektiv und kompliziert gewordenen Ich steht, ist sein Muster immer einfach, seine Qualität immer reduktiv und konzentrierend. Die Erkenntnis des gemeinsamen Themas, welches unseren verschiedenen Erfahrungen mit der Außenwelt zugrunde liegt, fordert Geduld und Ausdauer von uns. Doch je klarer wir die Außenwelt sehen, um so besser gelingt uns die Erkenntnis unserer *Verwandtschaft* mit der Welt. Wie sonst sollen wir zu dem da draußen sagen *wollen:* Das bin ich?

Im archetypischen Tierkreis führt ein Trigon von der Jungfrau zum Steinbock. Das bedeutet, daß unsere Seele nach der Differenzierung auf einer erhöhten und umfassenderen Stufe vereinfacht werden *will* und daß uns daraus Kraft und Bewußtheit zufließen. Zu unserem patriarchalen Seelenerbe gehört jedoch auch ein tyrannisches Ego (welches man astrologisch am ehesten einer Überschätzung der Mars-Energie zuordnen kann, aber auch Facetten des tyrannischen Uranus zeigt), das diesen Prozeß weder will, noch die Wahrnehmung unseres Wunsches danach zulassen kann, noch der Dynamik der Seele einen Sinn zuspricht. Erst wenn dieses Ego müde, ausgelaugt und erschöpft ist und nichts mehr tun kann, öffnen wir uns unserer neuen Welt. Und aufgrund seiner traditionellen kollektiven Überschätzung kann es mitunter recht lange dauern, bis wir in unserer individuellen Entwicklung an diesen Punkt kommen und unser «burnout-Syndrom» zugeben.

Eine der größten Hürden bei der Selbsterkennung im Spiegel der Außenwelt ist die Tatsache, daß durch die Integration des Schattens die äußere Welt nicht beherrschbarer wird. Auch in der astrologischen Literatur gibt es mitunter einen Tenor, der meint: Integriere Saturn und du hast die Welt im Griff. Dabei ändert sich im Grunde lediglich die Lokalisation dessen, was wir zuvor in der Außenwelt diagnostiziert haben. Wir finden es innen wieder und haben zugleich keine Grundlage mehr für «das Andere» und unseren Herrschaftsanspruch darüber.

In diesem Sinne reduziert Saturn die Macht des Ichs und lenkt seine Wirkungsbefugnis von außen nach innen um. Hier ist die einzige Dimension, in der wir etwas verändern können. In saturnischen Phasen oder bei stark von Saturn berührten Themen unseres Horoskops haben wir daher immer nur den Teil der Welt «im Griff», der unserem Bewußtsein von unserer Innenwelt entspricht, und das ist – verglichen mit unserem individuellen und menschlichen Potential – verschwindend wenig. Alles andere hat eher uns im Griff und demonstriert unserem Ich seine Machtlosigkeit.

Auf diese Weise wird und vergeht unsere Vorstellung von uns selbst – in Zyklen und Reifungsrhythmen durch die Transite Saturns und bei seinen Radix-Themen fortwährend. Die Energie des Steinbocks strukturiert unsere Entwicklung auf eine Weise, daß wir hierzu stets eines äußeren Anstoßes bedürfen. Wir können jedoch zumeist erst im Rückblick erkennen, daß diese äußeren, oft unangenehmen Anstöße wesentlich dazu beigetragen haben, unserem Leben die Form zu verleihen, die uns paßt. In der Retrospektive können wir dabei auch die Folgerichtigkeit und ideale Paßform jener Anstöße erkennen, was folgern läßt, daß die Energie Saturns auf ein bestimmtes Ziel gerichtet ist, dessen wir uns nicht bewußt sind.

Philosophische oder wissenschaftliche Theorien von Idealen, höchsten geistigen Formen, welche erfüllt werden wollen oder Energiefeldern, die das, was wird, bereits im energetischen Raum darstellen, gehören alle in die Nähe der Steinbock-Energie. In uns Menschen wirkt dieser Archetyp durch eine geistige Form oder ein energetisches Feld des «idealen Menschen», welche uns praktisch zu sich hin ziehen, als unser Potential gelten und durch uns erfüllt werden wollen. Alle – auch mißbräuchlichen – Aufforderungen zu Leistung, Beschränkung, Anstrengung, Klarheit usw. greifen auf diesen in unserer Seele existierenden Archetyp des idealen Menschen und auf seine anziehende Kraft, die er auf uns ausübt, zurück.

Der Akt wider die Schwerkraft, den das Trigon von Jungfrau zu Steinbock symbolisiert, wird von dem Sog gefördert, der jedem Potential innewohnt. Wenn auch unserem Ich unsere ideale Form nicht bekannt ist, scheint sie es unserer inneren Saturnkraft jedoch zu sein. Sie will realisieren, was wir potentiell bereits sind, und die Ereignisse oder Befindlichkeiten, die sie auslöst, sind nie willkürlich oder unsinnig, sondern immer auf unser höchstes Ziel, die Geburt des bewußten Individuums gerichtet.

So individuell wie dieses Ziel ist, so kollektiv ist es auch. Die Unkenntnis über unsere Unteilbarkeit (denn nichts anderes bedeutet Individualität) schwindet zunehmend mit einer Haltung, die man am besten als «empirisches Leben» bezeichnen kann. Indem wir mit uns selbst experimentieren und das Leben im Selbstversuch wagen, kann die Energie der Jungfrau verändernd wirken und Prometheus den Göttern das Feuer stehlen, wann immer es nötig ist. Auf diese Weise können wir innerlich aufsteigen und nach und nach unsere Form, unser Schicksal, unser energetisches Feld, unser Potential oder unsere Bestimmung erfüllen – eben jenes, worüber der Steinbock in uns so ausdauernd wacht.

d. Mit dem Teufel tanzen

Die Empirie eines separierenden Geistes hat mittlerweile wissenschaftliche Erkenntnisse über die Materie hervorgebracht, die zugleich Aufschluß über das darin wirkende Bewußtsein geben. Das war zwar nicht die Absicht der alterwürdigen, trockenen und zumeist von Männern betriebenen Wissenschaften, aber auch sie haben ihren Schatten. Somit liegt es an uns selbst, ob wir ihn und damit die Spiritualität der Materie erkennen wollen. Zugleich erkennen wir damit jedoch die Steinbock-Energie in ihrer reinsten Form, sehen den Erdgeist Saturn an seinem Werk, sehen Janus, Kronos, Pan, dem Teufel, der Schlange oder der Göttin Uno dabei zu, wie sie gestalten und der Seele ein Kleid geben.

Der Prozeß der Weitergabe des menschlichen Lebens illustriert den Ablauf und die Intention unseres zyklischen Wachstums derart genau, daß er als Metapher für den Prozeß der Bewußtwerdung und für Absicht, Weg und Ziel unseres Erdendaseins gelten kann. In dem, was mit der Entstehung unseres Lebens und unserem Eintritt in die Welt geschieht, ist im Prinzip alles enthalten, was uns erwartet und was wir wissen müssen. Es ist ein unendliches Spiel, ein Tanz der Gegensätze, bei dem immer «das da draußen» nach innen genommen wird – nicht, um zu einem Brei zu werden, sondern um Wachstum durch Unterscheidung und Differenzierung zu bewirken.

Es beginnt beim Ei, das sich dem Spermium öffnet, um es alsbald in seine Bestandteile zu zerlegen und um teilungs- und wachstumsfähig zu werden.[11] Etwas Abgeschlossenes, in sich Ruhendes und potentiell Lebensfähiges öffnet sich «dem anderen», in diesem Beispiel dem Schatten schlechthin. Andersherum stürzt sich das Spermium begierig auf (oder in) seinen Schatten, und der Sog der «höheren Form», in diesem

Fall neues Leben, wird hierbei deutlicher nachvollziehbar. Auf dieser Ur-Ebene ist die Vereinigung mit dem Schatten also nun vollzogen, und es entsteht ein neuer Mensch.

Allen geistig-seelischen Prozessen der Integration von bisher Fremdem folgt eine Zeit der Schwangerschaft – eine Zeit, in der man höchstens spürt oder ahnt, daß irgend etwas geschehen ist und sich auf der Erdoberfläche, im Bewußtsein, im konkreten Leben, wenig bis gar nichts tut. Die Verschmelzung der Pole geschieht im Dunkeln. Auch im Verlauf der Jahreszeiten beginnt die Wiedergeburt der Sonne – der Neubeginn des Lebens –, wenn auf der Oberfläche alles Leben erstorben zu sein scheint.

Durch die Verschmelzung der Pole verschwindet jedoch nicht die Polarität an sich, im Gegenteil: Das neue Leben entwickelt sich nach demselben Prinzip. Während in der befruchteten Eizelle das väterliche und mütterliche Erbgut aufeinander zustreben, um sich zu vermischen, entwickeln sich aus dem Mittelstück des Spermiums die Zentral- oder Polkörperchen, welche auseinanderstreben, um der teilungswilligen Urzelle quasi eine Orientierung zu bieten. Die Polkörper «ziehen», und ihre das Wachstum anregende Attraktivität kann ebenfalls mit dem Sog der «höheren Form» verglichen werden. Neben dem Erbgut sind sie die zentrale Mitgift des Männlichen und eine Analogie für den historisch vom Männlichen ausgehenden Impuls, sich aus der verschlingenden Einheit mit der Großen Mutter zu lösen (oder für Adams «schändliche» Tat, das Paradies verlassen zu wollen).

Auch später wird es unsere geistig-individuelle Distanzierung vom mütterlich Umschließenden im weitesten Sinne sein, die uns zur Erkenntnis der Pole, zu Reifung und Bewußtwerdung verhilft. Zudem können wir in dieser Dynamik erkennen, daß der Schatten der neu entstandenen Einheit als das Prinzip der Polarisierung wiederum integriert ist und die Entwicklung des neuen Lebens wiederum vorantreibt. Die Verinnerlichung des «entzweienden» Impulses ist bereits bei unserer Zeugung der prometheische Akt, der auf einer völlig anderen Ebene die Unterschiede vereinigt und daraus etwas Neues macht.

Nichts geht ohne das andere, jede Aktion ist zugleich Reaktion, lautet die Botschaft des Erdgeistes. Die innere «Autonomie» des embryonalen Kreislaufs im Gegensatz zur offensichtlichen Einheit des Embryos mit der Mutter führt dieses Prinzip nur weiter fort (s. Anmerkung 10). Die Realität der materiellen Existenz ist eine dauernde und vernetzte Interaktion der Pole und von klarer Eindeutigkeit weit entfernt.[12] Die Physis des Embryos unterscheidet zwar zwischen sich und der Mutter, jedoch ist das unterscheidende Organ selbst, die Plazenta, noch «außen».

Die Plazenta ist ein Organ, das sich aus der Grenzumhüllung (!) des befruchteten Eis entwickelt und dessen Wachstum erst vom werdenden Kind initiiert wird. Mit der Geburt nehmen wir dieses Organ quasi mit, denn die Mutter braucht es nicht. Seine äußere Funktion erlischt dadurch, und die Unterscheidung der Pole wird durch den Schluß der Herzscheidewand nun «verinnerlicht». War im Mutterleib die Unterscheidung unser Schatten (Plazenta, Mischblut), so ist er durch unsere Geburt integriert und das Prinzip der Polarität in uns selbst manifest geworden. Entsprechend sind wir nun auch selbst im Licht und ent-bunden. Im Schatten ist nun wiederum die Einheit, das umhüllende Prinzip, welches wir in der Regel zunächst durch die Mutter erfahren.

Was physisch so wunderbar funktioniert und unser Leben entstehen läßt, bereitet uns allerdings mit zunehmender Verfeinerung der Erlebensebene einige Schwierigkeiten. So wie es in der medizinischen Forschung noch unklar ist, was letztendlich die «Vertreibung aus dem Paradies» resp. die Geburtswehen auslöst, so ist es auch in unserer anschließenden Entwicklung immer ein nicht-kausaler, von der Zeitqualität abhängiger und unberechenbarer prometheischer Impuls, der uns veranlaßt, auf eine andere Ebene zu springen.

Die Entwicklung der eigenen Psyche, des eigenen Verstandes und Bewußtseins entspricht ebenso der Integration des Schattens und der Rücknahme von Projektionen auf unsere

Eltern, Geschwister, Nachbarn, Freunde, Feinde, Lehrer oder Politiker, auf die uns umgebende Natur, auf die Götter oder andere Außerirdische und auf die Welt schlechthin. Da wir Menschen sind, reicht es uns nicht, das rein physisch zu tun (also beispielsweise unseren Nachbarn zu verschlingen). Unser Mittel zur Entwicklung ist unser Geist, ist jener folgenreiche Entschluß der Evolution, der Gehirnentwicklung Vorrang vor der physischen Ausreifung im Mutterleib zu geben und uns somit zu beauftragen, das Prinzip der Materie zu transzendieren.

Das Prinzip des Steinbocks liefert hier lediglich die Bedingungen der Materie, die wir Menschen mit Geist und Seele durchdringen wollen: Es gibt Gegensätze, und die hängen immer zusammen. Wachstum funktioniert nur durch Hereinnahme des Gegensatzes. Nun gibt es wiederum Gegensätze, und die hängen immer zusammen und so weiter...

Erleben wir das rein physisch, ist es der unerträgliche Zustand eines automatisierten Lebens, das sich nicht entwickelt, gepaart mit der Unfähigkeit, in einer sich stets verändernden Welt zu leben und zu überleben. Hier ersterben letztendlich Geist und Seele des Menschen bei dem Versuch, einen Evolutionsschritt rückgängig machen zu wollen – weil wir uns fürchten, die ambivalente Gabe des Prometheus zu ergreifen. Denn machen wir uns nichts vor: Am Ende unseres Lebens ist es immer die Hereinnahme des Todes, die auf uns wartet. Das Bewußtsein darüber ist der Preis für menschliches Leben. Saturn bringt uns etwas über die Folgerichtigkeit und Konsequenz des Lebens bei. Die Konsequenz des Lebens ist der Tod.

Doch wenn wir Saturn zuhören, fragt er uns: Wann hast du je erlebt, daß die Hereinnahme von etwas ein Ende war, *ohne zugleich ein Anfang zu sein*? Die Antwort ist: Nie. Doch unser *Glaube* an Trennung führt zu der Illusion ihres Erlebens und macht uns zumeist blind für Anfänge. Dieser Glaube hat jedoch mehr von einem Wahn unseres Egos an sich und beschert uns die (seine) Angst vor dem Tod. In Wahrheit jedoch haben wir viel eher Angst vor dem unbekannten Anfang, vor dem ständigen Schülersein in der Schule des Werdens und Vergehens.

Ein Schlüssel zu Saturn liegt in der Unterscheidung ohne Verurteilung. Erst dann sind wir auch willens und fähig, uns auf konstruktive Weise im Spiegel der Außenwelt zu erkennen. Das heißt, daß wir erst dann wirklich erkennen können, wie wir die Umstände unseres Lebens durch unser eigenes Verhalten verursachen. Achten wir das, was uns begegnet, mit seinen Licht- und Schattenseiten, achten wir dasselbe auch in unserem Inneren – und es kann dadurch zu seinem rechtmäßigen Platz in unserem Bewußtsein gelangen. Was geachtet wird, ist ent-schuldigt und muß nicht verdrängt werden. Das wiederum verändert uns selbst und demzufolge auch unsere Welt.

Im Prinzip ist dies das einzige, was wir bei der Begegnung mit Saturn tatsächlich tun können, um diese Energie zu einem konstruktiven und lebensfördernden Wirkfaktor in unserer eigenen Seele werden zu lassen. Das ist jedoch schon schwierig genug, denn auf diese Weise verlagern wir schrittweise das Erleben der Polarität und die daraus resultierende Gegensatzspannung in uns selbst. Das Leben zu meistern bedeutet, diese innere Spannung ertragen zu können und aus ihr heraus den befreienden Impuls zuzulassen: Das Dritte, das neue Eine einer höheren Ebene, welches sich jedoch auch früher oder später nach seinem mit ihm entstandenen Schatten sehnt.

Auf diese Weise wird der Dialog des Bewußtseins mit der Welt immer umfassender. Indem wir uns zunächst distanzieren und unser Ich entwickeln, haben wir zugleich die Basis zur Integration des Anderen geschaffen, nämlich die Konturierung des Schattens und unsere Sehnsucht nach ihm. Ein starkes Ich zeichnet sich nicht dadurch aus, daß es unbesiegbar ist, sondern es erweist seine Meisterschaft in der Fähigkeit, bewußt sterben und neu geboren werden zu können.

So macht die Energie des Steinbocks uns groß und klein zugleich, fördert unser Leben und Sterben, unsere Macht und

Ohnmacht, bis wir in der Lage sind, uns mit ihr zu versöhnen. Das bedeutet nichts weniger als mit dem Teufel zu tanzen, als jene Energie, die uns innerlich immer wieder entzweit, bewußt zu lieben – und zwar nicht in der Hoffnung, daß sie dann damit aufhört, sondern in dem Wissen, daß ihr unsere Liebe zusteht. Anders kommen wir nicht ans Licht.

Saturn ist Frage und Antwort zugleich. Solange wir unserer Sucht nach Eindeutigkeit verfallen sind, kommt er uns jedoch stets in seiner dunkelsten Form entgegen. Erst wenn wir den Teufel umarmen, kann er sich und uns wandeln. Wenn wir begreifen, daß das Erdenleben ein Abenteuer unseres Bewußtseins ist, wollen und können wir den einzigen Weg zu dessen unerhörter Freiheit nicht missen, sei er auch noch so schmal. Diesen Weg zu gehen bedeutet, die Flucht zu beenden.

Ziegenfisch

Teil III: Wegweiser zum Licht: Die Steinbock-Energie im individuellen Horoskop

Soulcard von Deborah Koff-Chapin Nr. 36.

Die Attraktivität der zehnten Energie besteht bei aller spürbaren Mühe aufgrund ihrer eigentlichen Funktion, die uns zum Erleben individueller Freiheit führen will. Im Prinzip ist jedes Zeichen des Tierkreises aufgrund seiner weiterführenden Funktion attraktiv, jedoch besteht bei keiner Energie eine so massive gesellschaftliche Blockade, weiterzuschreiten, wie bei der Energie des Steinbocks. Das führt dazu, daß wir sie in der Regel auf eine Weise empfinden, als würde sie lediglich um ihrer selbst willen existieren und hätte nicht einen Ausgang zum Ziel. Natürlicherweise ist unsere Welt dann begrenzt, eng und ziemlich gnadenlos, denn dann hat alles seinen Preis, gibt es kein Licht ohne Schatten und keinen Ausbruch aus einer uhrwerkgleichen Abrechnung des Lebens.

Elemente wie Zufall, Wunder oder Heilung haben in einer Weltsicht, die bei Saturn aufhört, keinen Platz. Das liegt jedoch nicht in der Qualität der saturnischen Energie selbst begründet, sondern fußt darauf, daß in unserem Unbewußten immer noch eine Anweisung besteht, die uns verbietet, uns auf eigene Verantwortung Saturn zu nähern, d.h. eigene Urteile zu fällen, selbst die Autorität über das eigene Leben zu werden und zu wachsen, indem man die Verantwortung für sich selbst auf sich nimmt.

Saturn als eine *persönliche* Energie zu betrachten, ist traditionell unüblich und die innere Autorität des Menschen demzufolge kollektiv verdrängt. Wenn Saturn wirken darf, dann meist lediglich über veräußerte Instanzen und Institutionen. Das führt jedoch dazu, daß im persönlichen Leben Saturn um so massiver wiederkehrt, je rigider er verdrängt wurde. Zwar hat ein jeder Mensch in seinem Horoskop nur einen Saturn, jedoch verhalten sich die meisten auf eine Weise, als würde in ihrem Horoskop in jedem Haus und in jedem Zeichen Saturn stehen. Wollen wir uns dann auf den Weg zum Licht, zu Individualität und Freiheit machen, wissen wir natürlicherweise nicht, wo wir anfangen sollen, und zersplittern uns in alle Richtungen. Selbst wenn wir – als astrologisch gebildete Menschen – dort ansetzen, wo Saturn tatsächlich steht, ist unser Empfinden meist ein anderes oder spiegelt die individuelle Konstellation nicht die umfassende Präsenz Saturns in unserem *Gefühl* wider.

Die übliche Interpretation Saturns (und auch Jupiters) als Gesellschaftsplanet hat in der Astrologie selbst durch die Entdeckung dreier weiterer Energien jenseits von Saturn bisher noch keine wesentliche Veränderung erfahren. Wir stehen damit jedoch in der Horoskopinterpretation vor einer Zunahme von über uns herrschenden Energien und haben eigentlich auf die durch die Entdeckung des Planeten Uranus eingeleitete Veränderung des Weltbildes noch wenig reagiert. Wenn wir die Wirkweise der transpersonalen Energien von Uranus, Neptun und Pluto jedoch beobachten, scheint es erforderlich zu werden, Jupiter und Saturn mehr und mehr in die Sphäre des persönlichen Wirkungskreises zu rücken.

Äußere Autorität (Saturn) und Mäzenatentum (Jupiter) sind zwar existierende Fakten, verlieren in einer Welt, in welcher der einzelne Mensch zunehmend selbstbestimmt seinen Sinn im Leben finden will, jedoch mehr und mehr von ihrem gesellschaftsprägenden Gewicht. Das Gesicht der Gesellschaft wird in Zukunft zunehmend von Individuen geprägt, welche Saturn und Jupiter integriert haben und Weltanschauung und Urteilskraft aus sich selbst beziehen. Dies ist eine natürliche Reaktion auf die Präsenz der Wassermann-Qualität und eine nicht zu unterschätzende Grundlage für die Veränderungen, die auf uns zukommen.

Nach all den Ausführungen der vorangegangenen Kapitel wollen wir uns hier nun auf die wesentliche Funktion der Steinbock-Energie beschränken, die sich aus ihrer Position und Folge im Tierkreis ableitet. Die Steinbock-Energie selbst verkörpert das grundlegende Prinzip der Erde und hält das Unterschiedene zusammen. Sie findet ihre Erfüllung im nachfolgenden Zeichen Wassermann, denn wird seine Qualität nicht erreicht und erlebt, ist die Funktion der zehnten Energie sinnlos. Jede Passage ist sinnlos ohne anschließende Geburt und Abnabelung.

Die Verteufelung des Steinbocks führt jedoch zunächst zu dem Verhalten, daß wir vor allem an jener Stelle, wo Saturn im individuellen Horoskop steht, ausdauernd und erfolglos nach dem sogenannten Richtigen suchen. Der kollektiven Haltung folgend, versuchen wir zunächst, die mehrdeutige Qualität des entsprechenden Zeichens zu verurteilen und seine verschiedenen Facetten voneinander zu trennen. Das Gute soll dann ins Töpfchen, das Schlechte ins Kröpfchen... Wir begegnen auf diese Weise der betreffenden Qualität entweder moralisierend oder ignorieren sie häufig auch ganz.

Ein solches Verhalten kann letztendlich nicht funktionieren, denn es widerspricht der ursprünglichen Qualität des Steinbocks und ruft schließlich ganz irdische Konsequenzen herbei. Wo Saturn steht oder berührt, besteht Dichte und Verbundenheit. Trennungen bringen hier lediglich den Schatten und das unbewußte Ausleben der Verbundenheit hervor – aber darüber wurde bereits genug gesagt. Solange jedoch Saturn im Tartaros steckt, tut es das Zeichen, in dem er steht, ebenfalls – und dessen Herrscher, seine Aspekte und letztendlich unser gesamtes Horoskop. Um also den Weg zum Licht zu finden, müssen wir in den Tartaros und in der schummerigen Unterwelt nach den Spuren unserer ursprünglichen Saturnkraft suchen. Zunächst tritt sie uns verboten und demzufolge verzerrt entgegen. Können wir uns ihr jedoch öffnen und anerkennen, daß alle Facetten eines Prinzips zusammengehören und einander bedürfen, werden wir zum einen zu einem bewußten und disziplinierten Umgang mit der Qualität befähigt, in der Saturn steht. Zum anderen erlangen wir dann gerade hier den für Saturn so typischen weisen Humor.

Die Qualität, welche Saturn im persönlichen Horoskop besetzt, ist wegweisend für unsere individuelle Entwicklung.

Sie ist ein Symbol für den Geburtskanal, durch den wir uns wohl oder übel hindurchzwängen müssen, um eigenständig zu werden. In seiner natürlichen, uns gemäßen Form bereitet uns das auch sehr viel Genugtuung und übt die betreffende Energie eine hohe Anziehungskraft auf uns aus. Nur sind wir leider zunächst unentwegt und ausweglos damit beschäftigt, ihre vermeintlich richtige Ausdrucksweise zu finden. Letztendlich sind das jedoch Ablenkungsmanöver eines kollektiven Geistes in uns, der uns daran hindern will, die Götter zu stürzen. Lösungen finden wir erst, wenn wir die Facetten der entsprechenden Energie zwar unterscheiden, sie aber nicht voneinander trennen, sondern die Qualität einfach nur als das erkennen, was sie ist.

1. Ganz oder gar nicht: Saturn in den Zeichen

♄ Saturn im Widder ♈

Mit dieser Konstellation sind wir verzweifelt auf der Suche nach dem sogenannten richtigen Ziel, nach der richtigen Entscheidung, dem richtigen Ansatz, der richtigen Tat. Wir spalten zunächst die Qualität des Widders in gute und schlechte Facetten und versuchen, diese voneinander zu trennen. Somit entzieht sich das, was wir für schlecht halten und an uns nicht zulassen, dem Zugriff unseres Bewußtseins, unserer Disziplin und unserer Klarheit und wirkt mehr oder weniger selbständig. Es ist mit dieser Stellung Saturns zunächst schwer zu respektieren, daß mit Entscheidungen, Zielen oder Anfängen immer auch der Schmerz einhergeht, daß hier Aggression notwendig ist und daß wir dazu Mut brauchen.

Unterliegt beispielsweise das Ego einer generellen Verurteilung, können wir keine Ziele haben und auch keinen Mut, diese zu verwirklichen. Verurteilen wir die Aggression schlechthin, mangelt es uns an Tatkraft und können wir uns nicht entscheiden. Meiden wir den Schmerz, können wir uns nicht durchsetzen, und verurteilen wir generell die Triebe, fehlt es uns an Stoßkraft und Energie. Das eine ist ohne das andere nicht zu haben, mit Saturn in diesem Zeichen versuchen wir jedoch oft zu siegen, ohne zu kämpfen, ein Held zu sein ohne Schmerz, uns durchzusetzen ohne Entscheidungen zu fällen oder ohne Antrieb etwas zu beginnen. Jene Widder-Facetten, welche wir als schlecht beurteilen, fehlen uns letztendlich bei der Durchsetzung unserer Ziele und kommen uns in der Unterwelt oder im Schatten der Außenwelt als Zorn, Angriff, Gewalt oder Streit entgegen.

Es führt kein Weg daran vorbei: Zumindest in unserem Bewußtsein wollen all diese Seiten als zusammengehörig erkannt und respektiert werden. Erst dann können wir auch bewußt mit ihnen umgehen und ihre uns gemäße Form entwickeln. Alle Versuche, hier «korrekt» zu sein, müssen scheitern, damit wir ans Licht kommen. Jede Geburt tut weh, bei jeder Geburt fließt Blut und sind enorme Stoßkräfte am Werk, müssen wir für uns kämpfen und wollen wir mit unserem Willen siegreich sein. Wie wir mit diesen Metaphern umgehen, ist unsere Entscheidung. Saturn im Widder sagt uns jedoch, daß wir durchdringen wollen müssen, um ein freier Mensch zu werden.

♄ Saturn im Stier ♉

Bei dieser Position Saturns versuchen wir zunächst, gute Werte von schlechten Werten zu trennen, oder anders: Das Wertvolle und das Wertlose ein- für allemal klar zu definieren. Wir beurteilen die Erscheinungen der Erde, sind auf der chronischen Suche nach dem richtigen Platz, nach gültigen Grenzen, nach festem Boden. Wir glauben, daß Wohlstand ohne Ballast möglich ist, Wichtigkeit ohne Schwere und Besitz ohne Unbeweglichkeit. Die Suche nach dem richtigen Schutz kann uns die Ruhe rauben und es fällt uns meist schwer zu respektieren, daß Sicherheit mit Einfachheit einhergeht.

Die sinnliche Beziehung zur Erde und der bewußte Einzug in unseren Körper sind für uns hier die Tür zum Licht der Individualität. Unterliegt jedoch beispielsweise generell der Besitz einer Verurteilung, können wir uns noch nicht einmal selbst haben und sind nicht fähig, die zu unserem Schutz notwendigen Grenzen zu ziehen. Ebenso überschreiten wir dann die Grenzen, die andere ziehen und beziehen unter Umständen einen Teil unserer Sicherheit aus einer Art widerrechtlicher Aneignung. Das, was real uns gehört, ist immer einfach und schlicht. Ist die Einfachheit verurteilt, halten wir uns selbst für wertlos. Sind wir der Meinung, daß Grenzen nicht sein sollten, verachten wir die irdische Dimension schlechthin. Schenken wir dem Gewicht einer Sache keine Aufmerksamkeit, fehlt uns die Basis für unser Leben.

Hier gilt es, das Prinzip Erde auch tatsächlich zu verkörpern. Wenn wir es uns erlauben, die dynamische Wechselbeziehung der Pole «am eigenen Leib» zu erfahren bzw. ihre physische Ausformung sinnlich zu erleben, werden alle Urteile relativ. In unserem Bewußtsein will respektiert werden, daß Ansammlung ohne Grenzen, Haben ohne Fundament, Wert ohne Sinnlichkeit und Stabilität ohne Genuß nicht möglich sind. Der bewußte Einzug in unseren Körper, seine Inbesitznahme und der wache Gebrauch unserer Sinne mögen uns vielleicht ängstigen, sind jedoch Vorbedingung für unsere Freiheit als Mensch auf dieser Erde.

♄ Saturn in den Zwillingen ♊

Mit dieser Konstellation ist die Vielfalt die Tür zum Licht. Wir sind jedoch zunächst vermutlich auf der erfolglosen Suche nach dem sogenannten richtigen Gebrauch unseres Verstandes und trennen die Unverbindlichkeit vom Wissen. Daß unser Verstand ein Trickster ist, können wir ebensowenig akzeptieren wie die Flatterhaftigkeit der Informationen oder Verzettelungen beim Lernen. Der Zweck der Zwillinge-Energie ist Bewegung, Auffältelung und Verzweigung. Da wir im Denken lediglich üben, verwerfen wir auch entsprechend schnell, und damit ist eigentlich nichts Konkretes geschehen. Mit Saturn in den Zwillingen wollen wir jedoch möglicherweise das Rad neu erfinden und verweigern uns der Imitation – mit dem Ergebnis, daß wir nichts lernen, weil wir meinen, alles schon wissen zu müssen.

Das Wissen ist ein zweckorientiertes Instrument, unser Verstand ein Werkzeug, das weggelegt werden kann, wenn es nicht benötigt wird. Das schnelle Handeln und Vermitteln des Luftzeichens schafft oberflächliche Kontakte. Unterliegt jedoch beispielsweise die Oberflächlichkeit schlechthin einer Verurteilung, können wir auch nicht lernen. Halten wir die Neugier für schlecht, bleiben wir unbeweglich, verachten wir unsere Intelligenz, werden wir zu Kopien. Ist die Logik verurteilt, verstummen wir mit der Zeit, und vermeiden wir es, uns selbst darzustellen, fehlt uns der frische Wind im Kopf. Ohne Disput entsteht jedoch erst recht kein Wissen.

Erst wenn wir uns die Leichtigkeit erlauben, die mit den Zwillingen einhergeht, löst sich auch die Blockade in unserem Denken. Richtiges Wissen gibt es letztendlich nicht, aber einen nüchternen Umgang damit. Jeder Gedanke, jede Information und jede Mitteilung sind Boten, die nichts mehr wollen, als etwas miteinander in Kontakt zu bringen. Alles andere belastet unsere Neugier und behindert die Entwicklung unserer Intelligenz. Der bewußte Umgang mit dem Denken erfordert jedoch, daß wir den Götterboten in uns so respektieren, wie er ist: unverbindlich, diebisch, trickreich, wendig und für die Nachricht, die er bringt, nicht verantwortlich zu machen. Wenn wir beweglich dem eigenen Interesse folgen, werden wir ins Licht geboren, während wir darüber nachdenken. Die Vielfalt der Anregungen ist notwendig, denn eine schnelle Zeichnung kann uns frei machen oder ein Wort die Tür zur Individualität aufstoßen.

♄ Saturn im Krebs ♋

Steht Saturn im Krebs, streben wir vom Prinzip der Berührbarkeit zunächst nur jene Facetten an, die wir für gut halten. Bei dieser Konstellation ist das Erleben von Frauen und Männern in der Regel recht unterschiedlich, und die klassische Rollenaufteilung hat einen Ursprung in der kollektiven Aufspaltung des Krebs-Prinzips. Kennzeichnend für beide Geschlechter ist jedoch die Suche nach der sogenannten richtigen Identität, die einmal über die Distanz und ein anderes Mal über die Identifikation mit der Mutter bzw. Herkunft versucht werden kann. Daß Identität immer mit Nähe, Beeindruckbarkeit und Formbarkeit einhergeht führt dazu, daß unser Ursprung irgendwo im Dunkel verschwindet. Es zeigt, daß unsere Seele aus einem letztendlich unbekannten Schoß geboren wurde, und es fällt uns schwer, unser ewiges Kindsein zu respektieren.

Sich lebendig *fühlen* und Bedürftigkeit gehören jedoch zusammen, ebenso wie Empfänglichkeit und Verletzlichkeit nicht zu trennen sind. Fragen wir danach, wer wir sind, enden wir immer bei der Natur, und der bewußte Umgang mit dem zyklischen Wechsel unserer Seele öffnet uns den Weg zum Licht. In der Depression haben wir dieses innere Gezeitenmeer zubetoniert, und sie ist deswegen so unerträglich, weil wir die Tür zu unserer Freiheit damit ebenfalls versiegelt haben. Zumeist wollen wir uns zwar spüren, jedoch ohne Irrationalität, ohne Dunkelheit, ohne durchtränkt zu werden oder ohne Ahnenstimmen. Wir bieten unserer Seele ein Gefäß an, ohne sie zu kennen.

Ursprünglich bedeutet auch wild, und wir spalten das Krebs-Prinzip zunächst in gute, zivilisierte und gezähmte und schlechte, unzivilisierte und wilde Seiten. Ebenso spalten wir dann die Natur, unsere eigenen Eltern, das Mütterliche und unsere eigene Seele. Das Sanfte und das Wilde gehören ebenso zusammen wie das Verletzliche und das Verschlingende. Wir suchen die «richtige» Heimat in Form des nährenden Schlaraffenlandes und übersehen gern die Schwarzmondphase. Indem wir uns dessen bewußt werden, Natur zu sein, können wir kindlich anstatt kindisch werden und uns zutraulich dem Tor zum Licht nähern. Jede künstliche Regulation unserer Empfindungen führt zur Zangengeburt. Die Achtung des Irrationalen wirft Licht in unsere Seele und weist uns den natürlichen Weg zu uns selbst.

♄ Saturn im Löwen ♌

Die Verurteilung von bestimmten Facetten der Schöpfungskraft führt zu einer unentwegten und erfolglosen Suche nach dem «richtigen» Leben. Bei dieser Stellung Saturns wird zumeist versucht, Produktivität von Eitelkeit, Führung von Geltungsdrang oder Mitte von Aufmerksamkeit zu trennen. Um schöpferisch leben zu können, müssen wir uns selbst zum König oder zur Königin unseres Lebens machen und uns dessen bewußt sein, daß unser Wille darüber bestimmt, wie wir unser Schicksal erleben. Diese Verpflichtung auf die eigene Handlungskraft führt zu dem Bewußtsein, daß ein kreatives Leben ohne Selbstbezogenheit nicht funktioniert und daß jenes Licht am hellsten strahlt, das aus der eigenen Mitte heraus scheint.

Möglicherweise scheuen wir das Licht, weil es durch den nächstbesten, helleren Stern so leicht zu überbieten ist. Konkurrenz geht mit Kreativität immer einher, und zum Löwen gehört eben das Brüllen.

Die Fortpflanzung unserer selbst durch das Erschaffen geistiger oder leiblicher Kinder ist auch ein Ausdruck unserer Selbstachtung. Durch unsere Schöpfungen wollen wir ein Reich begründen, wir wollen nicht ohne Nachkommenschaft eines Tages von diesem Planeten verschwinden. Doch vielmehr ist es auch die Lust, das Spiel mit der Lebenskraft zum eigenen Vergnügen, was uns schöpferisch und aktiv werden läßt. Versagen wir uns das Bewußtsein darüber, haben weder wir noch andere Spaß an dem, was wir hervorbringen, und unser Reich geht unter, bevor es entstanden ist. Mit Saturn im Löwen können wir in ein Licht geboren werden, das uns zentriert und dadurch vom Vergleich erlöst.

Sonne kann wärmen und versengen, Wachstum bewirken und austrocknen, Leben spenden und töten. Ebenso können unsere Schöpfungen wirken, und dieses Bewußtsein kann uns zu einem realistischen Umgang mit unserer Strahlkraft verhelfen. Jedes Feuer verbrennt etwas, daran führt kein Weg vorbei. Jeder eigenwillige Akt verwandelt die Lebensenergie und gibt sie in neuer Form weiter. Sie will hervorgebracht werden, selbst wenn wir dadurch Schatten werfen. In uns ist Lebenskraft im Überfluß. Das bewußte Spiel damit macht uns zu freien und schöpferischen Menschen, die den Weg des Herzens gehen.

♄ Saturn in der Jungfrau ♍

Hier können wir wahrhaft neurotisch werden auf der Suche nach korrekten Umständen, und vermutlich könnte die Aussage, daß der Teufel im Detail steckt, auch von uns stammen. Die Jungfrau will jedoch der individuellen Seele ein Kleid geben und die Früchte der Verkörperung ernten. Somit gibt es keine Ernte ohne Genauigkeit und keine Umsicht ohne Kritikbewußtsein. Saturn in der Jungfrau kann uns jedoch auf die chronische und erfolglose Suche nach dem «richtigen Fehler» schicken, nach jenem winzigen Detail eben, das zur Perfektion des Ganzen noch zu fehlen scheint. Wie bei kaum einer anderen Konstellation besteht hier die Gefahr, daß wir das Prozeßbewußtsein verlieren und in Sterilität erstarren.

Reinheit erfordert Fleiß und Unschuld die Fähigkeit zur Selbstkritik. Der Dienst an unserer Seele ist ein unauffälliger und bescheidener Akt, welcher in unserer Innenwelt vollzogen wird und den niemand anderes verstehen kann. Je näher wir uns selbst kommen, um so merkwürdiger erscheinen wir anderen. Unsere Gesundheit fußt auf der Fähigkeit zur steten Selbstverjüngung, doch die ist nicht zu verkaufen, sondern lediglich darstellbar – und absolut subjektiv. Innere Ernte und Kurzsichtigkeit gehen also miteinander einher und sind kein Fehler. Wir können nie wissen, ob unser persönlicher Evolutionsschritt für irgend jemand anderen noch eine Bedeutung hat. Ihn deshalb jedoch gar nicht erst zu vollziehen, macht uns unfruchtbar.

Meiden wir die Erkenntnis unserer Kleinheit, entgeht uns auch unsere innere Ordnung. Lehnen wir die Veränderung unserer selbst ab, werden wir ältlich und übersehen den Jungbrunnen in unserer eigenen Seele. Ein rein persönliches Leben kann gesellschaftlich wirksame Früchte tragen – doch weder wissen wir das, noch können wir es absehen, ohne von uns selbst abzusehen. Der Weg des kleinen Kreises mag uns furchtbar eng erscheinen, doch wir können auf ihm in die Gesetze der Erde eingeweiht werden und lernen, ihr mit der Kraft unserer Seele zu dienen. Saturn will uns hier in das milde Licht der Klugheit entbinden. Wir werden frei, indem wir den Kreis unserer Wirksamkeit erkennen und er uns genügt.

♄ Saturn in der Waage ♎

Liebe ist eine wechselhafte Angelegenheit und in ihrem Verlauf immer abhängig von der anderen Seite. Wir sind hier zunächst der festen Ansicht, auf einer von beiden Seiten vor Anker gehen zu müssen. Je starrer wir diesem Ansinnen folgen, um so mehr gleichen unsere Beziehungen dem Bild von Fels und Brandung. Die sogenannte richtige Beziehung, der richtige Vertrag oder die richtige Vereinbarung sind Gegenstand unserer chronischen Verzweiflung am Du. Zu erkennen, daß wir Ruf und Echo zugleich sind – und unser Gegenüber ebenfalls –, stellt hohe Anforderungen an unsere Fähigkeit zur Abstraktion. Eine lebendige Beziehung ist jedoch nicht zu haben ohne Sachlichkeit, denn ihre Basis ist – bei aller Liebe – der Austausch.

Ist das verurteilt, verlieren unsere Begegnungen an Leichtigkeit und Freude, an Genuß und erotischer Spannung. Wir öffnen uns jedoch nur dann dem anderen, wenn es uns ein sinnliches Erlebnis verspricht, wenn das Fremde uns auf-regt und in eine Bewegung bringt, die wir allein nicht vermögen. Das, was wir als schön empfinden, ist das, was uns ergänzt. Somit ist jede Schönheit vergänglich und bezieht ihre Attraktivität aus unserem gerade bestehenden Mangel. Gestatten wir uns den Luxus der Wahl nicht, gibt es keinen Grund, sich auf die Welt einzulassen.

Die Begegnung mit der Welt erfordert Feingefühl und den Sinn für Ästhetik. Wir müssen taktieren und strategisch vorgehen können. Unsere persönliche Attraktivität bestimmt darüber, wie wir angeregt werden. Schenken wir der Oberfläche keine Aufmerksamkeit, können wir auch keine bewußten Signale entsenden. Die neutrale Kühle des Waage-Prinzips kann uns als ein schmaler und kalter Pfad erscheinen, vor allem, wenn wir kollektiv-romantischen Idealen anhängen. Echter Friede ist jedoch ein Ergebnis klarer Beziehungen. Saturn will uns hier in die geistige Form der Liebe entbinden und uns dazu befähigen, die Wechselbeziehung der Pole als ein harmonisches Spiel zu erkennen. Uns selbst und das andere aus freiem Willen zu achten, ist ein erster Schritt zum Licht.

♄ Saturn im Skorpion ♏

Bindungen haben die Eigenschaft, daß sie uns zwingend verwandeln und auf Ebenen unserer Seele wirken, die sich unserer Macht entziehen. Vermutlich sind wir deshalb mit dieser Saturnkonstellation häufig auf der chronischen und erfolglosen Suche nach Dominanz. Wir stellen uns zumeist eine sogenannte richtige Form der Macht vor und meinen damit, daß sie dann nicht stirbt, keine Opfer fordert, keine Unterschiede aufhebt und keine Eigendynamik entwickelt. All das gehört jedoch dazu, wenn uns etwas vormals anderes geistig und seelisch ergreift und zu unserem eigenen wird. Wir sind davon fasziniert, uns selbst zu opfern, wenn wir hierdurch an der magischen Macht teilhaben können, die durch Verschmelzung entsteht.

Der Versuch, sich kollektiven Einflüssen zu entziehen, führt zu ihrer zwingenden Wirkung. Wenn wir es verurteilen, ein Massenwesen zu sein, entgeht uns der bildliche und formende Urgrund der Menschenseele. Saturn führt uns hier direkt in die Unterwelt der Menschen schlechthin und offenbart uns schonungslos, daß alles auf alle gleichermaßen wirkt. Was wir uns antun, tun wir auch anderen an, was wir anderen antun, tun wir auch uns an – und das nicht nur als esoterische Hypothese, sondern als konkreter Fakt. Die Symbiose der Pole führt unsere Urteile ad absurdum.

Vielleicht scheuen wir uns vor diesem Bewußtsein, um unsere Quälerei zu rechtfertigen. Skorpion zu ent-schuldigen bedeutet jedoch auch zu lernen, den Tod nicht zu fürchten. Je mehr wir es ablehnen, vorprogrammierte Wesen zu sein, um so mehr zwingen uns die Bedingungen unserer Existenz in die Knie. Das Bewußtsein über unseren Vernichtungswillen zu erlangen führt uns durch einen wahrhaft radioaktiven Seelenbereich. Mit dieser Saturnstellung kommen wir mit Versuchen nicht davon, zum Licht führt nur ein Stirb- und Werdeprozeß und die Häutung in ein neues Leben. Möglicherweise ziehen wir jedoch den physischen Tod vor. Und sei es aus Trotz.

♄ Saturn im Schützen ♐

Die Suche nach der sogenannten richtigen Überzeugung, Weltanschauung oder Religion kann uns bei dieser Konstellation schnell übersehen lassen, daß jeder Erfahrung von Sinnhaftigkeit die Großzügigkeit zugehört. Verstehen wir etwas, überstrahlt das Feuer der Erkenntnis konkrete Fragen und entbehrt somit niemals einer gewissen Arroganz. Optimismus entsteht aus der Hoffnung und ist nicht beweisbar. Saturn im Schützen sucht jedoch zunächst chronisch und erfolglos nach Erklärungen, die nicht revidiert werden müssen. Jedoch hebt jede Lehre, die sich der Veränderung entzieht, irgendwann in den Bereich des Unverständlichen oder des reinen Glaubens ab, sei es die Wissenschaft, die Religion, die Philosophie oder das Streben nach Wachstum.

Die Hinwendung zum Höheren oder die Erweiterung von Grenzen sind eine Angelegenheit unserer Seele und haben stets den Verlust des Bodenkontakts im Gepäck. Fehlt uns das Bewußtsein darüber, stürzen wir mitunter aus hoher Höhe schmerzlich ab. Fürchten wir den Sturz, fürchten wir jedoch auch die Höhe. Die Weitsicht des Schützen ist nicht zu haben, ohne daß wir den Veränderungen durch die Perspektive unterliegen. Die reale Erfahrung einer Überzeugung ist immer anders als ihre Theorie – von weitem ist halt nicht alles zu erkennen. Es liegt in der Natur der Götter begründet, daß sie mit der Zeit fallen. Somit ist es nicht nur unsinnig, den «richtigen» Glauben anzustreben, sondern auch verzehrend und intolerant. Verurteilen wir jedoch den Glauben schlechthin, können begeisterte Führer in unserer Seele mitunter verheerende Brände anstiften – oder Neid und Eifersucht uns innerlich versengen.

Saturns Weg zum Licht ist hier die Offenbarung der Weite und der Zusammenhänge, die das reine Denken übersteigen und den bewußten Schritt in den Glauben verlangen. Mehrung bedarf genau dieses Aktes, sonst geschieht lediglich Veränderung auf gleichem Niveau. Toleranz braucht das Unverstandene, Entfaltung die Überzeugung von der eigenen Bedeutung. Der Schritt in das «Wir» mag uns schwer erscheinen, die Gemeinsamkeit läßt uns jedoch das Prinzip der *zusätzlichen* Kraft erfahren. Hierdurch sehen wir die Notwendigkeit ein, wir selbst zu werden, um aus freien Stücken beitragen zu können, was wir tatsächlich sind.

♄ Saturn im Steinbock ♑

Ist die saturnische Energie generell verurteilt, finden wir hier die Spaltung der Welt quasi in Reinkultur. Prinzipiell und grundsätzlich sind wir hier zunächst auf der Suche nach dem Guten ohne das Böse, nach dem Richtigen ohne das Falsche, nach Klarheit ohne Anstrengung oder nach Aufstieg ohne Disziplin. Da wir keinen Preis zahlen wollen, zahlen wir ihn letztendlich chronisch, aber ohne etwas dafür zu erhalten. Auf der Suche nach der sogenannten richtigen Leistung, dem richtigen Urteil oder der richtigen Auszeichnung überarbeiten wir uns bis zur Erschöpfung oder bis wir ein weltabgewandter und resignierter Misanthrop geworden sind. Möglicherweise verurteilen wir Regeln prinzipiell, ohne zu erkennen, daß ohne Gesetzmäßigkeiten keine Form entsteht.

Erkennen wir das Ja im Nein oder das Nein im Ja nicht, sprechen wir stets der Hälfte der Welt das Existenzrecht ab – und auch der Hälfte unserer Seele, sei es der schuldigen oder der unschuldigen. Somit bleiben wir von äußeren Autoritäten beherrschbar und scheuen die Härte, die mit Verantwortung und Selbstbestimmung einhergeht. Urteil und Fehler gehören ebenso zusammen wie Kompetenz und Erfahrung, Integrität und Öffentlichkeit oder Verallgemeinerung und Struktur. Scheuen wir es, Fehler zu machen, bleiben wir inkompetent, verweigern wir uns unserem Schicksal, formt es uns um so rigider. Wir können erst dann die Ordnung der Dinge erkennen, wenn wir unterscheiden, ohne zu verurteilen. Verneinen wir die Bedingungen unserer Existenz schlechthin, bleiben wir stets ein Kind an der Seite einer symbolischen oder realen Elternfigur.

Saturn verlangt hier von uns die wache und klare Wahrnehmung der Realität – und unserer eigenen Verantwortung an ihrer Beschaffenheit. Wenn wir es achten können, in einer Dimension zu leben, in der alles Folgen hat und Folge ist, hören wir auf, die irdischen Gesetzmäßigkeiten zu verurteilen, und können bewußt *mit* ihnen leben. Unsere Freiheit entsteht hier dadurch, daß wir uns den Gesetzen des Lebens unterstellen. Dadurch entlasten wir uns jener Schulden, die nicht unsere sind, und gewinnen die Selbstbeherrschung, die aus der Konzentration auf die eigene Verantwortung entsteht. Diese Verantwortung zu erkennen, ist unser vielleicht mühsamer, aber lohnenswerter Pfad zum Licht.

♄ Saturn im Wassermann ♒

Mit dieser Konstellation finden wir die Verurteilung des Wassermann-Prinzips vor und sind damit persönlich mit der kollektiven Haltung belastet. Zugleich werden wir ganz direkt aufgefordert, den Weg zum Licht zu beschreiten und die Irritationen der Freiheit nicht zu scheuen. Zunächst aber suchen wir in der Regel nach Neuerungen ohne Zusammenbrüche, nach Freiheit ohne Überraschungen oder nach Originalität ohne Randposition. Daß wir springen müssen, um eine andere Dimension der Welt zu erfahren, kann uns ebenso unverständlich vorkommen wie die Tatsache, daß Zufälle Zuständigkeiten aufheben. Ebenso mag es uns nervös machen, daß neue Ideen mit den üblichen Ideologien brechen.

Individualität und Herausragen gehen miteinander einher. Das ist ein Kennzeichen dafür, daß es eher selten ist, daß ein Mensch seine Zeitqualität umfassend verkörpert. Die Brüche mit der Vergangenheit tun weh, und bei jeder Geburt in die persönliche Freiheit gibt es in Momenten der Abnabelung einen schneidenden Schmerz. Zudem weht uns der rauhe Wind des Andersseins entgegen, trifft uns der Spott der anderen, aber oft auch die Komik des Universums wie ein Blitz. Zu den Rebellen und Neuerern zu gehören, ist für uns und für andere irritierend. Scheuen wir Phasen der Anarchie in unserer Seele, können wir die Kapsel um sie herum nicht sprengen. Beharren wir auf nachvollziehbaren Schritten, fällt uns nichts ein, was uns befreien könnte.

Zum Individuum geboren zu werden bedeutet, radikale Veränderungen zulassen zu können. «Richtige» Freiheit gibt es nicht, ihr wichtigstes Merkmal ist es, in eine fremde und offene Welt katapultiert zu werden, in der alles gleichbedeutend ist, weil es noch keine Erfahrungen gibt. Hier ist alles, was wir tun, ein Risiko, ein Experiment mit ungewissem Ausgang. Ohne Abenteuerlust kann uns die Geburt ins Licht jedoch nicht gelingen. Wir selbst sind Teil der Expedition Leben. Saturn befähigt uns hier, der Inspiration die Führung zu überlassen und frei zu werden, indem wir uns bewußt dem Pulsschlag der Weltseele anschließen.

♄ Saturn in den Fischen ♓

Die Spaltung der Fische-Energie in sogenannte richtige und falsche Facetten hat letztendlich die Sucht als Konsequenz. Dabei werden wir in der Regel nach dem süchtig, was uns als «gute» Auslebensform des Fische-Prinzips erscheint, weil wir hierdurch vor dessen abgelehnten Seiten fliehen. So können wir auf die chronisch erfolglose Suche nach Heilung geraten, ohne realisieren zu wollen, daß damit Auflösung, Schwäche und Loslassen einhergehen. Allein schon die Heilung zu *wollen*, kann nicht funktionieren, denn in Neptuns Dimension gibt es kein wollendes Ich. Schrankenlosigkeit und Einheit haben auch Konsequenzen wie beispielsweise die Ansteckung des Helfers am Leid, die «Infektion» durch ein Kunstwerk oder Musik, die Undefinierbarkeit von Ursache und Wirkung oder die mit der Gleichheit einhergehende Gleichgültigkeit.

Sind die Fische verurteilt, neigen wir hier zu Romantisierungen oder süßlichem Mitgefühl und erwachen mitunter recht hart aus unserem Wahn. Saturn vermittelt uns mit dieser Stellung, daß Spiritualität mit unwiderruflicher Auflösung einhergeht, daß Ganzheit ohne Unmoral nicht zu haben ist, daß Wahrheit immer subjektiv ist und daß die Phantasie der Urquell aller Dinge ist. Lehnen wir das Chaos und die Nebel ab, kommt nichts zur Vollendung, verachten wir das Irrationale, erliegen wir stets den Täuschungen des Spiegels und sehen alles verkehrt herum. Wie dem auch sei, der Hingabe können wir hier nicht entgehen, und mitunter ist sie die einzige Möglichkeit, unserer Nichtigkeit in einem endlosen Universum zu begegnen. Das Einheitserleben hat auch zur Folge, daß angesichts der Unendlichkeit die Bedeutung dessen, was wir so mühsam aufgebaut haben, gen Null geht.

Jedoch ist gerade das für uns Saturns Tür zur individuellen Freiheit. Wenn alles eins ist, gibt es keinen Grund und keine Möglichkeit, uns zu verstecken. Wollen wir Erlösung ohne aufzugeben, betrügen und täuschen wir uns und andere. Sind wir uns unserer Schwäche bewußt, sind wir stark genug für die Heilung. Etwas *unterlassen* zu können, erfordert Vertrauen. Indem wir uns selbst vergessen, werden wir geboren, wenn wir uns dann auch weniger als Ich, sondern eher als Sein empfinden. Wir können auf diese Weise etwas Formlosem Form verleihen – in dem steten Bewußtsein, ein Kanal zu sein für unergründliche Kräfte.

Nach diesen Ausführungen können wir generell sagen, daß Saturn die Qualität des Zeichens, in dem er steht, konzentrieren und verdichten will. Hierzu ist es jedoch – wie beschrieben – notwendig, die Licht- und Schattenseiten einer Qualität in das eigene Bewußtsein zu heben, denn sonst fehlt es uns an Substanz. Die Auseinandersetzung mit der betreffenden Qualität ist häufig von Angst und dem Gefühl, etwas Verbotenes zu tun, begleitet. Zudem ist sie meist ein Thema, das uns unser Leben lang begleitet, und es ist selbstredend, daß wir schon allein dadurch auf diesem Gebiet Kompetenz und innere Autorität erlangen.

Im Laufe der Zeit wird uns mehr und mehr das Wesentliche der betreffenden Qualität bewußt, und wir können erkennen, daß die Trennung der verschiedenen Facetten nur aufgrund eines Denkens funktionieren konnte, das dem Wesentlichen und dessen verbindender Wirkung keine Aufmerksamkeit schenkt. Zu Beginn unserer Auseinandersetzung mit dem von Saturn besetzten Zeichen führen wir zumeist einen Kampf gegen Elternfiguren, die Gesellschaft oder generell gegen konventionelle Haltungen bezüglich der entsprechenden

Energie. Obgleich die Suche nach dem sogenannten Richtigen letztlich erfolglos bleibt, so ist sie doch wichtig, denn sie aktiviert unsere innere Saturn-Energie und somit zugleich ihre Hinausführung über sich selbst. Man kann sagen, daß die Suche nach dem Richtigen nicht tatsächlich das Richtige zum Ziel hat, sondern eher die Befreiung davon. Sie deshalb jedoch gar nicht erst zu beginnen, führt zu nichts.

Individuelle Freiheit ist auch ein Ergebnis von Leistung. Unsere Seele will diesem Zustand *entgegenreifen*, denn sonst hätte er mehr zerstörerische als befreiende Aspekte. Die Aneignung dessen, was vormals den Göttern vorbehalten war – und nichts anderes ist der prometheische Akt der Befreiung des menschlichen Individuums –, bedarf einer inneren Unerschütterlichkeit, jedoch vor allem der Bereitschaft, die Konsequenzen des eigenen Tuns ohne Umschweife zu erkennen und auf sich zu nehmen. Durch seine zyklische Wirkweise steuert Saturn diesen Prozeß, und was uns häufig als zu langsam erscheint, ist in Wahrheit ein Schutz vor Überlastung. Erst wenn im Laufe unserer individuellen Entwicklung Brüche konstruktiv sind, geschehen sie.

2. Der Übergang von Steinbock zu Wassermann: Die Sollbruchstelle im Horoskop

Im persönlichen Horoskop gibt es viele Krisenpunkte, welche jedoch nicht alle etwas mit dem von Saturn gelenkten Reifungsprozeß zu tun haben. Das sechste Haus beispielsweise ist quasi eine Dauerkrise, da wir hier unsere persönliche Evolution in Form der Einpassung in die Welt in kleinen und stetigen Schritten zu bewältigen haben. Position und Herrschaft des Planeten Uranus haben ebenfalls Krisencharakter, jedoch suchen wir seine Entsprechungen eher aus dem Grunde, weil wir uns hier durch unseren Einfallsreichtum besonders hervortun oder selbst erneuern können. Brüche im Zuge unseres persönlichen Entwicklungsprozesses finden wir im Horoskop eher an jener Stelle lokalisiert, an der sich der Übergang vom Zeichen Steinbock zum Zeichen Wassermann befindet.

Der in der Überschrift verwendete Begriff «Sollbruchstelle» ist der Technik entlehnt und bezeichnet einen absichtlichen «Materialdefekt». So gibt es beispielsweise bei Laternenmasten an einer bestimmten Stelle einen schwächeren Punkt im Material. Sollte nun also ein Autofahrer gegen den Mast fahren, so bricht der an diesem Punkt, um damit auf eine vorbestimmte und die sicherste Art und Weise zu fallen. Durch den Bruch an dieser Stelle wird dem Druck von vornherein ein Ausweg geboten, um so wenig Schaden wie möglich anzurichten. Diese Einrichtung ist recht sinnvoll und vor allem erstaunlich einsichtig, da Brüche und Unfälle eben passieren.

Bei der Betrachtung von Horoskopen und den dazugehörigen Lebensläufen kann man eine ähnliche Einrichtung beobachten, weshalb der Begriff der Sollbruchstelle naheliegt. Daß wir hin und wieder fallen, scheitern oder mit dem Alten brechen, gehört zu unserer Entwicklung dazu. Dahinter stecken jedoch keine bösartigen Attacken eines feindseligen Schicksals, sondern Phasen im Leben, welche notwendigerweise durchlebt werden müssen, damit wir reife und eigenverantwortliche Menschen werden. Um flügge zu werden, müssen wir die Schale des Eis aufbrechen oder den Kokon sprengen, und es gibt einen Lebensbereich, in dem wir speziell dazu aufgefordert werden. Im individuellen Horoskop finden wir diesen Bereich durch das Haus symbolisiert, in dem der Übergang von Steinbock zu Wassermann steht.

Hier erleben wir vor allem das saturnische «Müssen» in seiner doppelten Bedeutung, also sowohl im Sinne des Folgenmüssens als auch des Ausbrechen-müssens. Zunächst müssen wir in diesem Lebensbereich gehorchen, aus welchem Grund auch immer. Wir tun es jedoch stets mit dem Gefühl, gezwungen, dressiert oder verformt worden zu sein. Trotzdem – wir gehorchen, wenn auch mit Groll oder einem verbissenen Gefühl von «warte, bis ich groß bin, dann zeig ich's dir!». Entsprechend unserer jeweiligen Größe «zeigen wir es ihnen» dann, zunächst aber mehr innerhalb des vorgegebenen Rahmens. Schließlich kippt der Prozeß in ein «Sich-befreien-müssen» um. Das bedeutet, daß ab einem gewissen Punkt Folgsamkeit oder konventionelle Leistung uns nicht mehr befriedigen und wir nervös werden.

Saturn ist der Situation entsprechend hier soweit integriert, daß wir einen eigenverantwortlichen und selbstbestimmten Schritt wagen können und müßten – doch ist an diesem Punkt die Gefahr groß, zu somatisieren oder sogenannte Schicksalsschläge hervorzurufen, falls wir uns die Freiheit *von und zu etwas* nicht gestatten. Saturns Schwellencharakter sowie seine frühere Herrschaft über Steinbock und Wassermann kommen hier deutlich zum Ausdruck, denn es ist immer ein prometheischer Akt, Saturn zu integrieren und selbst zu entwickeln.

Das Haus der Sollbruchstelle befindet sich während unseres Lebens in einer langsamen, ernsthaften und unaufhörlichen Bewegung, welche immer Überraschungen hervorbringen will. In der Regel streben wir jedoch gerade in dem betreffenden Lebensbereich zunächst Dauerhaftigkeit an, weil wir das Ungewisse fürchten und mit Experimenten noch wenig Erfahrungen haben. Mehr als bei allen anderen von Saturn berührten Themen unseres Horoskops können wir hier jedoch die zehnte Energie zu ihrer Reife bringen und sie in unser seelisches Gefüge integrieren. Wenn wir das Lebensthema des Reifungsprozesses suchen, finden wir es in dem Zeichen, in dem Saturn steht. Suchen wir jedoch die konkrete Bühne, auf der wir Saturns Thema bearbeiten, finden wir sie im Haus der Sollbruchstelle.

Es hat sich gezeigt, daß bei der Identifikation des Hauses das äquale Häusersystem am hilfreichsten ist. Hierbei handelt es sich um die Einteilung des Horoskopkreises in gleich große Häuser von jeweils 30°, vom Aszendenten ab gerechnet. (Die Himmelsmitte fällt bei dieser Häuserberechnung nicht unbedingt mit der Spitze des zehnten Hauses zusammen, sondern befindet sich in der Regel im achten bis elften Haus.) Die äquale Häuserberechnung ist an sich schon etwas sehr Saturnisches, denn sie ordnet die Entwicklungsmuster des Aszendenten eher prinzipiell als individuell. Außer bei Aszendentenstellungen auf 30°/0° eines Zeichen ist somit jedem Aszendenten seine archetypische «Bruchstelle» vorgegeben.

Das Haus der Sollbruchstelle hat Ähnlichkeit mit einem tatsächlichen Haus, das ständig renoviert wird. Mitunter kann das Gefühl entstehen, daß die Modernisierungsmaßnahmen einfach nicht abreißen, daß wir hier einfach nicht zur Ruhe kommen. Es ist sinnvoll, dieses Haus immer als ein Phasenhaus zu betrachten, als einen Lebensbereich, in dem wir ordnen, strukturieren und ruhen und in dem die so erlangte Ruhe doch nie allzu lange anhält. Immer wieder gibt es etwas Neues, Irritierendes oder Überraschendes, das uns aus der Ruhe reißt und dem wir uns widmen müssen. Aus der Sicht unserer Seele *wollen* wir uns dem widmen, jedoch nicht mit der Absicht, dadurch zu endgültiger Ruhe zu kommen, sondern einfach um unsere Urteilskraft und Unterscheidungsfähigkeit, unsere Selbstverantwortlichkeit und Integrität zu *schulen*.

Ebenso ist es sinnvoll, das nachfolgende, vom Wassermann beherrschte Haus im Gedächtnis zu behalten, denn für dessen Themen bildet die Sollbruchstelle die Basis. Irgendwo wollen wir alle wie Prometheus den Göttern das Feuer stehlen, wollen wir uns hervortun und die Chance zur Einzigartigkeit ergreifen. In den uranischen Bereichen unseres Horoskops sind wir frech, empört, risikobereit und immer anders als alle anderen, die hier winkende Freiheit bedeutet auch Einzelgängertum. Die Kraft, Reife, Unerschrockenheit und Disziplin hierzu erlangen wir in dem Lebensbereich, der durch den Übergang von Steinbock zu Wassermann angezeigt wird.

Übergang in Haus 1 – Aszendent Steinbock

Befindet sich die Sollbruchstelle im ersten Haus und liegt somit ein Steinbock-Aszendent vor, betrifft das Folgen- und Sich-befreien-müssen ganz konkret den eigenen Körper. Dadurch sind wir hier zugleich aufgefordert, die Verbundenheit von Körper und Bewußtsein wahrzunehmen, denn ebenso eingesperrt und eingefahren wie unser Bewußtsein ist es unser Körper auch. Häufig sind hier die Rollenmodelle eine Art Gefängnis, führt also die kollektive Haltung, wie man sich als Mann oder Frau ganz physisch zu verhalten hat, zu dem Gefühl, in einem Körper sein zu *müssen*. Das Vitale, Animalische, Triebhafte und Kraftvolle der physischen Existenz wird in der Regel rigide verurteilt und durch einen automatisierten Umgang mit dem eigenen Körper ersetzt. Erst später folgen diesem Muster auch die eigenen Motive, Ziele und Durchsetzungsformen.

Der Impuls, sich den eigenen Körper anzueignen (Haus 2/Wassermann), bricht jedoch immer wieder durch und kann uns den unmoralischen und nackten Spaß an der eigenen Existenz bringen. Im Prinzip sind wir fähig, die hohe Vibration der Materie am eigenen Leib zu spüren und sie blitzschnell umzusetzen – nur brauchen wir dafür unsere eigene Erlaubnis. Folgen wir hier nicht unserem Einfallsreichtum und machen nicht das, was wir für richtig halten, zum Maßstab für unsere Ziele – brechen wir also nicht mit der Dressur –, wird unser Körper schließlich Ausdruck des Irrtums der Dauerhaftigkeit. Er versteinert, verstockt, verkrampft oder vertrocknet.

Letztendlich hat hier ein Bruch mit allen Regeln, die uns den freien Umgang mit unserer eigenen Physis untersagen, zu erfolgen. Im gleichen Zuge müssen wir fähig werden, eigenverantwortlich mit unserem Körper umzugehen, d.h. von einer Haltung Abstand zu nehmen, welche die Fürsorge für ihn anderen überläßt. In einer Art «experimentellen Inkarnation» müssen wir offen sein für den

Ausdruck von Schwingungen, Einfällen oder neuen Entdeckungen *durch* unsere eigene Existenz. Vor allem das rhythmische Pulsieren als Antriebskraft der Materie kann durch uns einen Ausdruck finden. Unsere eigenen Irrtümer und Erfahrungen können die Grenzen der kollektiven Haltung offenlegen und am Aufbau eines neuen Verständnisses über den Zusammenhang von Körper und Bewußtsein mitwirken.

Übergang in Haus 2 – Aszendent Schütze

Befindet sich die Sollbruchstelle im zweiten Haus und liegt somit ein Schütze-Aszendent vor, tritt die Frage des Territoriums bei unserem Reifungsprozeß in den Vordergrund. Zugleich sind wir dazu aufgefordert, die Verbindung zwischen dem Ort, an dem wir uns niederlassen, und unserem Bewußtsein zu erkennen. Da wir zunächst kollektiven Wertvorstellungen folgen müssen, schlägt auch unser Bewußtsein auf kargem Grund seine Wurzeln und bringt – wenn überhaupt – nur zäh und mühsam neue Früchte hervor. Wir haben zumeist das Gefühl, an einem Platz ausharren zu müssen, der uns von anderen zugewiesen wurde und in unserem Empfinden jedoch einer Zelle im Hochsicherheitstrakt eines Gefängnisses gleicht.

Letztendlich klammert sich unser Bewußtsein an den Fels der Tradition und Rechtschaffenheit, an Werte, die überaltert sind und einer gründlichen Prüfung bedürfen. Zwar gibt uns das zunächst Sicherheit, jedoch ist der Impuls, auszubrechen, auszuwandern, die Zelte abzubrechen und an einem anderen Ort neu anzufangen, zuverlässiger als die alten Werte. Solange wir jedoch den logischen, zweckorientierten und kühlen Verstand oder unsere eigene Intelligenz für verrückt erklären (Haus 3/Wassermann), kleben wir an alten Plätzen, ohne neue und inspirierende erkennen zu können. Wir warten stets auf den Beweis unserer Richtigkeit an *diesem* Ort. Letztendlich müssen wir selbst uns jedoch die eigenverantwortliche Erlaubnis geben, zu gehen oder zu bleiben bzw. das zu bewahren, was uns wertvoll erscheint. Hierzu ist es jedoch notwendig, in unserem Bewußtsein mit alten Werten brechen zu können, denn es sind unsere eigenen Wertvorstellungen, die uns an den jeweiligen Platz binden.

Die Suche nach dem «endgültigen» Platz kann durch Mangelerscheinungen oder physische Verhärtungen verschiedener Art somatisiert werden, die uns mitunter auch physische Brüche bescheren. Eine Art ernsthafte Vagabundenmentalität, die einen Platz mit dem Bewußtsein in Anspruch nimmt, daß auch er nicht der letzte sein wird, schafft die Voraussetzungen für einen offenen Geist. Die Qualität des Ortes korrespondiert mit unserem Selbstwertgefühl und entscheidet mit darüber, ob wir uns frei äußern oder nicht. Es obliegt daher unserer bewußten Wahl, wo und wie lange wir Wurzeln schlagen.

Übergang in Haus 3 – Aszendent Skorpion

Befindet sich die Sollbruchstelle im dritten Haus und liegt somit ein Skorpion-Aszendent vor, müssen wir zunächst dem üblichen Denken folgen. Zugleich haben wir jedoch das Gefühl, auf das Kleine und Praktische festgenagelt zu werden, ohne daß unsere Einfälle und Ideen von irgend jemandem ernst genommen werden. So lernen wir, zu denken, was man denkt, und zu sagen, was man sagt, unterliegen der Kontrolle der Alltäglichkeiten und dem Urteil über unseren Verstand. Der Druck, sich aus dem automatisierten Denken zu befreien, kann von uns eventuell lediglich als eine vage Angst vor Irresein oder Außenseitertum wahrgenommen werden. Zudem ist unser eigenes Kommunikationsverhalten dann von Brüchen, von hoher Ablenkbarkeit oder von schwindelerregender Schnelligkeit geprägt.

Hier ist die Gefahr besonders groß, an eingefahrenen Wegen festzuhalten – sei es in unserem Bewußtsein, im konkreten Alltag oder durch Somatisierung. Der Irrtum der Dauerhaftigkeit kann zu einem reaktionsschwachen Nervensystem, zu Gefäßverhärtungen oder zu eingleisigen Wahrnehmungen führen. Das stete Lernen hingegen kann uns frei machen, jedoch bedarf es dazu unserer eigenen Erlaubnis und der Rebellion gegen konventionelle Denkweisen. Indem wir die Herrschaft über unseren eigenen Verstand anstreben, können wir die Verbundenheit von Information und Bewußtsein erkennen. Wir sind, was wir denken, und dieser Zusammenhang eröffnet uns den Weg dazu, die Individualität unserer eigenen Seele zu spüren. Dadurch erlangen wir vor allem die Befreiung von den Definitionen unserer Familie (Haus 4/Wassermann) und zugleich den Auftrag zur Definition unserer selbst.

Solange wir dem Irrtum eines unerschütterlichen und dauerhaften Wissens unterliegen, ist unser gesamter Kontakt mit der Welt fremdbestimmt. Sind wir jedoch zu Denkexperimenten und ungewöhnlichen Darstellungen unserer selbst bereit, wird zugleich der Umgang mit unserem Verstand geschult. Dies wiederum befähigt uns zu eigenverantwortlichen Aussagen und befreit uns davon, uns der Not gehorchend ständig von uns selbst distanzieren zu müssen. Indem wir mit überkommenen Lehren brechen, überwinden wir zugleich die Zersplitterung unserer Seele.

Übergang in Haus 4 – Aszendent Waage

Befindet sich die Sollbruchstelle im vierten Haus und liegt somit ein Waage-Aszendent vor, müssen wir zunächst dem Klima unserer Herkunft folgen. Uns wird vorgegeben, welche Bedürfnisse man haben muß, und um den Schutz des Nests nicht zu verlieren, übernehmen wir die Beurteilungen, ohne auf andersartige Bedürfnisse zu achten. Zugleich fühlen wir uns jedoch wie ein Kuckucksei: fremd im eigenen Nest und stets mit der Frage beschäftigt, wer hier sonderbar ist – die anderen oder wir. Der Druck, sich zu befreien, hat den Bruch mit Familie und Kindheit im Gepäck und kommt einem schmerzhaften Schnitt an unseren Wurzeln gleich. Die Suche nach einem dauerhaften Hafen blockiert jedoch unsere Fähigkeit, mit dem Leben auf eine erfinderische Weise umzugehen und ihm schöpferisch zu begegnen.

Wir sind hier dazu herausgefordert, uns dessen bewußt zu werden, wer wir tatsächlich sind. Damit brechen wir zugleich mit den üblichen Vorstellungen von Heimat, Identität und Seele und erkennen die Verbundenheit von Bewußtsein und Wohlbefinden. Es kann sich sehr befreiend auf uns auswirken, das Leben an sich als ein Experiment zu betrachten, und seine – und unsere – Schöpfungskraft im besonderen. Solange wir uns jedoch davor fürchten, unsere Andersartigkeit zu präsentieren, kann sich in unserem Inneren ein Stein somatisieren, sei es auf der Seele oder in den inneren Organen. Mitunter fühlen wir uns auch nur so, als hätten wir einen Stein im Magen. Der Stein entspricht dem Anklammern an eine vergangene Identität, denn gerade auf diesem Gebiet sind wir zu ständigen Modernisierungen und der Übernahme von Verantwortung für unsere Gefühle aufgerufen.

Dabei kommt der Schritt aus der alten Geborgenheit des Vertrauten immer wieder einem Sprung gleich, und möglicherweise gestatten wir unserem Bewußtsein die Sprünge nicht, die unsere Seele machen will. Jedes Versiegen der eigenen Kreativität und Lebensfreude ist ein Alarmsignal (Haus 5/Wassermann). Der Spaß am Leben vergeht uns immer dann, wenn wir aus Gewohnheit am Kindsein oder Kleinsein festhalten. Somit ist der Bruch mit unserer Herkunft stets auch ein Bruch mit uns selbst – und mit der kuscheligen Nische, die wir uns gerade konkret oder im übertragenen Sinne geschaffen haben.

Übergang in Haus 5 – Aszendent Jungfrau

Befindet sich die Sollbruchstelle im fünften Haus und liegt somit ein Jungfrau-Aszendent vor, müssen wir in unserem Selbstausdruck zunächst dem folgen, was uns vorgeschrieben wird. Wir drücken damit das Kollektiv aus, werden mitunter zur Personifikation des «Man» und erfahren die Schöpfungskraft auf diese Weise lediglich passiv: Wir werden das, was «man» aus uns macht. Da wir hier am Zentralpunkt der Existenz getroffen werden, hat der Befreiungsdruck mitunter recht dramatische Folgen. Solange wir im Rahmen vorgeschriebener Regeln handeln, scheinen wir kompetent, werden wir jedoch zu eigenverantwortlichem Handeln aufgerufen, geraten wir stets in Experimentierphasen mit dem Leben selbst.

Da der Bereich des fünften Hauses uns unser Publikum beschert, sind wir bei der Befreiung unserer Handlungs- und Sexualkraft nicht nur zum Bruch mit unseren alten Bewunderern aufgerufen, sondern vor allem auch zur Trennung von unserem alten Ich. Der Anspruch, ein spielerisches und schöpferisches Leben zu führen, führt uns irgendwann zu Bewußtsein, wo wir uns – meist aus Eitelkeit – der Norm beugen und zu einer Art Maschine für automatisierte Prozesse werden. Der spontane Ausdruck unserer Seele (Haus 6/Wassermann) wird jedoch auf diese Weise blockiert. Die Verbundenheit von Schöpfertum und Bewußtsein führt uns letztendlich dazu, uns stets von unseren Schöpfungen zu trennen, denn sobald sie Form angenommen haben, stellen sie etwas Altes dar. Der Irrtum der Dauerhaftigkeit kann uns dazu verleiten, die Konzentration auf etwas aufrechtzuerhalten, was schon lange vergangen ist.

Sobald wir bewußt uns selbst in das Zentrum unseres Lebens stellen, brechen wir mit alten Möglichkeiten, Geltung zu erlangen und Macht auszuüben. Im Experiment zu leben läßt uns zwar mitunter herausragen, garantiert jedoch nicht den Applaus. Somatisiert sich dieses Thema, können wir ein nervöses Herz bekommen, eine Körperregulation, die verrückt spielt oder sind verstopft. Indem wir lernen, die Verantwortung für unsere Handlungen zu übernehmen, wird die Freude am Erschaffen der Maßstab – und nicht nur die Zustimmung anderer zu dem Erschaffenen. Mit den Ansprüchen unseres eigenen Egos zu brechen bewahrt uns davor, aus der Konserve zu leben.

Übergang in Haus 6 – Aszendent Löwe

Befindet sich die Sollbruchstelle im sechsten Haus und liegt somit ein Löwe-Aszendent vor, müssen wir zunächst den konventionellen Ansichten über Arbeit und Dienstbarkeit folgen. Gerade beruflich üben hierarchische Systeme eine hohe Anziehungskraft auf uns aus, da Arbeit und Lohn hier dauerhaft und strukturiert erscheinen. Jedoch verläßt uns hier ein gewisser Groll nie, denn der innere Befreiungsdruck läßt sich durch ein fleißiges Emporkommen nicht befriedigen. Möglicherweise versuchen wir halbherzig, ihm durch besondere Leistungen innerhalb von Institutionen zu entkommen, und eventuell entwickeln wir mehr oder weniger schnell eine Allergie, die unser Thema dann somatisiert.

Mit dieser Konstellation sind wir aufgefordert, die Verbundenheit von Entwicklung und Bewußtsein zu erkennen. Arbeit und Alltag stagnieren oder entwickeln sich in dem Maße mühsam, wie wir keine Korrekturen an unserer bewußten Haltung vornehmen. Unterliegen wir dem Irrtum der Dauerhaftigkeit, entgeht uns die befreiende Erfahrung der Selbstkritik. Im Laufe unserer Entwicklung wird immer wieder der Bruch mit dem notwendig, was wir für unsere Dienstpflicht halten. Dabei geht es darum, Experimente, die Beruf oder Alltag betreffen, auf eine kluge Weise in den Ablauf unseres Lebens zu integrieren, und mitunter ist es manchmal die klügste Weise, wenn alles ein wenig durcheinandergerät. Lassen wir uns nicht alltäglich irritieren, kann die Routine des Lebens zur Erstarrung unseres seelischen Ausdrucks führen.

Was wir zunächst fürchten – nämlich unsere eigene Lebensweise einer gründlichen Kritik zu unterziehen –, kann jedoch eine befreiende Wirkung auf unsere Beziehungen haben (Haus 7/Wassermann). In eigener Verantwortung den Alltag zu strukturieren und sich der eigenen Fehler bewußt zu werden, führt uns zu einem partnerschaftlichen, leichten und inspirierenden Umgang mit anderen. Die Trennung von allem Scheinheiligen schafft uns erst wirkliche Klarheit in der Seele, und der Bruch mit einem überlebten Fleiß-Belohnungs-Schema, das uns letztendlich unseren authentischen Seelenausdruck abkauft, führt uns zu einer aufregenden und freundschaftlichen Beziehung zur Welt.

Übergang in Haus 7 – Aszendent Krebs

Befindet sich die Sollbruchstelle im siebten Haus und liegt somit ein Krebs-Aszendent vor, müssen wir zunächst vorgegebenen Beziehungsmustern folgen. Auch hier erweisen sich Rollenklischees als zunehmend belastend, wenn wir sie auch zunächst erfüllen, da sie die Form unserer Begegnung mit dem anderen Menschen strukturieren. Zugleich spüren wir jedoch den Druck der Befreiung gerade dann, wenn wir auf Menschen treffen, die anders sind, die sich Freiheiten herausnehmen, von denen wir selbst oft nur träumen und die offensichtlich das Risiko weniger scheuen als wir selbst. Wir sind hier leicht dazu geneigt, unkonventionelle Menschen oder Beziehungsformen als verrückt abzustempeln, ohne jedoch den Groll verringern zu können, der uns angesichts unserer eigenen eingefahrenen Beziehungssituation nicht selten überkommt.

Wir sind mit dieser Konstellation dazu herausgefordert, die Verbundenheit von Bewußtsein und Begegnung wahrzunehmen, und somit konfrontiert uns der andere Mensch stets mit unserem Schatten schlechthin, indem er das, was uns fehlt, für uns wahrnehmbar macht. Der Irrtum der Dauerhaftigkeit kann uns dazu verleiten, Beziehungen stets hierarchisch zu strukturieren, weil wir unbewußt annehmen, daß sie dann haltbarer sind. Wir können dann aber dazu neigen, eine Art Doppelleben zu führen und neben unseren offiziellen Bekanntschaften noch ein paar ausgeflippte und gern verheimlichte zu pflegen. Letztendlich führt jedoch auch das zum Bruch von Verträgen aller Art und verliert die Kontaktaufnahme mit anderen hierdurch nichts von ihrer irritierenden Qualität.

Erst der Bruch mit überlebten Liebesnormen eröffnet uns neue Wege der Partnerschaft, auf denen wir lernen können, Individualität und Sicherheit in Beziehungen miteinander zu vereinen (Haus 8/Wassermann). Solange wir jedoch «der bessere Partner» sein wollen, bleibt mitunter nur der Ehebruch als Forum für die uranische Qualität übrig. Es ist eine Frage unseres Bewußtseins, ob wir in Beziehungen zu anderen dazu stehen können, wie wir sind – und für unsere Ansprüche an Partnerschaften auch die Verantwortung übernehmen. Hierzu ist jedoch vor allem ein Bruch mit der Vorstellung von *Verantwortlichkeit für andere* notwendig. Dies mag uns schwerfallen, führt jedoch zu Bindungen, in denen wir uns frei bewegen und atmen können.

Übergang in Haus 8 – Aszendent Zwillinge

Befindet sich die Sollbruchstelle im achten Haus und liegt somit ein Zwillinge-Aszendent vor, unterliegen wir in unserem Beziehungsverhalten zunächst den Zwängen unserer Familienpsyche. Zumeist haben wir hier ein Drama geerbt, das durch die Rigidität aller Beteiligten in Gang gehalten wurde und letztendlich zur qualvollen Erstarrung des Miteinanders geführt hat. Wir müssen zunächst den

Mustern von Ausbeutung und Dominanz folgen, obgleich wir darunter leiden und eigentlich freiheitliche und tolerante Beziehungsformen leben wollen (Haus 9/Wassermann). Hierbei kann das Bekenntnis zu unserer Sexualität eine Schlüsselfunktion haben: Ihre Unterdrückung schreibt das alte Muster fort, ihre Befreiung kommt jedoch einem Ausbruch aus der Unterwelt gleich.

Der Irrtum der Dauerhaftigkeit verleitet uns mit dieser Konstellation unter Umständen dazu, die Form einer engen Bindung über ihren Inhalt zu stellen. Jedoch erlauben wir dadurch die Manipulation unseres Bewußtseins und verlieren durch Bindungen Kraft, anstatt sie zu gewinnen. Entsprechend auszehrend können sich die Somatisierungen dann gestalten. Unsere Aufmerksamkeit will darauf gelenkt werden, daß unser Bewußtsein beeinflußbar ist, daß es lediglich die Spitze eines verborgenen Grundes ist und daß dieser verborgene Grund alles miteinander in Symbiose vereint. Wenngleich wir auch mit überlebten Bindungen und Mustern brechen müssen, so gilt es hier doch auch, das Prinzip der Ursymbiose nicht zu verachten, denn sonst hält es uns zwanghaft in alten Mustern fest.

Es kann für uns notwendig sein, gerade mit seelischen Bindungen zu experimentieren, um uns der Dynamik der Macht bewußt zu werden. Unter Umständen sind hierzu große Sprünge notwendig – die Auswanderung in ein anderes Land, die Hinwendung zu ungewöhnlichen Weltanschauungen, das blitzartige Erfassen von Zusammenhängen oder die Befreiung von üblichen Erfolgsvorstellungen. Das mag uns schwerfallen, bietet jedoch auch die Chance, mit den rigiden und qualvollen Mustern unserer Familie zu brechen und uns in einer Weise zu binden, die wir verantworten können. Zwischen uns und dem anderen zu *unterscheiden* führt uns dann zum Bewußtsein, daß Bindungen befreien können.

Übergang in Haus 9 – Aszendent Stier

Befindet sich die Sollbruchstelle im neunten Haus und liegt somit ein Stier-Aszendent vor, müssen wir zunächst einem überalterten Weltbild folgen. Die Erklärungen, die wir übernehmen, schränken jedoch sowohl unsere Aussichten auf Erfolg als auch unsere Beziehungsfähigkeit, unser Gefühl vom sinnvollen Dasein und das tatsächliche Begreifen von Zusammenhängen ein. Dementsprechend irritieren uns alle gesellschaftlichen Veränderungen und werden unsere langwährenden Beziehungen zu einem Prüfstein für unsere Götter. Bei dieser Konstellation ist die Geschichte des Prometheus fast wörtlich zu nehmen, denn wir reifen hier zu Bewußtheit und Verantwortungsfähigkeit, indem wir mit den Göttern brechen und uns über Autoritäten empören (Haus 10/Wassermann).

Der Irrtum der Dauerhaftigkeit läßt uns zunächst an ewig gültige Erklärungen glauben. Jedoch sind wir dazu aufgerufen, die Verbundenheit von Bewußtsein und Erfolg wahrzunehmen und zu erkennen, daß die Enge unserer Welt die Enge unseres Bewußtseins widerspiegelt. Gefühle von Neid, Eifersucht und Zorn können ein guter Gradmesser für die Aktivitäten unseres inneren Rebellen sein, und somatisieren wir diese Energie, kämpfen wir stets auf irgendeine Weise mit dem Mangel oder Überschuß an feuriger Lebenskraft. Wir sind hier dazu aufgefordert, uns das «herauszunehmen», was wir sonst nur den sogenannten Besseren oder Höherstehenden erlauben, und müssen letztendlich auf eigene Verantwortung mit Glaubensvorstellungen brechen, die einer Existenz erst bestimmte Bedingungen abverlangen, um ihr Glück zu gestatten.

Im neunten Haus erweitern wir unseren Horizont, und vor dem Wissen steht zunächst einmal das *Erkennen*. Es kann uns schwerfallen, mit alten Erklärungen zu brechen, denn diese sind zugleich die Basis für unser Gefühl der moralischen Überlegenheit. Mit ihnen erkennen wir jedoch früher oder später gar nichts mehr und ermangeln somit der bewußten Mehrung und des Wachstums. Um erkennen zu können, müssen wir jedoch zunächst unsere Unwissenheit tolerieren lernen und hierdurch ein freies Feld für neue Einfälle schaffen. Indem wir mit weltanschaulichen Modellen experimentieren, überschreiten wir jedoch Glaubensmauern und können uns dadurch des individuellen und rebellischen Geistes bewußt werden, der in der Welt, aber auch in uns weht.

Übergang in Haus 10 – Aszendent Widder

Befindet sich die Sollbruchstelle im zehnten Haus und liegt somit ein Widder-Aszendent vor, müssen wir zunächst den gesellschaftlichen Urteilen folgen. Mit dieser Konstellation wirkt sich die übliche Trennung der zwei Seiten und somit die Verteufelung des Steinbock-Prinzips in unserem Bewußtsein und Leben ganz direkt aus. Wir neigen daher dazu, uns von einer Hälfte unserer selbst zu trennen. Der innere Befreiungsdruck will im Grunde die so errichtete Mauer in unserem Bewußtsein sprengen, jedoch können wir den Druck zunächst auch dazu verwenden, unsere eigenen Ansichten von richtig und falsch zur gesellschaftlichen Norm zu erheben. Diese Form von Hochmut führt früher oder später zum Einbruch unserer gesellschaftlichen Position – sei es durch einen plötzlichen Fall aus der bereits erklommenen Höhe oder durch eine an gesellschaftliche Normen gekettete öffentliche Anti-Haltung.

Wir sind hier dazu aufgerufen, die Verbundenheit von Bewußtsein und Urteil zu erkennen und zu lernen, den Sündenfall als einen Befreiungsakt des menschlichen Individuums wahrzunehmen. Bei dieser Konstellation besteht die Gefahr, sich generell vom Urteilen befreien zu wollen, wodurch unser Bewußtsein jedoch zu einem rechtlosen Raum werden und seiner Ordnungs- und Strukturierungsfunktion für unser Leben nicht mehr nachkommen kann. Zwar ist früher oder später ein Bruch mit traditionellen

Zielen notwendig, jedoch benötigen wir auch eine Vision davon, *wozu* die neu erworbene Freiheit genutzt werden soll (Haus 11/Wassermann). Der Irrtum der Dauerhaftigkeit kann aus unserer gesellschaftlichen Position eine Art Schleudersitz machen. Sind wir nicht bereit, mit Strukturen zu experimentieren, wird «man» unter Umständen mit uns brechen und uns die Solidarität verweigern.

Unterscheidung und Urteil sind in erster Linie eine individuelle Angelegenheit des menschlichen Bewußtseins und üben bei dem Prozeß, sich seiner Grenzen bewußt zu werden, eine wesentliche Funktion aus. Verweigern wir uns diesem Prozeß durch einen kompensatorischen Machtkampf mit der Gesellschaft, somatisieren wir womöglich das Thema durch Erstarrung von Steuerungsfunktionen des Körpers (Gehirn, Nerven- oder Hormonsystem). Erst der eigenverantwortliche Bruch mit überlebten Normen macht es hier für uns möglich, eine Vision unserer Zukunft, unserer Individualität und unserer menschlichen Freiheit zu erlangen.

Übergang in Haus 11 – Aszendent Fische

Befindet sich die Sollbruchstelle im elften Haus und liegt somit ein Fische-Aszendent vor, müssen wir zunächst dem folgen, was uns als «das Besondere» nahegelegt wurde. Dieses sogenannte Besondere ist für jeden Menschen bzw. jede Familie etwas anderes und kann daher hier nicht weiter definiert werden. Wir folgen zunächst völlig unbewußt der Haltung, anders als die anderen sein zu müssen. Dabei werden «die anderen» nicht selten als die Schlechteren betitelt. Vor allem Gruppennormen isolieren uns vom Rest der Welt, geben uns aber aufgrund der der Gruppe zugrunde liegenden Ideologie oft auch das Gefühl von Auserwähltheit.

Der mit der Zeit entstehende Befreiungsdruck zielt bei dieser Konstellation demnach eher in Richtung Normalität, er will uns zu einem Ausbruch aus der beherrschenden Ideologie oder Gruppe verhelfen und ihre Wirksamkeit durch Aufdecken ihrer Lügen zur Auflösung bringen (Haus 12/Wassermann). Möglicherweise empfinden wir diese Dynamik als einen Sprung ins Nichts und scheuen aus Angst davor zurück. Somatisiert sich das Thema dann, können wir in einer Art nervöser Erstarrung leben: chronisch aufgeschreckt und von automatisierten Ticks belästigt. Wir sind hier dazu aufgefordert, die Verbundenheit von Bewußtsein und Freiheit zu erkennen und unsere individuellen Ideen aus dem Kerker der vorgeschriebenen Besonderheit zu erlösen.

Der Irrtum der Dauerhaftigkeit verhindert, daß wir dem anderen Menschen bewußt als ein gleichberechtigtes Wesen begegnen können. Solange wir diesem Irrtum unterliegen, schotten wir uns lieber in Kreisen von Gleichgesinnten ab, müssen jedoch feststellen, daß alle Freundschaften mit der Zeit brechen. Brechen wir mit der Vorschrift, herausragen zu müssen, kann sich das Bekenntnis zur eigenen Fehlerhaftigkeit als ein Tor zu individueller Freiheit auftun und die vermeintliche Schuld unserer Existenz wie eine Last von uns abfallen. Indem wir uns dessen bewußt werden, daß es normal ist, originell zu sein – da jeder Mensch unverwechselbar ist –, treten wir in die Gruppe der Menschheit ein und befreien uns zum Vertrauen in unsere Zeit.

Übergang in Haus 12 – Aszendent Wassermann

Befindet sich die Sollbruchstelle im zwölften Haus und liegt somit ein Wassermann-Aszendent vor, müssen wir uns zunächst von den kollektiven Ängsten behindern lassen. Vorerst folgen wir einer Vermeidungshaltung, die aus dem Glauben an die Schlechtigkeit der eigenen Existenz und vom Mißtrauen gegen das Universum gespeist wird. Zugleich spüren und fürchten wir den Druck der Befreiung, welcher sich aus der Ahnung der Irrationalität aller Urteile und Unterscheidungen speist. Mit dieser Konstellation können wir recht lange lieber mit einem belasteten Unterbewußtsein und schlechten Träumen leben, als daß wir den Sprung in den eigenen Willen wagen. Dieser befördert uns nämlich auf die Position des Außenseiters, Neuerers und Rebellen, und womöglich fürchten wir das noch mehr als die «Strafe des Universums».

Somatisierungen dieses Themas können recht drastische Ausmaße haben: Unser Körper spielt unter Umständen ständig verrückt und erweist sich als ein Quell der Unzuverlässigkeit, ohne in seinem Verhalten eine Logik erkennen zu lassen. Wollen wir uns dieser Konstellation bewußt widmen, so gilt es zunächst, mit überlebten Träumen, alten Sehnsüchten und einer überkommenen Form des Vertrauens zu brechen. Individualität verlangt von uns Mut (Haus 1/Wassermann), welcher jedoch erst aufkommt, wenn wir uns von der kollektiven Furcht vor Bestrafung getrennt haben. Bewußtsein und Vertrauen sind miteinander verbunden. Wir können also davon ausgehen, daß die Größe unserer Angst ein Maß ist für unsere Unbewußtheit.

Wir können jedoch lernen, mit unseren Ängsten, Träumen und Sehnsüchten zu experimentieren. Hierzu ist es notwendig, daß wir uns von gesellschaftlichen Idealen lösen und bewußt und in eigener Verantwortung die Realisierung unserer Träume anstreben, *obwohl* manche Wunder, die wir erhoffen, nicht geschehen. Der Irrtum der Dauerhaftigkeit kann zwar eine Weile verhindern, daß wir dem Gezeitenfluß in unserer Seele folgen, jedoch können aus dem Chaos unseres Lebens auch durchschlagende Ideen geboren werden. Indem wir Illusionen durchschauen, werden wir weniger verführbar durch Normen und können zugleich unsere nur scheinbar verrückten Ziele in Angriff nehmen.

Das Haus der Sollbruchstelle ist also unser persönliches Experimentierfeld. Im Gegensatz dazu ist das vom Wassermann beherrschte Haus jener Lebensbereich, in dem wir das Neue auch tatsächlich konstruktiv einbringen können. Zuvor müssen wir jedoch bestimmte Wagnisse eingehen und mit uns allein dastehen können, ohne zu verzweifeln. Experimentieren bedeutet immer, auf eigene Verantwortung gegen «das Übliche» zu verstoßen, um bessere Lösungen zu finden. Im Haus der Sollbruchstelle finden Versuch und Irrtum statt, und je mehr wir uns hier auf uns selbst einlassen können, um so mehr können wir uns auch selbst überraschen.

Das soll nicht heißen, daß es hier endgültige Lösungen gibt, denn dieses Haus hat für uns immer einen Versuchscharakter. Haben wir hier Lösungen gefunden, sind *wir selbst* es, die zum nächsten Problem, zur nächsten Herausforderung weiterschreiten, wo immer wir etwas spüren, was uns «nicht paßt». Da Saturn dieses Haus beherrscht, ist es hier in der Regel eher die Not, die uns zu Erfindungen treibt, und entsprechend ernst ist es uns auch damit. Diese Ernsthaftigkeit ist nicht selten von dem Gefühl begleitet, daß wir hier zwar für uns persönlich und aus eigener Not Lösungen suchen, daß diese Not jedoch so individuell nicht ist, sondern in vielen Menschen besteht. Somit sind die Lösungen, die wir für uns finden, häufig auch für das Kollektiv wichtig. Im Haus der Sollbruchstelle kann das Paradoxon stattfinden, daß individuelle Lösungen gesellschaftliche Wirksamkeit zeigen. Möglicherweise ist es gerade deshalb wichtig, daß wir hin und wieder scheitern. Gerade in diesem Haus können wir jedoch stets einmal öfter aufstehen, als wir fallen.

3. Erdkontakt: Saturn in den Häusern

Fassen wir hier die bisher behandelten Themen Saturns in der Horoskopdeutung der Übersicht halber noch einmal kurz zusammen: Saturns Zeichenposition offenbart das Thema unserer bewußten Auseinandersetzung, und wir wollen die

Qualität des Zeichens von alten Urteilen und Spaltungen befreien und durch seine Mehrdeutigkeit das Wesentliche erkennen. Hier geht es um die Verbindung der Licht- und Schattenseiten der betreffenden Qualität und darum, die erfolglose Suche nach der sogenannten richtigen Auslebensform des Prinzips zu beenden. Saturns Zeichenposition entspricht dem Geburtskanal, durch den unser Bewußtsein hindurch muß, um sich von Fremdbestimmung abnabeln zu können.

Die Sollbruchstelle symbolisiert jenen Bereich unseres Lebens, in dem wir leisten wollen, jedoch auch hin und wieder scheitern und experimentieren, uns beengt fühlen und befreien wollen, und dieser Bereich korrespondiert direkt mit unserer Entwicklung der von Saturn besetzten Zeichenqualität. Da uns im Bereich der Sollbruchstelle die Tür zur Freiheit winkt, sind wir hier entsprechend ausdauernd und beharrlich bei der steten Strukturierung und Modernisierung des betreffenden Hauses. Das Haus der Sollbruchstelle bringt durch unsere Erfahrungen die saturnische Energie in uns zur Reife – und wir spüren, wenn auch zunächst unbewußt, daß unsere hier gemachten Erfahrungen auch für die Gemeinschaft wertvoll sein können.

Die Hausposition Saturns im persönlichen Horoskop gibt uns nun darüber Auskunft, in welchem Lebensbereich wir tatsächlich konkret werden wollen. Hier geht es weniger um Bewußtseinsprozesse selbst, sondern eher um deren Ergebnis – und um das Erlangen von Anerkennung und Vollmacht, um die Teilnahme an gesellschaftlichen Bereichen, die der Qualität des Hauses entsprechen. Die Hausposition Saturns zeigt uns an, wie wir jene Themen, über die wir uns umfassend bewußt werden wollen (Saturns Zeichenposition) und unsere eigenen Erfahrungen und Ideen (Haus der Sollbruchstelle) konkret und gesellschaftlich wirksam einbringen wollen. Wir suchen daher im Bereich der Hausposition Saturns in der Regel jene Gebiete auf, auf denen die Gesellschaft schon eine bestehende Struktur vorzuweisen hat – oder zumindest haben wir das Bedürfnis danach. Als erwachsener und kompetenter

Mensch wollen wir uns hier der Öffentlichkeit stellen und von ihr ernst genommen werden.

Häufig wird uns jedoch gerade im Bereich von Saturns Hausposition die Erfüllung unserer Bedürfnisse oder Ziele zunächst verwehrt. In der Regel ist es jedoch so, daß wir es zumeist selbst nicht wagen, zu dieser Neigung zu stehen, und diese Scheu oder innere Blockade hat auch etwas damit zu tun, daß in unserem Unterbewußtsein das Verbot wirksam ist, saturnische Energie selbst zu entwickeln. Wir spüren, daß wir hier zu gesellschaftlichem Einfluß, zu Reife und Leistungsfähigkeit gelangen können, daß wir hier Verantwortung tragen und urteilen können, daß wir hier erwachsen werden und das Paradies der Kindheit verlassen können. Wir spüren, daß wir uns hier auf die Welt einlassen wollen – doch wir haben gelernt, genau das zu fürchten, und flüchten daraufhin nicht selten in eine rigide Ablehnung der betreffenden Themenbereiche, weil sie uns stets an den Verrat an uns selbst erinnern können.

Trotzdem haben die Themen des von Saturn besetzen Hauses eine eigentümliche Dauer für uns. Selbst wenn wir vor ihnen fliehen, kommen sie uns in einem anderen Gewand entgegen, und bis wir das gemerkt haben, sind wir schon wieder mittendrin. Gehen wir bewußt und ohne Abwehr mit ihnen um, verändern sie jedoch auch häufig ihr Gesicht, und diese Veränderungen korrespondieren wiederum mit unseren Erfahrungen aus dem Haus der Sollbruchstelle. So finden wir in jenem Haus, in dem Saturn steht, eine ihm entsprechende Verbindung von Dauer und Veränderung, von Beständigkeit und Variation, von Ende und Anfang – eine lebendige Formkraft, die in der Zeit wirksam ist. Hier finden wir den Bereich, in dem wir unter Übernahme der Verantwortung eingreifen wollen, und gerade weil uns das betreffende Thema zunächst verwehrt wurde, ist uns sein Verbleib im Privaten nicht gewährt, sondern wird seine Veröffentlichung gefördert.

An dieser Stelle sei noch einmal auf Saturns mythologische Bezüge hingewiesen, die zu Beginn dieses Buches behandelt wurden. Anhand verschiedener Mythen konnten wir sehen, daß Saturn in die Nähe der Mutterreligionen gehört, daß er im Auftrag der Erde handelt oder gar seine Wurzeln im Bild der Göttin Uno hat. Wir erleben die zehnte Tierkreisenergie zugleich als eine Kraft, die auf eigentümliche Weise unterscheidet und verbindet, die uns isoliert und indirekt frei macht, die unser Ich stärkt und es zugleich behindert. Im menschlichen Individuationsprozeß finden wir mit der Energie des Steinbocks eine Qualität vor, die sich vom kämpfenden Helden zwar unterscheidet, jedoch das gleiche zum Ziel hat, nämlich den eigenverantwortlichen und freien Menschen. Steinbock ist die Yin-Variante, sich aus der verschlingenden Umklammerung der Großen Mutter zu lösen, und ihr Einsatz auf unserer persönlichen Heldenreise ist neben dem Kampf auch vonnöten.

Während der kämpfende Held den Drachen tötet und seine Individuation dadurch antreibt, daß er sich im *Gegensatz* zum Umfassenden, zum Einen oder zum Weiblichen definiert, muß die weibliche Energie zur Individuation eine andere sein. Mit Saturn finden wir sie vor: Wir erlangen erst dann eigenverantwortliche Autorität und Macht über unser Leben, wenn wir die Erde, das Eine, das umfassende Weibliche achtungsvoll *respektieren*, denn einen Kampf dagegen können wir nie endgültig gewinnen. Wir alle sind vom Weiblichen hervorgebracht worden, und achten wir diesen Ursprung (trotz seiner sogartigen Wirkung) nicht, gibt er uns nicht frei und werden wir letztendlich jeden Kampf verlieren. Das Weibliche hat ebenso wie das Männliche eine Seite, die uns zur Individuation und somit Befreiung von ihm selbst beauftragt – nur erlangen wir sie hier nicht mit Kampf *gegen* das Verschlingende, sondern nur mit Achtung und Respekt *vor* ihm. Dazu gehört, daß wir das in Saturn selbst bestehende Paradox ertragen lernen: daß wir sollen, was wir wollen – oder daß unsere Mutter (im weitesten Sinne) von uns ebenso frei werden will wie wir von ihr.

Die beschriebene Achtung wird uns in dem Haus, in dem Saturn steht, abverlangt. Das bedeutet, daß wir hier konkret werden müssen, daß wir hier die weiblich-irdische Formkraft einsetzen und etwas hervorbringen müssen, das sichtbar, beweiskräftig, allgemein-menschlich, authentisch und so ehrlich wie die Erde selbst ist. Wir können hier nicht im Elfenbeinturm der Theorie verbleiben, sondern müssen uns in die Welt stellen, und zwar so, wie wir sind, und mit dem, was wir meinen. Wir finden in dem von Saturn besetzten Haus somit nicht weniger als den Bereich unserer potentiellen Meisterschaft, wenngleich sich das nicht so exakt von der Zeichenposition und den Aspekten Saturns unterscheiden läßt, wie es hier vielleicht den Anschein hat. Wenn wir jedoch fragen, wo wir meisterlich werden können, kommen wir an den Gebieten des betreffenden Hauses nicht vorbei. Obwohl und weil es in ihm zunächst sehr dunkel ist, finden wir hier jedoch auch das Licht. Dabei entwickeln wir bezüglich der Themen des betreffenden Hauses oft einen typisch saturnischen Eigensinn. Wir können hier sehr stur sein, und diese Sturheit kann möglicherweise verhindern, auf konventionellem Weg zu Einfluß zu kommen. Sie kann auch bewirken, daß wir hier einen konventionellen Weg gar nicht erst einschlagen.

Unsere eigene und wahrhaftige Umgangsweise mit dem betreffenden Thema schotten wir oft regelrecht von den Einflüssen der Welt ab, was darin begründet ist, daß wir unser Wesentliches durch den Geburtskanal bringen müssen. Der schwierigste Schritt kann es dann sein, den Zeitpunkt zu erkennen und wahrzunehmen, an dem dieses Abschotten nicht mehr notwendig, sondern eher hinderlich ist, den Zeitpunkt zu erkennen, an dem wir reif und integer genug sind, uns aus uns selbst heraus wahrhaftig zu äußern. An diesen Zeitpunkten will uns das Mütterliche aus seiner Obhut entlassen.

Saturns Hausposition sagt uns etwas darüber, wo wir unsere Formkraft auf eine Weise einsetzen können und wollen, daß sie den privaten Bereich übersteigt. Es geht hier immer um etwas Konkretes, und deswegen mögen die nachstehenden Interpretationen vielleicht etwas pragmatisch klingen. Wie oben bereits gesagt wurde, geht es jedoch hier nicht mehr vordringlich um Bewußtseinsprozesse, sondern um Ergebnisse und um die physische Realität. In der Regel geben wir jedoch zunächst nicht so gern zu, daß uns dieses Thema wichtig ist und daß wir es sehr ernst damit nehmen. Unsere Scheu vor dem Hausthema Saturns kommt jedoch auch daher, daß wir hier etwas sehr Eigenes anzubieten haben, das trotzdem oder deswegen gesellschaftliche Wirkung haben kann. Und daß wir hier den Auftrag vorfinden, mit dem das Weibliche uns geboren hat.

In der folgenden Tabelle werden daher lediglich wesentliche Themenbereiche des betreffenden Hauses aufgeführt, die wir abhängig von der Sollbruchstelle, Saturns Zeichenposition und seinen Aspekten entsprechend individuell modulieren. Die wenigen Begriffe mögen eventuell karg erscheinen, Saturn im Haus beschreibt aber auch das Prinzipielle, das im betreffenden Lebensbereich durch den einzelnen Menschen mit individuellem Leben gefüllt werden will. So ist es hilfreich, sich den Zuordnungen mit Neutralität und Nüchternheit zu nähern, um dadurch zugleich die eigene Verwirklichungsweise erkennen zu können.

Verdichtung: Übersicht der Häuserthemen Saturns

Saturn in Haus	bestehende Struktur/ Gesellschaftsbereich	Neigung/ Ablehnung	Veröffentlichen/ Ehrlichkeit	physische Form/ konkret werden	Erd-Achtung/ Sogwirkung	Meisterschaft in bezug auf
1	Kampfgebiete	Egoismus	eigene Motive	Stärke	Triebe	Sieg
2	Wertungen	Besitz	eigene Grenzen	Sinnlichkeit	Schönheit	Einfachheit
3	Austausch	Unverbindlichkeit	eigene Überlegungen	Beweglichkeit	Vielfalt	Vermittlung
4	Innere Bereiche	Empfänglichkeit	eigene Identifikation	Weichheit	Bedürftigkeit	Nahrung
5	Geltung	Spiel	eigene Produkte	Organisation	Fortpflanzung	Freude
6	Dienste	Sorgfalt	eigene Ernte	Veränderung	Genauigkeit	Anpassung
7	Kultur	Attraktivität	eigene Vorlieben	Beziehungen	Gleichgewicht	Berührung
8	Macht	Dominanz	eigene Abhängkeit	Verschmelzung	Kollektivität	Verwandlung
9	Verschiedenheit	Erweiterung	eigene Deutungen	Mehrung	Zusammenhang	Führung
10	Regelung	Bestimmung	eigene Reife	Leistung	Beschränkung	Geduld
11	Versuche	Überraschung	eigene Empörung	Brüche	Sprengkraft	Gemeinschaft
12	Randbereiche	Unterlassung	eigene Phantasie	Öffnung	Ursprung	Vertrauen

Ein Beispiel: Saturn in den Fischen im dritten Haus

Saturns Zeichenposition und das vom Aszendenten abhängige Haus der Sollbruchstelle lassen die wenigen Worte stets in einem anderen Licht erscheinen, weshalb sie als Symbole aufgefaßt werden sollten und es vom Individuum abhängt, auf welcher Ebene sich was wie verwirklicht. Haben wir beispielsweise einen Schütze-AC mit der Sollbruchstelle im zweiten Haus und befindet sich Saturn im dritten Haus in den Fischen, kann die Tabelle folgendermaßen mit Leben gefüllt werden:

Der Gesellschaftsbereich «Austausch» ist jener Ort, der aufgesucht wird und von besonderem Interesse ist. Hierunter fallen alle Informationsbereiche, Fernsehen, Presse, Verlage, aber auch Transport und Handel. Mit dieser Saturn-Stellung will man hier auf irgendeine Weise ernst machen, die Erfüllung des Austauschs muß jedoch eine spirituelle, künstlerische, soziale oder hintergründige Komponente haben. Er wird sich demnach eher im Bereich der Bilder, der Phantasie oder nicht-logischer Wahrnehmungen oder Kontakte abspielen.

Es besteht eine Neigung zu Unverbindlichlichkeit bei gleichzeitiger Ablehnung, da man es schließlich ernst meint mit dem, was man sagt/darstellt. Das kann sich in diffusen Aussagen zeigen, aber auch im Schweigen oder darin, hinter die eigene Darstellung zurückzutreten bzw. sich dahinter zu verstecken. Wird die Unverbindlichkeit jedoch nicht beachtet oder verurteilt, anstatt genutzt, ist man möglicherweise tagtäglich vom Chaos umgeben und fühlt sich als überforderter Fels in der Brandung.

Man lernt hier, sich seine eigenen Gedankengänge ehrlich einzugestehen und auch vor der Öffentlichkeit dazu zu stehen – denn sonst wäre der erste Bereich «Austausch» gar nicht aktiviert, sondern lediglich Schein. Das bedeutet, auch die Wahrnehmung des Irrationalen oder «Außersinnlichen» zuzulassen und sie ernst zu nehmen.

Die innere Verpflichtung, hier konkret zu werden, muß den Faktor «Bewegung» berücksichtigen. Das bedeutet, daß man hier der Gesellschaft etwas Bewegtes oder Bewegendes beisteuern kann. Saturn in den Fischen wird sich jedoch eher in Metaphern äußern und muß den schwierigen Akt vollbringen, das Unsagbare konkret und für den Austausch tauglich zu machen.

Dem Erd-Prinzip der Vielfalt gilt es zugleich Wachsamkeit entgegenzubringen. Das bedeutet, daß man sich hier nicht auf ein ewiges Thema «einschießen» kann, ohne daß die eigene Neugier und Intelligenz darunter leidet. Wird die Vielfalt ignoriert, kann es dazu führen, daß man sich völlig verzettelt und um so verwirrter wird, je mehr man sich konzentriert.

Der Begriff «Vermittlung» kann hier zur Meisterschaft führen, denn er stellt einen Menschen mit dieser Konstellation als eine Art Moderator *dazwischen* und enthebt ihn somit von Verantwortungen, die nicht seine sind. Solange der Begriff der Vermittlung nicht in das eigene Bewußtsein und Verhalten integriert wird, wird man hier mit seinem Ego und seinen Schuldgefühlen ringen und sich für Dinge verantwortlich fühlen, die kollektiven Ursprungs sind. Die Vermittlung führt zu dem bewußten Umgang damit, ein formender Kanal für etwas Formloses zu sein.

Die Saturn-Stellung könnte beispielsweise ein Pantomime haben, eine Filmemacherin, ein Maler, eine Tänzerin oder ein Redakteur eines avantgardistischen TV-Senders. Ebenso kann man sich jedoch hier auch einen Devisenhändler an der Börse vorstellen oder die Verantwortliche für den Fahrplan des öffentlichen Nahverkehrs, die sich wegen des zunehmenden Durcheinanders schließlich ihren Traum erfüllt, zu den Fernzügen wechselt und dort das Bord-Catering übernimmt.

Die Sollbruchstelle in Haus 2 unterstützt diese Konstellation in einer Form, daß der Mensch durch die stete (und erfolglose) Suche nach dem «richtigen» Platz eine vollkommen eigene Form des Austausches/der Darstellung/der Vermittlung entwickelt. Zugleich ist er hierdurch aufgefordert, Grenzen zu überschreiten und sich von für ihn sinnvollen Motiven leiten zu lassen, denn ohne die hohe Energie des Schütze-AC läßt sich dieses Saturn-Thema nur mühsam bewerkstelligen. Der konkrete gesellschaftliche Beitrag will allerdings im dritten Haus stattfinden. Die anderen saturnischen Bereiche sind eher Leistungen des Bewußtseins als Ausdruck der eigenen Reifungsprozesse. Zudem werden die Themen des dritten Hauses hier generell als der eigene «Pferdefuß» empfunden. Man müht sich zunächst mit ihnen ab und ist aus einem Mangelgefühl heraus gezwungen, sich auf ernsthafte Weise mit ihnen zu befassen.

Im inneren Erleben durchzieht in der Regel zunächst die fast obligate Spaltung der Welt auch das Hausthema Saturns. Deshalb ist es sehr wirksam, sich den Begriffen in der Tabelle auf eine Weise zu nähern, die ihrer Mehrdeutigkeit Rechnung trägt und sie respektiert. Entheben wir die Themen des uns betreffenden Hauses ihrer Verurteilung und Trennung, erteilen wir uns selbst gleichzeitig die Erlaubnis, auf eigenverantwortliche und ernsthafte Weise einzugreifen.

4. Weggefährten: Planeten im Steinbock

Planeten, die sich im Zeichen Steinbock aufhalten, unterstehen der Herrschaft Saturns, und befinden sich im individuellen Horoskop solche Konstellationen, so ist die betreffende Planetenenergie direkt mit unserer Einstellung zur Realität verbunden. Die beschriebene Spaltung saturnischer Energie wirkt sich damit zugleich auf die im Steinbock stehenden Planeten aus. Da wir hier jedoch auch unsere persönlichen Mittel, der Mehrdeutigkeit der Realität zu begegnen, finden, vermitteln uns Planeten im Steinbock zunächst häufig das Gefühl, mit ihrer Qualität Schwierigkeiten zu haben.

Mit einer Konstellation im Steinbock ist aber die Fähigkeit verbunden, die verschiedenen Facetten der Planetenenergie wahrzunehmen und konkret zum Ausdruck zu bringen. Wir orientieren uns mit dem Einsatz dieser Kraft meist unbewußt an der physisch erlebten Realität und nehmen hierzu nicht selten die Ordnung und Regulation der Erde als Maßstab. Dies ist der eigentliche Grund, warum Planeten im Steinbock gemeinhin als blockiert gelten. Der Blockade-Effekt entsteht jedoch eher aus den Konventionen, die es in unserer Zeit für gut und richtig erachten, sich außerhalb von Gesetzmäßigkeiten und gegen die Natur zu stellen. Planeten im Steinbock erfassen auf ihre und eine ganz wesentliche Weise die physischen Gesetzmäßigkeiten, und sie wollen sich ihnen unterstellen, um der Natur des Gesamten zu dienen. Somit tragen sie zwar zum Aufbau der Zivilisation bei, beziehen ihre innere Ausrichtung jedoch von der «unzivilisierten» Kraft der Erde.

Generell erfahren wir bezüglich jener Planeten die Grenzen unserer persönlichen Macht, denn auch mit ihnen befinden wir uns auf jener Steinbock-typischen Schwelle, die uns den Weg zu Freiheit und Selbstbestimmung weist, indem wir unsere eigenen Grenzen anerkennen. Wir finden hier also eher eine am Schicksal orientierte Haltung als einen rein auf sich selbst bezogenen Willen. Es hängt verständlicherweise vom eigenen Bewußtsein und der persönlichen Integrität ab, ob daraus eine passive Ergebenheit, kompensierende Dauerleistungen oder die Fähigkeit zum Sowohl-als-auch folgen.

Die Orientierung am Irdisch-Wesentlichen hat zur Folge, daß Planeten im Steinbock sich wenig dem Flüchtigen oder Modischen öffnen. Solange wir hier noch nicht unsere eigene Umgangsform gefunden haben, üben Traditionen aufgrund ihres dauerhaften Charakters einen starken Einfluß auf die betreffende Kraft aus, und es besteht mitunter die Gefahr, daß die Planetenenergie dem Alten unterliegt. Ergreifen wir jedoch die Autorität über unser Leben, können wir gerade mit der im Steinbock stehenden Energie Maßstäbe setzen. Auch bei Planetenstellungen im Steinbock treffen persönliche Notwendigkeit und gesellschaftliche Wirkung zusammen. Somit stellen unsere persönlichen Entwicklungen der Energie stets einen aktuelleren Maßstab als den überlieferten Maßstab dar, jedoch auch keinen allgemeingültigen oder unvergänglichen.

Grundsätzlich werden wir hier mit dem Erdprinzip von Anfang = Ende konfrontiert. Wir fühlen uns hier eher winterlich, jedoch zugleich genau am magischen Punkt der Sonnenwende.

Alles, was wir hier erfahren, geschieht im Hinblick auf das werdende Licht. Planeten im Steinbock dienen Saturn – wenn wir uns also bewußt mit ihnen befassen, hat das immer Folgen auf unseren Reifungsprozeß, unsere Selbstverantwortung und unsere gesellschaftliche Position. Wie bei allen von Saturn berührten Themen sind auch hier Bewußtsein und Erde die Schlüsselbegriffe. In welcher Qualität wir die betreffende Energie erleben, hängt von unserem bewußten Umgang mit ihr ab und davon, inwieweit wir sie tatsächlich konkret werden lassen.

Dabei hängen Bewußtsein und Erde zusammen, das heißt, daß hier der Bewußtheit entsprechende Taten folgen *müssen*. Was Saturn berührt, läßt sich nicht in Theorie und Praxis trennen, ohne daß wir uns innerlich selbst entzweien und Schatten produzieren. Daher haben wir bezüglich der Planetenkräfte im Steinbock häufig das Gefühl, «faule Kompromisse» einzugehen, da uns der Zusammenhang zwischen unserer Realität und unserem Bewußtsein nicht klar ist und die Realität nicht unserem Ideal entspricht. Zunehmende Erfahrung läßt uns jedoch auch zunehmend aus übernommenen Formen ausscheren, Ideale realistischer betrachten und unser «eigenes Ding machen».

Dies hat nur bedingt etwas mit Rebellentum zu tun, sondern eher mit Eigensinn. Je konkreter die eigene Form wird, um so mehr wird jedoch das Etikett «Rebell» von außen verliehen, da mit sichtbarer Übernahme der Verantwortung für das eigene Leben auch die eigene Individualität hervortritt. Planetenkräfte im Steinbock sind zwar anfällig für Überlieferungen, jedoch auch eigenbrötlerisch und stur. Sie können uns aber dazu führen, in unserer persönlichen Gegenwart alt und neu zu verbinden, und nicht selten entstehen daraus individuelle Umsetzungsformen, die der gesellschaftlichen Entwicklung um Jahre voraus sind.

Wir konnten im Verlauf der umfassenden Betrachtung Saturns erkennen, daß es sein Ziel ist, uns über sich selbst hinaus in Richtung Eigenverantwortlichkeit und Individualität zu führen. Dieser Weg führt uns zu immer weiteren Stufen des Erwachsenseins, und er verlangt von uns das, was wir können. Trotzdem oder deswegen ist er nicht unbedingt bequem, jedoch letztendlich befriedigend, denn wir wachsen auf ihm unserem Mensch-Sein entgegen und lernen etwas über dessen Bedeutung. Finden wir im individuellen Horoskop zudem Planetenstellungen im Steinbock, so umfaßt das Anliegen Saturns entsprechend konkretere Lebensbereiche. Der Auftrag, erwachsen zu werden, ist jedem Menschen gegeben, Planetenstellungen im Steinbock differenzieren ihn jedoch und räumen Saturn zugleich ein größeres Wirkungsgebiet in der eigenen Seele und im Leben ein. Das mag zum einen als belastend empfunden werden, bietet uns jedoch zum anderen Vielfalt und Verschiedenheit *innerhalb* des Wesentlichen – offenbart also den großen Raum im kleinen, anstatt umgekehrt.

Planeten im Steinbock sind von einem Treuegefühl durchzogen, das daraus resultiert, daß hier die Zeit ein ganz wesentlicher Faktor ist. Sie wollen konkret etwas formen und unterstellen sich damit den in Raum und Zeit geltenden Gesetzen des Wachstums. Daher hängt ihre Qualität im persönlichen Leben auch wesentlich von einem funktionierenden inneren Fluß der verschiedenen Seelenenergien ab, insbesondere der Mond/Krebs-Qualität, da sie der Quell ist, der die Steinbock-Energie speist.

Die beschriebene Treue ist ein Mittel, bei sich selbst bleiben zu können, um das Wachstum wach und bewußt zu begleiten. Sie kann jedoch auch dazu führen, daß wir uns generell dem Ausgewachsenen, das wir bereits vorfinden, verschreiben und unsere eigenen, schutzbedürftigen inneren Pflänzchen vernachlässigen. Auch hier sind dann saturnische Erfahrungen von Mißerfolg oder Depression ein Mittel, uns zum Blick auf die eigene Pflanze, die in uns wachsen will, zu bewegen.

Bei Planetenstellungen im Steinbock ist die Entwicklung unserer Saturnkraft abhängig von den betreffenden Planeten. Sie sind Weggefährten Saturns, und fühlt sich der weise Führer in uns allein gelassen oder ungehört, so wird sich auch hier seine dunkle Seite zeigen. Aus diesem Grund können wir uns mit Konstellationen im Steinbock oft wesentlich dunkler fühlen als andere. Entsprechend intensiver und umfassender zeigt sich bei zunehmender Bewußtwerdung jedoch auch das Licht.

☉ Sonne im Steinbock ♑

Mit der Sonne im Steinbock ist die Verbundenheit von Schöpfung und Endlichkeit ein wichtiges Thema für uns. Dieses Thema zeigt sich aber mitunter auch umfassender als die Verbundenheit von Leben und Tod. Wir erkennen das Existentielle beider Seiten, und zugleich sind wir hier dazu aufgerufen, auf eine kreative Weise damit umgehen zu lernen. Möglicherweise verweigern wir uns zunächst schöpferischen Prozessen mit der Begründung, daß ohnehin alles einmal wieder vergehen wird – oder wir sehen aufgrund des Todes keinen Anlaß, freudig zu leben. Dann bedient sich früher oder später eine äußere Autorität unserer Handlungskraft, und wir selbst können uns der Freude, die allem Leben und Schaffen innewohnt, nicht bewußt werden. Ein charakteristisches Gefühl ist hierbei, leben zu *müssen*.

Die Koppelung der Lebensenergie Sonne mit dem Steinbock-Feld der Zeit kann uns aber zu einem bewußten Umgang mit unserer Lebenszeit führen. Da sie endlich ist, gehen wir sorgsam mit ihr um, erschaffen das Wesentliche, lassen das Überflüssige und verschwenden keine Zeit. Der bewußte Umgang mit unseren schöpferischen Kräften befähigt uns zu konzentriertem Handeln und dazu, daß wir unsere eigene Mitte nicht verlieren. Übertreiben wir das, dringt irgendwann kein Sonnenstrahl mehr nach außen und wir werden depressiv, weil uns das Echo fehlt.

Es ist mit dieser Konstellation daher wichtig, klare Signale zu geben und konkrete Äußerungen unserer selbst in die Welt zu stellen. Je mehr wir uns für das, was wir hervorbringen wollen, verantwortlich fühlen und entsprechend handeln, um so klarer leuchtet in uns das Licht.

☾ Mond im Steinbock ♑

Mit dem Mond im Steinbock sind wir mit der Verbundenheit von Nahrung und Hunger konfrontiert. Gerade in der Kindheit oder in schutzbedürftigen Phasen können hier sehr schmerzliche Erlebnisse mit einhergehen, sie befähigen uns jedoch dazu, zu erkennen, was wir wirklich brauchen. Möglicherweise unterdrücken wir wegen der frühen Mangelerfahrungen prinzipiell unsere Bedürftigkeit, jedoch schneiden wir uns damit von unserer Seele ab und erbauen in unserem Leben Formen, die nie gefüllt werden und uns letztendlich nichts bedeuten. Hierbei ist das Gefühl typisch, sich kümmern zu *müssen*, und eine aufrichtige Reflexion unserer Gefühle kann uns weiterbringen als die zähneknirschende Übernahme mütterlicher oder kindlicher Rollen.

Erkennen wir unsere innere Zähigkeit und Anspruchslosigkeit, erkennen wir auch die Gabe, fasten zu können. Dadurch wird es uns ermöglicht, eigene Wege zu gehen und Durststrecken auszuhalten, um uns über unsere eigene Identität klarzuwerden. Auf diesen Strecken lernen wir, ob uns etwas wirklich nährt oder nur unnötig belastet. Zudem können wir uns hier der zyklischen Wirkweise der Seele bewußt werden und ihrer inneren Ordnungskraft die Führung geben. Werden wir uns unserer eigenen Gefühle bewußt, entspricht unsere Lebensgestaltung auch unseren wahren Bedürfnissen – und wir entwickeln ein Gefühl von Geborgenheit, das auf dem Wesentlichen beruht. Es ist mit dieser Konstellation jedoch wichtig, sich nicht selbst verdursten zu lassen, sondern die wenigen und häufig kleinen Bedürfnisse tatsächlich ernst zu nehmen und für ihre Befriedigung zu sorgen. Auch wenn der Hunger stets wiederkehrt, ist es wichtig, ihn zu stillen.

☿ Merkur im Steinbock ♑

Steht Merkur im Steinbock, ist die Verbundenheit von Bewegung und Stillstand ein Thema für uns. Da jeder Weg an ein Ende kommt, kann es sein, daß wir ihn erst gar nicht gehen wollen. Wir sind jedoch dazu aufgefordert, auf eine intelligente Weise damit umzugehen, und suchen wir nur nach garantiert dauerhaften Wegen, kommt irgendwann unser Verstand zum Erliegen. Er kreist dann – zunehmend nörglerisch – in der immergleichen Routine, und unser Leben und Alltag sind von dem Gefühl begleitet, sich bewegen zu *müssen*. Um unseren eigenen Weg wahrzunehmen, müssen wir jedoch hin und wieder anhalten, uns orientieren und überlegen, was das Beste für uns ist.

Jedes Lernen wird vom Innehalten begleitet, denn sonst kann es nicht vertieft werden. Wird es nicht vertieft, kann es uns nicht zu konkreten Formen befähigen. Dann tun wir in unserem Leben nicht das, was uns zweckmäßig erscheint, sondern richten uns nach ausgetretenen Wegen. Wir sind mit Merkur im Steinbock jedoch fähig, zyklisch fortzuschreiten und die Zeit bei unserem Weg nicht außer acht zu lassen. Wir benötigen Phasen der geistigen Ruhe und Phasen, in denen unsere eigene Intelligenz etwas Selbstgeformtes hervorbringt. Daher lassen wir uns lediglich vom Wesentlichen anregen und können auch Wege beenden, wenn es an der Zeit ist und sie nichts Konkretes mehr bewirken.

Mit dieser Konstellation ist es wichtig, daß die geistige Konzentration nicht zu Scheuklappen wird, nur um unterwegs zu sein. Es ist auch ein Zeichen von Klugheit, an Abzweigungen innezuhalten, um sich über die Richtung klarzuwerden.

♀ Venus im Steinbock ♑

Hält sich Venus im Zeichen Steinbock auf, wollen wir die Verbundenheit der zwei Seiten wahrnehmen. Das bedeutet, daß wir bei dem, was uns begegnet, den bewußten Austausch anstreben und das Wesentliche auswählen. Auf einer grundsätzlichen Ebene wollen wir Harmonie schaffen, Schönheit hervorbringen oder Berührung erfahren. Hierbei kann uns die Verbundenheit von Ausgeglichenheit und Vergänglichkeit zunächst einige Schwierigkeiten bereiten, und daher neigen wir möglicherweise dazu, die äußere Form über den Inhalt zu stellen oder manches zu unterschätzen, nur weil es einmal vergeht. Da hierdurch jedoch letztendlich keine echte Begegnung stattfindet, fühlen wir uns mitunter isoliert, in Masken erstarrt und haben das Gefühl, nett, attraktiv, diplomatisch oder taktvoll sein zu *müssen*.

Venus im Steinbock befähigt uns dazu, das Gleichgewicht durch Bewußtheit zu erlangen. Zunächst mögen wir die Notwendigkeit von Bewertungen, Ausgleich und Begegnung vielleicht nicht einsehen. Wenden wir uns jedoch bewußt unserem eigenen Empfinden für Schönheit zu und verschaffen ihm einen konkreten Ausdruck, leitet uns unser Gefühl für Ästhetik auf eine sehr zuverlässige Weise. Durch die Vergänglichkeit des Schönen bleiben wir in einer steten Fließbewegung und entwickeln ein Bewußtsein für die Wechselbeziehung beider Seiten. Dieses Bewußtsein will in unsere Beziehungen eingebracht werden, aber auch in die Art und Weise, wie wir unser Leben gestalten, mit Kultur umgehen, das Materielle schlechthin behandeln und unser Dasein genießen können. Es ist stets unsere eigene Wahl, die unsere Richtung bestimmt.

♂ Mars im Steinbock ♑

Mit Mars im Steinbock steht unsere Kampfkraft und Selbstdurchsetzung im Dienst der Klarheit. Das bedeutet, daß wir erst für Konkretes aktiv werden und keine Motivation verspüren, wenn Ziele angestrebt werden, die in unseren Augen unwesentlich, überflüssig oder nicht ausgereift sind. Dabei setzen wir uns immer wieder mit der Verbundenheit von Wille und Grenzen auseinander und beginnen mitunter vieles deswegen nicht, weil die Grenzen absehbar sind. Wird uns jedoch bewußt, daß die Kraft des Anfangs durch nichts zu ersetzen ist und ohne sie gar nichts geschieht, fassen wir auch den Mut, uns unseren eigenen Absichten verantwortlich zu stellen. Dienen wir allerdings Zielen, die nicht auch unsere eigenen sind, haben wir stets das Gefühl, kämpfen, streiten und siegen zu *müssen*. Hieraus entsteht leicht ein Aktionismus aus Prinzip, jedoch ohne persönliches Ziel.

Das Bewußtsein, daß jeder Wille Grenzen hat, kann uns letztendlich dazu verhelfen, ernsthafte Projekte in Angriff zu nehmen und zugleich den Moment zu erkennen, ab dem unsere eigene Kraft nichts mehr ausrichten kann. Dies schützt uns einerseits vor Überarbeitung und verhilft uns andererseits dazu, gezielt jene Dinge anzugehen, die realistisch sind. Realismus und Delegation bewahren uns davor, alles allein machen zu wollen und unter unseren eigenen, hochgesteckten Zielen zusammenzubrechen. Die Grenzen der eigenen Kraft zu erkennen bedeutet auch, sich ihrer Funktion im Ganzen bewußt zu werden. Sind wir uns unserer persönlichen Motive bewußt und werden um ihretwillen aktiv, erkennen wir uns zugleich auch als einen Wegbereiter für andere.

♃ Jupiter im Steinbock ♑

Steht Jupiter im Steinbock, wollen wir uns dem Sinn der Doppeldeutigkeit nähern. Dabei begegnen wir immer wieder der Verbundenheit von Überzeugung und Realität. Es kann uns einige Mühe bereiten, die Endlichkeit unserer eigenen Perspektive zu erkennen, und möglicherweise halten wir starr an Überzeugungen fest, ohne mit ihnen wirklich glücklich zu sein. Wir erfahren hier, daß Mehrung auch durch Reduktion auf das Wesentliche zu erlangen ist. Entwickeln wir nicht irgendwann unsere eigene Sicht auf die Welt, entsteht bald das Gefühl, überlegen sein zu *müssen*. Dann leben wir in einem Dauervergleich, ohne uns über die Bedingungen für unser eigenes Glück im klaren zu sein.

Die damit einhergehenden Anstrengungen können uns eifersüchtig und fanatisch werden lassen. Jupiter im Steinbock fordert uns jedoch dazu heraus, unseren Glauben zu prüfen und eigenverantwortlich zu dem zu stehen, was wir selbst für Erfolg, Sinn und Zuversicht halten. Überprüfen wir Versprechungen auf ihre Realisierbarkeit, ohne den Optimismus zu verlieren, können wir ein weiser Förderer sowohl unserer selbst als auch anderer werden. Wollen wir jedoch aus Prinzip hoch hinaus, werden wir scheitern. Durch unsere Erfahrungen erkennen wir jedoch auch zunehmend das Wesen des Glücks und lernen, ohne großen Aufwand und Ruhm ein erfülltes Leben zu führen. Die Weite, die wir suchen, liegt nicht selten im Geringen, und das Viele wird uns nicht selten gerade deshalb zur Last. Indem wir auf die Bedeutungsebene wechseln, ist es uns mit dieser Konstellation möglich, den Sinn unserer Existenz auf eine grundsätzliche Weise zu erkennen.

♄ Saturn im Steinbock ♑

Mit dieser Konstellation empfinden wir uns in unserem Leben quasi als Herr im eigenen Haus, obwohl zunächst die generelle Verurteilung der Steinbock-Kraft dazu führen kann, daß wir unseren eigenen Urteilen mißtrauen und uns lieber anderen unterstellen. Jedoch werden wir immer wieder mit der Verbundenheit von Urteil und Fehler konfrontiert. Auf diese Weise kommen wir nicht umhin, eine eigene Form der Integrität zu entwickeln, die unabhängig von bestehenden Institutionen und offiziell abgesegneten «Richtigkeiten» ist. Scheuen wir davor zurück, wird unser Leben sehr eng, statisch kanalisiert und werden wir nicht erwachsen. Anstatt uns selbst zu führen, haben wir das Gefühl, gehorchen zu *müssen*.

Saturn im Steinbock kann zu einer Selbstgerechtigkeit neigen, die aus dem Mangel an Mißerfolgen resultiert. In einem solchen Fall vermeiden wir sorgfältig den klaren Blick auf unsere fremdbestimmte Lebensstruktur, um deren Scheitern nicht diagnostizieren zu müssen. Die Notwendigkeit der Not wird uns dann oft vom Schicksal auf eine harte Weise gelehrt, jedoch können wir gerade in solchen Situationen das Wesen der Unterscheidung erfahren. Jenseits fremder Regeln sind wir zu außergewöhnlicher Klarheit fähig, wenn wir hierzu auch zunächst durch einige Fehler stapfen müssen. Der Zusammenhang von gut und böse befähigt uns jedoch mit der Zeit, das Gute im Schlechten und umgekehrt zu erkennen. Hierdurch werden alle Urteile relativ und steht der Eigenverantwortlichkeit nichts mehr im Wege.

⚷ Chiron im Steinbock ♑

Chiron im Steinbock konfrontiert uns mit der irdischen Verwundbarkeit, und dabei erfahren wir uns sowohl in der aktiven als auch der passiven Rolle. Wir müssen hier unseren kindlichen Glauben aufgeben, daß unsere Mutter (im weitesten Sinne) unsterblich, unverwundbar und unerschöpflich ist, und uns der Tatsache stellen, daß es Kräfte gibt, die gegen die Physis gerichtet sind und sie auch besiegen können. Was uns als dauerhaft und ewig erscheint, ist es nicht, und möglicherweise neigen wir daher auf eine fixierte Weise dazu, uns den menschengemachten sogenannten Ewigkeiten zu verschreiben. Den Schmerz einzumauern läßt ihn jedoch nicht verschwinden, zumal wir hier dazu aufgerufen sind, ihn an der Gestaltung der Realität mitwirken zu lassen.

Unsere Erfahrungen sind davon geprägt, daß jeder eigenverantwortliche Akt Narben hinterläßt, die uns nicht selten mit ihrem Phantomschmerz quälen. Es kann für uns heilsam sein, dem Leid eine Gestalt zu geben und somit die Physis durch sich selbst zu heilen. Mit jedem Beharren auf unserer Unverwundbarkeit treiben wir uns jedoch selbst immer mehr in eine isolierende Suche hinein. Bekennen wir uns jedoch zu dem schwärenden Gefühl, «hier nicht hinzugehören», können wir beginnen, konstruktiv an neuen Lebensformen zu arbeiten, die der Verletzlichkeit des Irdischen Rechnung tragen. Die Verantwortung zu scheuen, nur weil sie weh tut, ist ebensowenig eine Lösung wie ihr hinterherzurennen, um Immunität zu demonstrieren. Das Bewußtsein über die eigene Verletzung macht uns jedoch zu einem echten Kind unserer Zeit – und zu ihrem potentiellen Heiler.

☾ Lilith im Steinbock ♑

Steht der schwarze Mond im Steinbock, so fordert die dunkle Seele ihr Recht auf Aufmerksamkeit ein. Diese Konstellation will das Bild des hellen Mondes korrigieren, und zwar auf eine ernüchternde Weise. Je süßlicher und romantischer wir dem Weiblich-Mütterlichen gegenüberstehen, um so gnadenloser unterminiert Lilith die Struktur unseres Lebens. Es ist nicht leicht, sich dem verlassenden Aspekt des Weiblichen bzw. der Erde schlechthin zu stellen, jedoch befähigt uns diese Konstellation dadurch auch zu einer kompromißlosen und absoluten Abnabelung in die Eigenverantwortung. Wir sind hier letztendlich dazu aufgerufen, uns einer Form der Unabhängigkeit bewußt zu werden, die durch die Bejahung des Todes und die ekstatische Vereinigung mit dem Schatten entsteht.

Mit Lilith im Steinbock gehen Verlassenheitsgefühle einher, die sprachlos grauenvoll und grauenvoll sprachlos sind und trotzdem eine physische Gestalt einfordern. So zwingt uns diese Konstellation, in irgendeiner Weise aus der Gesellschaft auszuscheren und uns wohlwissend jene Räume zu erschließen, die sie niemals tolerieren würde. Hier ist eine künstlerische oder anderweitig symbolische Ebene sehr hilfreich, um das absolute Eintauchen in einem begrenzten Rahmen zu ermöglichen. Wir müssen uns jedoch auf konkrete Verwandlungen und grundlegende Umstrukturierungen unserer selbst gefaßt machen und zugleich lernen, die Erde bzw. das Weibliche auch als eine Kraft zu betrachten, die sich uns zumutet. Das kann adeln oder vernichten, fordert jedoch in jedem Fall eine Totalität von uns, die vergessen ist. Stellen wir uns dieser Kraft, haben wir auch an ihr teil und können notwendige und massive Veränderungen initiieren.

Leben mit Saturn

Am Ende dieses Buches soll zunächst noch einmal der Hinweis darauf stehen, daß die Energie des Steinbocks eine von zwölfen ist und in dem vernetzten System unser Seele eine unersetzliche Funktion erfüllt. Eine wesentliche Funktion ihrer Qualität besteht darin, über sich selbst hinauszuführen. Daß sie uns oftmals als so bedrückend erscheint, liegt zum größten Teil daran, daß wir sie nicht verstehen und sie somit unbewußt und ohne rechten Platz wirkt. Es ist das Anliegen dieses Buches gewesen, daran etwas zu ändern und den Zugang zu und das Begreifen der saturnischen Dimension durch ihr Hineinstellen in das Ganze etwas zu erleichtern.

Betrachten wir die Erde lediglich als einen Parkplatz vor einer vermeintlich hehreren Existenz, haben wir von dem großartigen Geschenk unseres Lebens nicht viel verstanden. Dann erscheint uns der Tod als Erlöser in der Zukunft, und unbewußt arbeiten wir genau darauf hin. Daß eine solche Haltung unbewußt in uns wirkt, ist heute nicht mehr zu übersehen, und ein bewußter Umgang mit der Kraft Saturns kann das ändern. Saturn kann als ein weiser Berater hier und jetzt an unserer Seite sein, indem er uns angesichts unserer Endlichkeit Mut zu uns selbst macht und uns aufrichtige und verantwortliche Entscheidungen fällen läßt, die auch über uns selbst hinausreichen.

Im Zeitalter des Wassermanns werden Menschen gefragt sein, die genau diesen Mut zu sich selbst besitzen, denn es steht nicht nur Uranus auf dem menschlichen Lehrplan, sondern auch Pluto. Saturn kann verhindern, daß wir ein zwar schriller, aber verantwortungsloser Massenmensch werden, denn er verhilft uns zu dem inneren Rückgrat, das es uns ermöglicht, zu einem Individuum mit einem eigenen Weg heranzuwachsen. Die bindenden und fixierenden Kräfte von Uranus und Pluto sollten nicht unterschätzt werden, und genau hier kann Saturn mit seiner Kraft, zu unterscheiden *und* zusammenzuhalten, eine segensreiche Wirkung entfalten.

Daß so viele Hierarchien und Strukturen zerbrechen ist zugleich eine Aufforderung an jeden einzelnen Menschen, in sich selbst eine zuverlässige Autorität aufzubauen, denn sonst haben wir gerade aus dem 20. Jahrhundert wenig gelernt. Die vielen überlebensgroßen Schatten einschließlich ihrer oft martialischen Bekämpfung haben uns die harte und schmerzhafte Lehre erteilt, daß Bewußtsein und irdische Realität eins sind.

Es ist einleuchtend, daß die bewußte Auseinandersetzung mit dem Element Erde um so dringlicher für uns wird, je intensiver das zehnte Prinzip in unserem Horoskop zur Wirkung kommt. Zunächst empfinden wir starke Saturn/Steinbock-Betonungen daher meist als belastend und bedrückend, was uns jedoch dann wiederum den Weg der Bewußtwerdung beschreiten lassen kann. Dringlich ist dieser Weg aber im Grunde für jeden Menschen, wenn er mit sich und der Welt Frieden schließen und ein Dasein führen will, das ihm und anderen die menschliche Würde läßt.

In den meisten Fällen persönlicher Krisen drängt Saturn auf seine Aneignung, denn hierdurch erlösen wir diese wertvolle Kraft unserer Seele aus ihrem Verlies. Im Verlies und losgelöst aus dem Ganzen kann Saturn nur materialistisch wirken und uns vermitteln, wie einengend sich eine Sichtweise, welche die Physis vom anderen trennt, anfühlt. Dürfen dagegen Licht, Wasser und Wärme mit Saturn verweben, entsteht in unserer Seele eine widerstandsfähige Kraft, die uns im Hier und Jetzt ein ganzheitliches und wahrhaft erfüllendes Leben führen läßt.

Zu einem großen Teil macht uns aber auch unser weltanschauliches Erbe den Umgang mit Saturn schwer. Somit erfordert der bestehende allgemeine Wandel der Weltanschauung generell die Integration Saturns, unabhängig von individuellen Betonungen im Horoskop. Bei diesen Bestrebungen wirken sich jedoch sowohl das christliche Erbe mit seiner Körperfeindlichkeit, Frauenverachtung und Erdflüchtigkeit als auch das Erbe des naturwissenschaftlichen Denkens oftmals

als verheerend aus. Die erlernte Wissenschaftlichkeit erweist sich hierbei zudem oft genug als das größere Problem, indem sie der Erde und dem physischen Prinzip schlechthin Intelligenz und Empfindsamkeit abspricht.

Wir sind fast alle mit dieser selbstverständlichen Denkvoraussetzung aufgewachsen und halten den Lehm nur für lebendig, wenn ihm eine Seele eingehaucht wird. Das bedeutet zugleich, daß wir seelenlose, tote Materie für möglich halten. Mit dieser Sichtweise wird die Materie der willkürlichen Formung und der Gewalt zugänglich gemacht, und auch wir gestalten unser konkretes Leben oftmals mit der Willkür allmachtsgläubiger Wissenschaftler, ohne auf die Idee zu kommen, daß der lebendige Impuls in der Materie stärker ist als unser Wille. Ohne auf die Idee zu kommen, daß wir die Schöpfung vergewaltigen, die wir selbst sind.

Es ist daher heilsam und im Sinne Saturns, in allem die Seele *vorauszusetzen*. Das aber macht uns «aufgeklärten» Menschen Angst, denn es rückt uns in die Nähe des magischen Weltbildes der Mutterreligionen und beschneidet unser Zugriffsrecht als sogenannte Krone der Schöpfung erheblich. Vielleicht ist aber die Unbewußtheit, welche wir den nichtmenschlichen Lebensformen attestieren, lediglich eine Projektion unserer eigenen Blindheit. Vielleicht ist alles andere Leben auf diesem Planeten intelligenter als wir, und die Eleganz, mit der es sich in die Bedingungen der Schöpfung fügt und uns die Fähigkeit zum Leben im System demonstriert, läßt einiges dafürsprechen.

Wir sind nur eine von vielen Lebensformen auf dieser Welt und beziehen wie alle Geschöpfe unsere Lebenskraft aus dem Ganzen. Saturn vermittelt uns, daß wir unterschieden *und* verbunden sind und daß die Erde und ihre Äußerungen immer auch auf uns re-agieren – daß also immer schon ein Dialog im Gange war, der uns nur allmählich (wieder) bewußt wird. Zu diesem Bewußtsein geht ein jeder Mensch seinen eigenen Weg, und Saturn ist sein unermüdlicher Begleiter. Er verläßt uns nicht, sondern viel öfter verlassen wir ihn – in dem

Glauben, von toten Steinen umgeben zu sein, die wir behauen können, wie wir wollen.

Saturn verlangt von uns nicht die Auflösung unseres Ichs, aber den bewußten Umgang mit unserer Eitelkeit und unserem Stolz. So entbindet er uns auch erst dann wahrhaftig in uranische Gefilde, wenn wir fähig sind, im System zu leben und wenn wir gelernt haben, die ungeheure Kraft, die in uns wohnt, nicht zu mißbrauchen. Hierdurch wird das Individuum selbst eine Brücke zwischen Ich und Gesellschaft und muß zulassen können, daß die Qualität der Zeit direkt in sein persönliches Leben eingreift und sich seiner bedient.

Vorauszusetzen, in einer beseelten Welt zu leben, verbindet uns aber auch mit unserer eigenen, kindlichen Seele, mit unserem Dasein als ein Kind der Erde, die uns geboren hat und am Ende unserer Zeit wieder aufnehmen wird. Ohne diese innere Haltung können wir Saturn nicht wirklich begreifen, denn ohne sie haben wir nichts in unserer Seele, das uns für die Zeit unseres Lebens zu uns selbst beauftragt und uns am Ende unseres Lebens reicher erwartet. Sowie Mutter Erde uns unser Leben geschenkt hat, so schenken wir ihr unseres im Moment des Todes. Dazu müssen wir es aber gelebt haben, müssen angenommen haben, was die Erde uns geschenkt hat. Schenkt sie uns auch den Auftrag, erwachsen zu werden, so bleiben wir doch zugleich ein Kind der Schöpfung.

Für dieses Kind in uns ist Saturn ein weiser und geduldiger Engel, der unerschütterlich weiß, was richtig für uns ist. Dieser Engel führt uns mit sicherer Hand und kennt uns und die Erde wie kein anderer. Er beschützt uns, leuchtet uns im Dunklen und läßt uns nie im Stich. Selbst wenn er uns über sich hinausführt, tut er es nie vor der Zeit.

Auf jedem Weg gibt es einen Moment, an dem wir eine Schwelle übertreten müssen, und an diesem Punkt begegnen wir auch unserer Schwellenangst. Die saturnische Qualität ist eine Tatsache in unserem Leben, ebenso wie unsere Scheu vor Übertritten. Die heilige Scheu ist eine sinnvolle Einrichtung unserer Seele. Sie läßt uns in großen Momenten innehalten und verhilft uns zu einem in Raum und Zeit integrierten Verhalten.

In saturnischen Phasen verdichtet sich unser Leben. Unser Schwung stößt auf Widerstand und komprimiert daher alles vor einem zunächst unüberwindlich scheinenden Hindernis. Wir geraten dadurch in einen Zustand, der in unserer Kultur wenig Anerkennung findet, denn für eine Weile begleiten uns in solchen Phasen Erfahrungen von Ergebnislosigkeit, Passivität, Ablehnung oder Scheitern. Diese Etiketten bewerten jedoch bereits eine Qualität, die nichts weiter will, als daß wir die Schwelle wahrnehmen und vor ihr eine Weile innehalten. Unsere Seele bedarf dieser Situationen, um zu wachsen und zu reifen. Enthalten wir sie ihr vor, verkümmert sie in einer überlangen Kindheit.

Saturn zu integrieren bedeutet zunächst, Saturn zu akzeptieren – denn mehr können wir erst einmal nicht. Später folgen dann vielleicht Respekt, Achtung und Liebe zu einer Lebensfacette, die zu fürchten uns gelehrt wurde. Saturnische Schwellen begegnen uns auf allen Wegen, auf den großen und auf den kleinen. Und es ist einleuchtend, daß die großen Schwellen uns weniger Angst machen, wenn wir gelernt haben, die kleinen zu bestehen. Die kleinen Tode auf unserem Lebensweg sind paradoxerweise immer jene Türen, die uns zu einem reichen und erfüllten Leben führen.

Es kommt jedoch wie immer auf unsere Perspektive an, auf welche Weise ein Weg uns erscheint. Nicht immer ist Saturn in unserem Leben dominant, nicht immer stehen wir vor Übergängen, die unsere Integrität und Verantwortungsbereitschaft herausfordern. Und doch ist die Qualität des Steinbocks die unser gesamtes Erdendasein grundsätzlich bestimmende Energie. Somit liegt der Gedanke nahe, unsere Perspektive erheblich auszuweiten und unser Erdendasein selbst als eine Schwelle zu sehen, als ein Innehalten unserer Seele auf ihrem großen Weg. Hier auf der Erde verdichtet sie sich, scheidet das Wesentliche vom Überflüssigen und bereitet sich auf einen Übergang vor, den sie ohne ihre Komprimierung nicht bestehen kann.

Dieser Gedanke denkt nur konsequent weiter, was uns Saturn auf unseren kleinen und großen Wegen lehrt. Dieser Gedanke kann und muß nicht bewiesen werden, doch wenn wir ihn annehmen, hat er Konsequenzen, die für die Menschen an der Schwelle zu einem neuen Jahrtausend und einer neuen Zeit sehr heilsam sein können. Er bringt uns die heilige Scheu vor dem Leben zurück.

Exkurs: Zum Sprachgebrauch

Es dient nicht unbedingt der besseren Lesbarkeit und dem besseren Verständnis, in komplexen Texten stets von «Frauen und Männern», «er oder sie», «Leserinnen und Lesern» oder «KlientInnen» usw.. zu sprechen, auch wenn es wohl als «politisch korrekt» gilt. Somit stand ich als AutorIN vor dem Problem, eine Lösung zu finden, die nicht ständig einen Knoten in mein Gehirn macht und überlange Sätze produziert, ohne mich jedoch des möglichen Vorwurfs auszusetzen, den Errungenschaften des Feminismus durch eine gedankenlose Verwendung der Sprache in den Rücken zu fallen.

Es liegt wohl auch am Thema dieses Buches, daß das Sprachproblem für dessen *Inhalt* wesentlich und unwesentlich zugleich ist. Die Verwendung der Sprache ist jedoch nur solange ein Problem, wie unser Bewußtsein männlich-übergewichtig ist und nicht – ganz im Sinne Saturns – die Pole als unterschieden und verbunden erkennt. Die Sprache selbst als ein in der Zeit gewachsenes Instrument ist da weiser, und verfolgen wir die Entstehung bestimmter, den Menschen an sich betreffender Worte zurück, wird immer weniger unterschieden und tritt immer mehr das Grundlegende ans Licht. Dies ist ein wesentlicher Grund, warum ich mich nach einigem Ringen zu dem freimütigen Gebrauch der Sprache entschieden und vermutlich der Gewohnheit der Verwendung des Maskulinums nachgegeben habe (ich habe es nicht statistisch ausgezählt...)

Ich möchte jedoch an dieser Stelle die Leserinnen und Leser (!) auf einige sprachliche Verbundenheiten aufmerksam machen.[1] Daß bestimmte Worte miteinander verbunden sind, mag teilweise auch meine subjektive Einschätzung und das Ergebnis meines analogen und klangorientierten Sprachumgangs sein, so daß letztendlich jeder Mensch und jede Menschin einen eigenen Weg finden muß, mit seiner oder ihrer Sprache und dem dahinterstehenden Bewußtsein umzugehen. An dem, was mir aufgefallen ist, möchte ich Sie jedoch teilhaben lassen, denn es machte die Notwendigkeit einer sprachlichen Lösung des Geschlechterthemas für mich nicht mehr so notwendig:

Das Wort *Mensch* ist als Substantiv eine Ableitung eines gemeingermanischen Adjektivs, das es in den Formen *mennisc, mánnisk* und *mennskr* im Sinne von «menschlich, männlich» gab bzw. gibt. Dieses Adjektiv wiederum leitet sich aus Verbindungen ab, die hinter unserem heutigen Wort *Mann* stehen. Das Wort *Mann* hat mit anderen indogermanischen Sprachen die Wurzel **manu-* oder **monu-* im Sinne von *Mensch, Mann* gemeinsam. Laut Duden ist nicht sicher zu klären, welche Vorstellungen dieser Benennung des Menschen zugrunde liegen. Man hält es hier jedoch für möglich, daß es sich um eine Bildung zu einer indogermanischen Verbalwurzel handelt, der auch unser heutiges Wort *mahnen* entstammt. Diese indogermanische Verbalwurzel ist *men* und bedeutet *überlegen, denken*, und danach wäre der Mensch als ein *Denkender* benannt worden.

Die Silbe *men* findet sich im Wort Mensch, aber auch in dessen oben angeführten, älteren Wortformen wie *mennisc* (ahd., aengl.) oder *mennskr* (aisl.). Im Dänischen heißt *Mensch* noch heute *menneske*. Die Assoziation zu dem in der Anatomie gebräuchlichen Wort *Mensikus* liegt mehr als nahe, obwohl ein etymologischer Zusammenhang im Duden nicht direkt erwähnt wird.

Das Wort *Meniskus* ist dem griechischen *menískos* entlehnt, welches *Möndchen, mondförmiger Körper* bedeutet und eine Verkleinerungsbildung zu gr. *méne – Mond* ist. Das deutsche Wort *Mond* sowie gemeingermanische Bezeichnungen für den Erdtrabanten – mhd. *man*, ahd. *mano*, got. *mena*, engl. *moon*, schwed. *mane* – gehen auf das indogermanische Wort *menot – Mond, Mondwechsel, Monat* zurück, und auch hier ist die Nähe zu **manu, *monu – Mensch, Mann* (s.o.) nicht zu übersehen.

Aus der griechischen Bezeichnung *men – Monat, Mondsichel* bildeten sich Worte wie *Menses, menstruieren, Semester* und dergleichen. Was oben mögliche Stammwurzel für die Bezeichnung *Mensch, Mann* ist, ist hier definierte Stammwurzel für ein ausgesprochen weibliches Thema, sei es nun die Menstruation oder der Mond. Das bereits genannte indogermanische Wort *menot* für *Mond* geht laut Duden vermutlich auf die indogermanische Verbalwurzel **me – wandern, abschreiten, abstecken, messen* zurück und bedeutet eigentlich *Wanderer*. Und dies ist keine unpassende Bezeichnung für alle in Raum und Zeit Geborenen.

Abgesehen davon, daß ME als eine Ursilbe gilt, finden wir diese Bezeichnung im Inanna-Mythos wieder: Inanna empfängt die über hundert heiligen ME und füllt damit ihr Mondboot. Die ME sind hier die Gaben und Fähigkeiten des geistigen, religiösen und kulturellen Lebens, welche der Gott Enki (eine Saturn-Entsprechung) verwaltet.[2] An dem sumerischen Mythos fällt auf, daß Inanna die heiligen ME von einem männlichen Gott empfängt, um ihr Mondboot zu füllen. Wir finden den Zusammenhang von Mond und Mann, den die Sprache nahelegt, hier also ebenso wieder wie in den zahlreichen männlichen Mondgöttern verschiedener Kulturen.

Die Verbindung des Weiblichen zum Mond liegt im offensichtlichen Zusammenhang des weiblichen Körpers mit dem Mondzyklus. Die Verbindung des Männlichen zum Mond leitet sich aus dem fruchtbringenden Sperma ab. Der Mond herrscht seit jeher über die Gezeiten, Gewässer und Säfte. So wie die Erde des Regens bedarf, um Frucht hervorzubringen, so bedarf der Regen auch etwas, das er durchdringen kann, um fruchtbar zu sein. Es mag altmodisch klingen, aber ebenso verhält es sich im Grunde mit den Geschlechtern und mit den beiden Seiten in uns selbst. Wir sind alle von Männern gezeugt, von Frauen geboren und nur miteinander fruchtbar. Die kleine Silbe ME im Wort Mensch ist eine Erinnerung daran, daß wir nicht trennen können, was zusammengehört, und mit dem einen immer auch zugleich das andere meinen.

Dies im Gedächtnis, habe ich mir erlaubt, auf sprachliche Verrenkungen zu verzichten.

Anmerkungen

Teil I: 1. Bestandsaufnahme – Ein Blick auf alte Geschichten

1 Hier ein kurzer Auszug aus der entsprechenden griechischen Mythologie:
Die begabtesten Kinder von Uranos(Himmel) und Gaia(Erde) waren die Titaninnen und Titanen, deren König Kronos wurde. Auf Veranlassung seiner Mutter Gaia entmannte er seinen Vater mit einer Sichel, da dieser immer wieder die hundertarmigen Riesen (Hekatoncheiren) und die Kyklopen in ihren Leib zurückstieß. Die abgeschnittenen Genitalien warf er hinter sich (nach anderer Auffassung ins Meer), aus dem Blut entstanden Furien, Giganten und Nymphen, nach Hesiod auch Aphrodite. Kronos herrschte nun anstelle seines Vaters, bald jedoch ebenso brutal. Im wurde ebenfalls der Sturz durch eines seiner Kinder geweissagt, uns so verschlang er sie, als sie geboren wurden. Zeus wurde durch die List seiner Mutter Rhea gerettet, da sie Kronos statt dessen einen Stein zum Verschlingen gab. Zeus brachte Kronos mit einer List dazu, seine verschlungenen Geschwister wieder zu erbrechen, zudem befreite er die Giganten und Kyklopen, die Kronos in der Erde festgehalten hatte, und führte gemeinsam mit ihnen einen siegreichen Krieg gegen seinen Vater. Kronos wurde zugunsten von Zeus abgesetzt und in den Tartaros gestoßen, wo ihn die hundertarmigen Riesen bewachen mußten. Der Stein, der Zeus ersetzt hatte und den Kronos zuerst erbrach, wurde in Delphi aufgestellt und als Nabel der Welt bezeichnet.
Vgl. Lexikon der antiken Mythen und Gestalten, dtv 1989

2 Vgl. hierzu: Carola Meier-Seethaler: Von der göttlichen Löwin zum Wahrzeichen männlicher Macht. Ursprung und Wandel großer Symbole, Kreuz Verlag 1993

3 Der *Planet* Uranus gilt in der Astrologie als Herrscher des Zeichens Wassermann. Der mythologische Himmelsgott Uranos hat jedoch mit der Qualität, die durch die Entdeckung des Planeten Uranus in unser Bewußtsein trat, recht wenig gemein (plötzliche Veränderungen, Rebellion, Innovation, technologische Entdeckungen, Individualismus, Originalität, Freiheit usw.). Nach seiner Entmannung durch Kronos spielte Uranos in der Mythologie keine Rolle mehr. Ich folge daher eher den Gedanken des amerikanischen Astrologen Richard Tarnas, der im Mythos des Prometheus eine passendere Beschreibung für die Qualität des Wassermanns sieht und – zumindest in der Astrologie – eine Umbenennung des Planeten befürwortet. Der Uranos der griechischen Mythologie ist ein tyrannischer und patriarchaler Himmelsgott, dessen Analogie zum Wassermann-Prinzip im Grunde nicht herzustellen ist. Diese Unterscheidung von Qualität und Name ist bei der Betrachtung

des Kronos-Mythos und des astrologischen Steinbock-Prinzips zu beachten.
Vgl. Interview mit Richard Tarnas in ASTROLOGIE HEUTE Nr. 68
Vgl. Richard Tarnas: Uranus und Prometheus, Astrodienst Verlag, Zürich

4 Die griechische Mythologie erzählt die Geschichte der Schöpfung folgendermaßen: Gaia, die Erde, entstand aus dem Chaos. Anschließend brachte sie ohne Hilfe eines Mannes Uranos, den Himmel hervor. Aus der Vereinigung mit diesem ihrem Sohn entstand das Geschlecht der Titaninnen und Titanen.

5 Im Kampf der Götter und Titanen hatte Zeus Prometheus an seiner Seite. Dies entspricht der Sextilverbindung der Zeichen Schütze und Wassermann im archetypischen Tierkreis. Im zweiten Teil wird auf die daraus resultierende Dynamik und deren Auswirkung auf die Energie des Steinbocks näher eingegangen.

6 Vgl. hierzu: Carola Meier-Seethaler: Von der göttlichen Löwin zum Wahrzeichen männlicher Macht, a.a.O., S. 186

7 Die Mythen beschreiben ebenso wie rituelle Handlungen eine archetypische seelische Dynamik, und der Ritus, den Jahreskönig zu opfern, entstammte aus einem sehr tiefen Wissen um die Zusammenhänge des Lebens. Unser heutiges Wissen um die Physiologie der Zeugung spricht eigentlich von nichts anderem: Der männliche Same stirbt tatsächlich für das neue Leben, er wird von der Eizelle aufgenommen und umgehend in seine Bestandteile zerlegt. Niemand würde dies jedoch heute als ein Opfer beklagen, zudem wir mittlerweile wissen, daß auch die Eizelle einer massiven Wandlung unterliegt. Auch sie stirbt für das neue Leben. Der alte Kult, der uns heute grausam erscheint, beweist, daß wir auf der Basis unseres Zellbewußtseins eigentlich wissen und immer schon wußten, wie schöpferisches Leben «funktioniert».

8 Das Wort *Hölle* ist altgermanischen Ursprungs und bezeichnete eigentlich den Aufenthalt der Toten. Es ist eine Ableitung des alten Wortes *hehlen* «verhüllen, verbergen, schützen» und bedeutet demnach wahrscheinlich «die Bergende». Auch hier sind die Bezüge zur alten Mutterreligion unübersehbar. Vgl. Duden Bd. 7, Ethymologie, Herkunftswörterbuch der deutschen Sprache

9 NT Joh. Anm. zu 12,31: «Der ‹Herrscher dieser Welt› ... ist der Widersacher Gottes und der Gegenspieler Christi; durch den Tod Jesu wird seine Macht vernichtet.»; Bibel, Einheitsübers., Herder

10 Die *Auferstehung* Christi als die eigentliche, religionsbildende Faszination seiner Person hat interessanterweise in der kirchlichen Tradition ihren Schwerpunkt früh verloren. In ihr war jedoch das Neue enthalten, das die Menschen aus dem Gefühl ihrer vermeintlichen Schlechtigkeit herausführen konnte und den Rückfall Saturns auf sich selbst in der Seele heilen konnte. Es ist charakteristisch für uns Menschen, daß

wir die Fähigkeit zu urteilen, lieber anderen überlassen als uns ihr zu stellen.

11 Es ist unpopulär und mag die Wassermann-Euphorie etwas dämpfen, aber Saturn ist Mitherrscher im Zeichen Wassermann. Das bedeutet m.E. in unserer aktuellen Zeitphase nichts weniger als daß wir die befreiende Energie des Uranus/Prometheus erst dann zur Verfügung haben, wenn wir gelernt haben, Verantwortung zu übernehmen. Saturn wandelt sich dadurch von seinem üblichen Status als «Gesellschaftsplanet» in eine persönliche Energie. Die kollektive Entwicklung scheint in diese Richtung zu weisen.

12 alle Zitate von I. Dümotz aus: Bauer/Dümotz/Golowin: Lexikon der Symbole, Heyne 1992

13 Lexikon der antiken Mythen und Gestalten, dtv 1989, S. 369

14 ebd. S. 252

15 Vgl. hierzu: Carola Meier-Seethaler: Von der göttlichen Löwin zum Wahrzeichen männlicher Macht; a.a.O., S. 206

2. Saturn und Chiron

1 Hier eine kurze Darstellung des Chiron-Mythos:
Chiron gehört zu den Kentauren, Mischwesen mit dem Unterkörper eines Pferdes und dem Oberkörper eines Mannes. Als Sohn von Kronos und der Nymphe Philyra war er anderer Abstammung als die übrigen Kentauren. Seine Gestalt erhielt er dadurch, daß Kronos sich in einen Hengst verwandelt hatte, um sich Philyra nähern zu können. Philyra ihrerseits hatte sich in eine Stute verwandelt, um vor den Nachstellungen des Kronos zu fliehen. Philyra war von ihren Sohn dermaßen entsetzt, daß die Götter sie auf ihr Bitten hin in eine Linde verwandelten. Kronos hatte Chiron «auf der Durchreise» bei der Suche nach Zeus gezeugt. Chiron war nun also verwaist und wurde von Apollo gefunden und aufgezogen. Chiron war auch im Wesen anders als die anderen Kentauren: er war freundlich, liebte die Künste, besonders die Musik, war weise und heilkundig. Apollon gewährte ihm die Gabe des Bogenschießens. Chiron war Lehrer und Erzieher vieler großer Heroen. Als Sohn des Kronos war er unsterblich. Er verletzte sich jedoch an einem vergifteten Pfeil des Herakles und verfiel in eine nicht endende Agonie. Seine Suche nach Heilung blieb erfolglos, und da er nicht sterben konnte, litt er unendlich. Schließlich trat er seine Unsterblichkeit an Prometheus ab, welcher nur von seiner Folter erlöst werden konnte, wenn ein Unsterblicher an seiner Stelle in den Tartaros ging und damit auf seine Unsterblichkeit verzichtete. So erlöste Chiron sowohl Prometheus als auch sich selbst vom Leid.

[2] Carola Meier-Seethaler: Ursprünge und Befreiungen – die sexistischen Wurzeln der Kultur, Fischer TB, 1992, S. 260 ff.

[3] Der moderne, zivilisierte Mensch von heute ist das Ergebnis einer kollektiven Entwicklung, die sich die Erde untertan gemacht hat. Wir sind alle Kinder dieser Vergewaltigung der Natur. Zudem hat die wissenschaftliche Revolution bewirkt, daß sowohl Vater- als auch Muttergottheiten ihre Realität verloren haben und allenfalls in den Bereich der Psychologie oder Phantasie verwiesen wurden. Wie sehr uns das verwundet (hat), wird uns heute erst langsam bewußt. Gottverlassen und der Natur entfremdet stet das heutige moderne Individuum einsam in einer verletzten und verletzenden Welt. Chiron ist hierfür ein entsprechendes Symbol.

[4] Melanie Reinhart: Chiron – Heiler und Botschafter des Kosmos, Astrodata, 1993, S. 28

[5] Carola Meier-Seethaler: Ursprünge und Befreiungen; a.a.O., S. 269

[6] Zane B. Stein: Chiron, Chiron-Verlag 1988, S. 13; Stein bezieht sich hier auf das chironische Schlüsselwort «Einzelgänger» (engl. Maverick): «Dieses Wort kam im Englischen ursprünglich von einem Mann namens Samuel A. Maverick, einem amerikanischen Pionier und Viehzüchter, welcher sein Vieh, im Gegensatz zu anderen Ranchern, nicht mit einem Brandzeichen markierte. Das Wort wurde schließlich zur Bezeichnung für denjenigen, der sich abseits von seinen Zeitgenossen stellt.»

[7] Bezeichnenderweise waren und sind es vor allem männliche «Lichtgestalten», welche in unserer Zeit die Wende im Bewußtsein der Menschen einleiteten und als Lehrer oder Reformer auftraten. Das soll nicht heißen, daß Frauen nichts Entsprechendes zu sagen gehabt hätten, aber man hätte ihnen nicht im gleichen Maße zugehört und sie auch nicht in gleichem Maße ernst genommen. Daß die Botschaften des Neuen Denkens von Männern kamen, war für ihre Wahrnehmung durch die Gesellschaft von wesentlicher Bedeutung.

[8] Zane B. Stein, a.a.O., S. 15

[9] Jutta Voss: Das Schwarzmond-Tabu. Die kulturelle Bedeutung des weiblichen Zyklus, Kreuz Verlag 1988, S. 87, Hervorhebung von mir

[10] vgl. Bert Hellinger: Ordnungen der Liebe. Ein Kurs-Buch, Carl Auer Verlag 1995; ders./Gabriele ten Hövel: Anerkennen, was ist. Gespräche über Verstrickung und Lösung, Kösel Verlag 1996

[11] In diesem Zusammenhang spricht Hellinger auch von der Anmaßung des Verzeihens. Seiner Ansicht nach kann kein Mensch dem anderen verzeihen, sondern ist das eine Angelegenheit zwischen dem schuldigen Menschen und seinem Gott bzw. sich selbst. Da die seelische Integration ausgegrenzter Vorfahren wesentlich von deren Würdigung und Achtung abhängt, hat das Verzeihen durch einen anderen Menschen seiner Ansicht nach eher eine gegenteilige Wirkung, denn es demütigt den Menschen, dem verziehen wird.

3. Saturn und Lilith

1 Christa Wolf: Kassandra. Erzählung; dtv 1996, S. 157

2 Der Mythos um Lilith ist vielschichtig und in vielen Überlieferungen von weiblichen Figuren gespiegelt. Zum besseren Verständnis hier eine kurze Zusammenfassung von Hannelore Traugott, erschienen in ASTROLOGIE HEUTE Nr. 39: «Am Anfang war Lilith. Bevor Adam erschien, war sie schon im Garten Eden. Sie ist gleichzeitig Adams Frau und Mutter. ‹Da wir aus der gleichen Erde geboren sind und aus dem gleichen Lehm geknetet, sind wir gleich›, meint sie. Lilith will Gleichheit (Einheit?). Sie weigert sich, beim Liebesakt unten zu liegen. Adam beharrt darauf. Sie finden keine Lösung. Schließlich spricht Lilith den ‹Namen des Unaussprechlichen›, also den verbotenen Namen von Jahwe aus und verschwindet, flieht aus dem Paradies. Der Allmächtige sendet drei Engel. Diese holen Lilith am Roten Meer ein. Sie drohen ihr, daß täglich hundert ihrer Kinder sterben werden, sollte sie sich weigern, zurückzukehren. Lilith kehrt nicht zurück. Schließlich wird sie Samaels Frau und damit Herrin über das Dunkle.»

3 Sigmund Hurwitz: Lilith – die erste Eva. Eine Studie über die dunklen Aspekte des Weiblichen, Daimon Verlag 1993, S. 15f.

4 ebd. S. 169

5 Clarissa Pinkola Estés: Die Wolfsfrau – Die Kraft der weiblichen Urinstinkte, Heyne 1996, S. 19

6 Christa Wolf: Medea. Stimmen, Roman, Luchterhand 1996, S. 236

7 ebd. S. 9

Teil II: Die Steinbock-Energie als Teil des Tierkreises

1 Vgl. hierzu v.a. die Forschungen von F.A. Popp, vorgestellt in Marco Bischof: Biophotonen. Das Licht in unseren Zellen; Zweitausendeins Verlag, Frankfurt 1996; Zitat s. hier S. 120

2 Wem das zu sehr nach Ego-Trip klingt, der sei daran erinnert, daß wir alle auch unsere Neptun/Fische-Seite haben, die uns in die Ganzheit einbindet. Niemand weiß das besser als Saturn, der die Struktur des Lebens kennt. Daraus erklärt sich zum Teil auch seine Konsequenz.

3 Hierzu gehören sowohl Entwicklungen, die zum Fall der Berliner Mauer oder zum Einbruch anderer rigider Institutionen führten (also Saturn in seinem negativen Aspekt schwächten) als auch solche, die zur gnadenlosen Jagd auf Intimitäten hinter der Fassade öffentlicher Personen führen, wie die zum Sport gewordene undifferenzierte Demaskierung von öffentlichen Personen und als ein letztes trauriges Beispiel der Tod von Prinzessin Diana zeigen.

[4] Vgl. hierzu: «Bunte Smarties-Welt» v. Peter Polt, erschienen in merCur Heft Nr. 2

[5] ebd. zitiert: Reimar Gronemeyer: Alle Menschen bleiben Kinder, Verlag Metropolitan

[6] Die politischen und wirtschaftlichen Bestrebungen, jeden Haushalt an das Internet anschließen zu wollen, illustrieren das und die damit einhergehende Ambivalenz auf andere Weise. Diese Entwicklung ist weder aufzuhalten noch negativ, vollzieht sich jedoch zum größten Teil in Unbewußtheit ihres vielschichtigen Ausmaßes. Sie wird letztendlich das einzelne Individuum dazu zwingen, zu lernen, im eigenen Bewußtsein und auf eigene Verantwortung zwischen sich und der Öffentlichkeit zu unterscheiden.

[7] Pascal Bruckner: Ich leide, also bin ich. Die Krankheit der Moderne. Eine Streitschrift. Beltz Quadriga 1996, S. 326

[8] ebd. S. 84, Hervorhebungen von mir

[9] Interessanterweise war im frühen Christentum das Kreuz ein Zeichen des Sieges, ebenso wie der Fall Adams als «felix culpa», die gesegnete Sünde gefeiert wurde, da sie den ersten Schritt in der existentiellen Entwicklung des Menschen darstellte. Diesen frühen Optimismus schöpfte das Christentum aus dem Wunder der Auferstehung Christi, auf dem zunächst sein Schwerpunkt lag. Erst im Verlauf der Jahrhunderte verschob die institutionelle Kirche den Schwerpunkt auf das Leiden Christi, des Menschen Schuld daran und daraus ableitend seine Pflicht zur Buße. Vgl. Richard Tarnas: Idee und Leidenschaft. Die Wege des westlichen Denkens; Zweitausendeins Verlag, Frankfurt 1998

[10] Diesen Gedankengang verdanke ich den Schriften den Schriften Bert Hellingers.

4. Im Visier: Steinbock, Zwillinge und Löwe

[1] Viviane Forrester: Der Terror der Ökonomie, Paul Zsolnay Verlag, Wien 1997; S. 76

[2] Lt. Dr. Dietrich Klinghardt auf einem seiner Seminare werden Krebszellen auch als solche Zellen definiert, welche die Kommunikation mit dem Ganzen abgebrochen haben. Krebsgewebe läßt sich im kinesiologischen Test (der auf der Bioresonanz beruht) nicht ohne weiteres identifizieren, da es nicht mehr mit dem Nervensystem kommuniziert

5. Wege zum Wesentlichen: Steinbock, Fische und Skorpion

[1] Durch die Entdeckungen der Physik des 20. Jahrhundert ließen sich diese Beobachtungen auch im Mikrokosmos machen. Das brachte den wahrhaft saturnischen «Dinosaurier Wissenschaft» an die Grenzen seiner

Erklärungsmodelle. Es führte letztendlich zum Tod der traditionellen Weltsicht und zu dem für die orthodoxe Wissenschaft beängstigenden Kontakt mit dem «unbekannten Niemandsland» Spiritualität.

2 «Nicht» bedeutet hier nicht «Nichts», sondern wird im Sinne Hellingers verwendet: «...jedes Sein, das ist und das verwirklicht wird, ist umgeben von einem Nicht. Es ist nicht vorstellbar ohne ein Nicht, das dazugehört. Das Nicht wirkt aber. Es ist kein Nichts, es ist nur ein Nicht. Wenn ich nun das verachte, was zu meinem Sein das Nicht ist, dann nimmt das Nicht von dem, was ist, etwas weg.» So ist beispielsweise das Nicht zu einem kinderlosen Paar die kinderreiche Familie und umgekehrt. Wird der jeweils andere Lebensentwurf verachtet, kann auch der eigene nicht in Freude erlebt werden. Vgl. Bert Hellinger: Ordnungen der Liebe, a.a.O., S 51

6. Nadelöhr: Steinbock zwischen Schütze und Wassermann

1 Die Affinität des Steinbocks zur Öffentlichkeit und gesellschaftlicher Präsenz beruht zum großen Teil auf diesem Mechanismus: was ist, soll offenbar werden.

2 Tilman Moser: Gottesvergiftung, Suhrkamp TB, S. 27

3 Die Evolutionstheorie von Louis Bolk geht davon aus, daß ein «Entschluß» der Evolution, die letzten Monate im Mutterleib quasi zu überspringen, erst zur Entwicklung des Menschen geführt hat. Das Problem der Evolution bestand zwischen der Tendenz, die Schädelgröße zu erhöhen und der Enge des weiblichen Beckens, die dieser Tendenz Grenzen setzte. Bolks Theorie zufolge war eine frühere Geburt die Lösung. Damit schied sich die menschliche Entwicklung von der der Primaten. Die körperliche Reifung des Menschen konnte dadurch zwar im Mutterleib nicht mehr abgeschlossen werden, an ihre Stelle trat jedoch die geistige Entwicklung, der Ersatz der körperlichen Reifung durch geistige Forschung. «Die Strategie, die dahinter stand, sah offensichtlich so aus, daß der unfertig geborene Mensch die Überlebensanforderungen mit seinem ungeheuer großen Neocortex lösen würde, die der Menschenaffe [...] mit angeborenen Reaktionen bewältigt. [...] Da dem menschlichen Gehirn ein ‹instinktgesteuerter Verhaltenscode› fehlt, wendet es sich mit unermüdlicher Neugier der Natur zu.» Vgl. Robert Bly: Die kindliche Gesellschaft. Über die Weigerung, erwachsen zu werden; Kindler 1997, S. 84ff.

4 Tilman Moser, a.a.O., S. 45

5 Richard Tarnas im Interview in ASTROLOGIE HEUTE Nr. 68

6 früher erkannten wir beim Blick durch diese Tür beispielsweise, daß wir auf zwei Beinen laufen können, daß Männer das Leben zeugen, daß die

Erde sich um die Sonne dreht, daß wir ein Unterbewußtsein haben, daß im Innersten des Atoms vor allem Leere ist usw. Das sind heute keine wassermännischen Attribute mehr, sondern saturnische Tatsachen. Der Inhalt des Wassermanns ist flüchtig und nicht unbedingt selbst uranisch. Uranisch bzw. prometheisch ist es immer nur, «den Göttern das Feuer zu stehlen» und der Geheimnissen der Existenz mittels des eigenen Geistes näher zu kommen.

7 Wie die Inhalte des Wassermanns wechseln, so wechselt auch der Preis. Kern des Preises ist es jedoch immer, den Glauben zu opfern, an dem das sich selbst überschätzende individuelle oder kollektive Ego mit der Absicht der Erhaltung seiner Macht festhält.

8 Es ist bezeichnend, daß dem Beginn des Wassermann-Zeitalters die Entdeckung Plutos direkt vorausging. Zwischen Skorpion und Wassermann besteht ein archetypisches Quadrat, das für Spannung und somit stete gemeinsame Präsenz der betreffenden Energien sorgt. Indem uns das Phänomen der Masse (Skorpion) zunächst vor allem in seinem destruktiven Aspekt zu Bewußtsein kommt, wird die Entwicklung zu Individualität und Wachheit provoziert. Dazu gehört, daß äußeren Autoritäten nicht mehr blind vertraut und die Zuständigkeit zugeschoben wird. Das Beispiel des Dritten Reiches zeigte auf schockierende Weise, daß die persönliche Entwicklung Saturns mit der anschließenden Fähigkeit zu Zivilcourage und Eigenverantwortung dringend notwendig ist, um die Erfordernisse kommender Zeiten zu bestehen.

9 Richard Tarnas: Idee und Leidenschaft, a.a.O., S. 511

10 Marco Bischof: Das Licht in unseren Zellen, a.a.O., S. 180

11 ebda. S. 189

7. In seinem Element: Steinbock im Erddreieck

1 Vgl. Duden Bd. 7, a.a.O.

2 Die Erschaffung der Pole beschreibt das biblische Buch Genesis als Gottes Werk: Erschuf Himmel und Erde, schuf das Licht, schied es von der Finsternis und nannte das Licht gut, während er mit der Erde lt. Bibel etwas Wüstes und Wirres geschaffen hatte. Vgl. Die Bibel, Einheitsübersetzung

3 Das christliche Taufritual setzt zwar genau hier an, wird aber in der Regel in einem Alter vollzogen, in dem wir es nicht als einen bewußten geistig-seelischen Prozeß mit individuellem Sinn erleben.

4 Das Urteil über das Urteil macht aus der Zwei eine Vier und legt uns damit ein Kreuz auf. Die Zwei ist Symbol für die Teilung und Polarität, die Vier wurde zum Symbol für das irdische Dasein: vier Himmelsrichtungen, vier Jahreszeiten usw.. Interessanterweise wurde das Jahr früher

lediglich durch die Winter- und Sommersonnenwende zweigeteilt. Beides waren rituell ausgezeichnete Tage, die das Mysterium von Leben und Tod darstellten. Vgl. Manfred Lurker: Wörterbuch der Symbolik, Kröner Verlag, Stuttgart, 1991

5 23. September 1846, 23:20 LMT, Berlin, Placidus-Häuser

6 Robert Bly: Die kindliche Gesellschaft; a.a.O., S. 303f.; die Französische Revolution ist eine zeitliche Analogie zur Uranus-Entdeckung

7 Edward F. Edinger: Der Weg der Seele. Der psychotherapeutische Prozeß im Spiegel der Alchemie, Kösel Verlag, München 1990, S. 247

8 Hierher kommt vermutlich auch die Assoziation der Jungfrau mit Unschuld. Die hochdifferenzierte und rein verkörperte Seele sagt quasi: So bin ich, ich kann nichts dafür.

9 Zum besseren Verständnis des Jungfrau-Prinzips im Sinne von Arbeit als unserem alchemistischen Lebenswerk s. auch Ursula Strauß: Das sechste Haus, Urania Verlag, Schaffhausen, 1998

10 Seinen manifesten Ausdruck findet das Gesagte in der Kreislaufumstellung des menschlichen Körpers nach der Geburt. Bereits während der Schwangerschaft sind das Blut der Mutter und des Kindes zwar unvermischt, das kindliche Blut ist jedoch venös/arterielles Mischblut, da die beiden Herzhälften nicht voneinander getrennt sind. Die Polarität ist bereits hier potentiell vorhanden und in der größeren Einheit aufgehoben. Nach der Geburt schließt sich im kindlichen Herzen das *foramen ovale* in der Herzscheidewand, was zur physischen Unterscheidung von «gutem» = arteriellem und «bösem» = venösem Blut führt. Die vormals potentiell vorhandene Polarität findet nun ihren manifesten Ausdruck *im* Individuum, ist jedoch durch den physischen Dialog ebenfalls wieder in einer größeren Einheit aufgehoben. Interessant ist hierbei auch, daß eine unzureichende oder fehlende Schließung der Herzscheidewand lebensbedrohliche Folgen hat. Eine Verweigerung der Separatio gefährdet uns also ebenso wie ihre Übertreibung.

11 Im Prinzip beginnt es auf der metaphysischen Ebene, wenn die Zeit reif ist, zu empfangen. Oder beginnt es noch eher...? Das philosophische Problem von Henne und Ei kann und soll hier jedoch nicht diskutiert werden. Da es um unser Leben auf dieser Erde geht, fangen wir bei dem an, was wir diesbezüglich über dessen Anfang bereits relativ sicher wissen.

12 Diese Tatsache mag einst zur patriarchalen Verurteilung des materiellen Prinzips schlechthin geführt haben, denn es war genau diese Uneindeutigkeit, die dem sich entwickelnden individuellen Bewußtsein im Wege stand. Ihre generelle Verurteilung führte jedoch zu dem Glauben an die getrennte Existenz. Demzufolge sind wir heute kollektiv am Ende des Patriarchats und auch auf dem Gipfel der Separatio angelangt (Jungfrau als «Schattenzeichen» der Fische).

Teil III: Exkurs: Zum Sprachgebrauch

1 Alle Sprachableitungen sind entnommen aus: Duden Band 7, Etymologie der deutschen Sprache, a.a.O.

2 Vgl. Elisabeth Hämmerling: Mondgöttin Inanna. Ein weiblicher Weg zur Ganzheit, Kreuz 1990

Bibliographie

Bibel, Einheitsübersetzung.

Bischof, Marco: Biophotonen. Das Licht in unseren Zellen, Frankfurt a.M. 1996.

Bly, Robert: Die kindliche Gesellschaft. Über die Weigerung, erwachsen zu werden, München 1997.

Bruckner, Pascal: Ich leide, also bin ich. Die Krankheit der Moderne. Eine Streitschrift, Weinheim 1996.

Duden Band 7, Das Herkunftswörterbuch. Eine Etymologie der deutschen Sprache, Mannheim 1963.

Edinger, Edward F.: Der Weg der Seele. Der psychotherapeutische Prozeß im Spiegel der Alchemie, München 1990.

Forrester, Viviane: Der Terror der Ökonomie, Wien 1997.

Hämmerling, Elisabeth: Mondgöttin Inanna. Ein weiblicher Weg zur Ganzheit, Stuttgart 1990.

Hellinger, Bert und ten Hövel, Gabriele: Anerkennen, was ist. Gespräche über Verstrickung und Lösung, München 1996.

Hellinger, Bert: Ordnungen der Liebe. Ein Kurs-Buch, Heidelberg 1995.

Hurwitz, Sigmund: Lilith, die erste Eva. Eine Studie über die dunklen Aspekte des Weiblichen, Einsiedeln 1993.

Lexikon der antiken Mythen und Gestalten, München 1989.

Lexikon der Symbole. Mythen, Symbole und Zeichen in Kultur, Religion, Kunst und Alltag, München 1992.

Lurker, Manfred: Wörterbuch der Symbolik, Stuttgart 1991.

Meier-Seethaler, Carola: Von der göttlichen Löwin zum Wahrzeichen männlicher Macht. Ursprung und Wandel großer Symbole, Stuttgart 1993.

Meier-Seethaler, Carola: Ursprünge und Befreiungen. Die sexistischen Wurzeln der Kultur, Frankfurt a.M. 1992.

Moser, Tilman: Gottesvergiftung, Frankfurt a.M. 1980.

Pinkola-Estés, Clarissa: Die Wolfsfrau. Die Kraft der weiblichen Urinstinkte, München 1996.

Reinhart, Melanie: Chiron – Heiler und Botschafter des Kosmos, Wettswil 1993.

Stein, Zane B.: Chiron, Mössingen 1988.

Strauß, Ursula: Das sechste Haus. Beruf und Arbeit aus astrologischer Sicht, Neuhausen am Rheinfall 1998.
Tarnas, Richard: Uranus und Prometheus, Zollikon 1996.
Tarnas, Richard: Idee und Leidenschaft. Die Wege des westlichen Denkens, Frankfurt a.M. 1998.
Voss, Jutta: Das Schwarzmond-Tabu. Die kulturelle Bedeutung des weiblichen Zyklus, Stuttgart 1988.
Wolf, Christa: Kassandra. Erzählung, München 1996.
Wolf, Christa: Medea. Stimmen. Roman, München 1996.

Über die Autorin

Ursula Strauß, geboren 1958, lebt in Gelsenkirchen im Ruhrgebiet. Sie widmet sich vor allem der Erforschung der inneren Dynamik astrologischer Archetypen, dem Schreiben und Übersetzen astrologischer Literatur, der Malerei und der Musik. Bei Urania bereits erschienen: Das sechste Haus. Beruf und Arbeit aus astrologischer Sicht.